KB049813

International law Exams

국제법 시험 25년

증보판

정인섭 지음

박영사

서 문

여러 해 전 이화여대 오수근 교수가 특유의 부드러운 미소와 함께 예고도 없이 불쑥 연구실을 찾아 왔다. 미국 미시간 법대로 안식년을 다녀왔는데, 그곳에서 내가 보면 틀림없이 좋아할 책자를 하나 발견해 복사를 떠 왔다며 내밀었다. 그 제목이 "놀랍게도" – 실제로 정말 놀랐었다 – 「미시간 대학 국제법 시험 100년(100 Years of International Law Exams, University of Michigan)」이었다. 책자 앞에는 전설적인 대가(大家) William Bishop, Jr.(미시간대 1948–77년 재직) 등의 사진이 수록되어 있었고, 가장 오래된 문제는 이름도 처음 듣는 Kirchner 교수란 분이 1896년 6월 출제한 내용이었다. 이를 보는 순간 가슴 속 깊이 가벼운 흥분과 전율을 느꼈다. 와아, 19세기의 문제를 목격할 수 있다니! 작은 책자지만 대학의 역사가 정리되고 축적되는 모습을 당당히 과시하고 있었다. 명문대학이 하루아침에 이루어지지 않았구나 하는 사실을 새삼 실감하게 되었다. 바로 이런 과정을 통해 대학의 학문적 전통이 쌓이는 것 아니겠는가? 반면 우리 대학은 언제 이런 비슷한 흉내라도 낼 수 있을까 하는 데 생각이 미치자 가슴 한편을 무거운 돌이 짓누르는 느낌이었다. 이후 미시간대 국제법 문제집은 마음 깊은 구석에 동면하듯 자리 잡았다. 이 책의 출발점은 바로 그 순간이었다. 자신의 전공과는 무관한 책자를 필자를 위해 일부러 구해다 준 오수근 교수(상사법)에게 감사한다.

미국의 법대들은 – 아마 어느 정도 수준 이상의 대학은 전부 – 모든 교수의 모든 시험문제를 도서관에 비치해 공개한다. 학생 입장에서 기출문제에 대한 궁금증은 동서고금이 다를 리 없다. 우리 역시 대다수 학생들이 갖은 방법으로 담당교수의 기출문제를 입수하려 한다. 아마 누구는 비교적 손쉽게, 누구는 좀 더 어렵게 구하리라. 그 과정에서 인맥과 개인적 요령도 작용할 것이다. 요새는 학생들이 운영하는 인터넷 공간에 적지 않은 기출문제가 게시되어 있다고 들었다. 과목에 따라 기출문제 획득이 어려운 경우도 물론 있으리라 생각한다. 수강생 일부는 기출문제를 학기 초부터 알았고, 일부는 끝까지 몰랐다면 예기치 않은 불공평이 발생할 수 있다. 시험문제가 무슨 기밀사항도 아니고 결국 다수의 학생이 이를 입수한다면, 학생편의 제공 차원에서 우리도 학교 당국이 매학기 기출문제를 수집해 공개함이 타당하지 않겠는가? 일반 학과목 시험문제뿐 아니라, 석박사 과정 입학시험이나 학위논문제출 자격시험도 공개함이 좋다고 생각한다. 필자 역시 교수 생활을 하면서 같은 국제법 전공 선후배 교수들이 어떻게 출제하는지를 직접 볼 기회가 한 번도 없었다. 문제가 일반에 공개되면 출제자들은 더 한층 신중할 수밖에 없고, 동료 교수들끼리도 참고가 된다. 출제에 관한 기관 전체의 노하우가 쌓이게 되며, 이를 통해 학교의 역사와 학문적 전통도 축적된다.

필자는 서울대 부임 수년 후부터 서울법대도 매학기 시험문제를 수집해 공개하자고 행정 담당자에게 여러 차례 건의했으나, 누구도 이에 관심을 표하지 않았다. 유학시절 자신 또한 그런 편의를 보았을 분들도 기출문제 수집·공개에 신경을 쓰지 않으니 이상하기조차 했다. 오히려 여러 가지 부작용이 예상된다며 학생들끼리 알아서 구하도록 방임하는 편이 좋다는 분도 있었다. 그런 소리 들을 때마다 솔직히 답답했다.

개인적으로 매학기 강의를 마치면 시험 문제지를 파일철에 묶어 정리하고, 컴퓨터 파일로도 보관해 왔다. 가장 큰 목적은 한 두 해 전과 사실상 동일한 문제를 다시 출제하는 실수를 범하지 않기 위해서였다. 일단 필자라도 매 학기 강의 초반 지난 몇 년 간의 그 과목 기출문제와 채점 소감을 수강생들에게 제공하기로 했다. 이번 학기에 반드시 동일한 스타일의 문제가 출제된다고는 미리 장담할 수 없어도, 같은 교수가 같은 과목의 출제를 하는데 갑자기 엄청난 변화가 있기야 하겠냐는 설명과 함께.

채점소감에 대해 잠시 소개한다. 필자는 2004년 1학기부터 정년 퇴임시까지 서울대학교에서 필기시험을 본 모든 과목에 대해 성적평가 후 채점소감을 홈페이지 수업게시판에 공시했다. 시작은 더 이전부터 했다. 보관된 가장 오랜 기록은 1999년 1학기 채점소감이다. 학교 홈페이지가 제대로 정착되기 전에는 간단한 소감을 학교 게시판에 방문(榜文)으로 붙여보기도 했다. 하여간 2003년도까지는 일정치 않았던 듯싶고, 보관도 되어 있지 않다.

채점소감을 공시한 이유는 다음과 같았다. 학생 입장에서는 자신이 받은 기말성적의 근거가 궁금하겠지만 과거 서울법대의 경우 국제법 수강생이 150명 내외나 되 일일이 개인적 강평을 해주기 어려웠다. 아마 소수의 용감한 학생만이 교수에게 직접 연락해 자신의 성적에 대한 이의나 문의를 했을 것이다. 필자가 이의제기 학생을 만나 답안지를 다시 검토한 후 평가상 실수를 인정하고 성적을 고쳐준 경우는 평생 딱 한번 있었다. 답안지를 찾아 문제점을 지적해 주기 시작하면 대부분의 학생들이 설명의 반도 마치기 전 자신의 성적에 승복하고 말문을 돌렸다. 즉 자신이 무얼 잘못했는지 모르고 온 것이다. 그래도 학생을 만나 답안지를 보여 주며 성적평가의 이유를 설명하려면 최소 30분은 걸리고, 1시간도 금방 지난다. 성적에 민감해 하는 분위기가 형성됨에 따라 찾아오는 학생들이 점차 늘어갔다. 자기 성적에 궁금해 하는 학생을 탓할 수야 없지만, 이의 제기 면담은 피차 괴로운 일이었다. 시간적으로도 부담스러웠다. 그래서 수강생에 대한 최소한의 서비스로 채점소감을 학교 홈페이지에 공시하기로 했다. 답안작성의 방향, 중요 논점, 평가시 기준으로 삼은 사항, 많은 학생들이 범한 실수, 좋은 답안을 작성하기 위한 일반적 조언 등을 그야말로 두서없이 나열했다. 체계적인 강평은 못되고, 모범답안의 제시는 더욱 아니었다. 그래도 학생 입장에서는 자기 점수에 대한 어느 정도의 이해를 얻을 수 있으리라 기대했다. 결과는 나름 만족스러웠다. 이후부터 성적 이의 방문자가 거의 사라졌다. 채점소감을 작성하는 일이 부담은 되었지만, 개인적으로는 그 몇 배의 시간을 벌 수 있었다. 채점소감은 차년도 수강생에게 기출문제와 함께 제시해 참고하도록 했다. 특히 처음 법학과목 수업을 듣는 학생들에게 지침이 될 수 있기를 기대했다. 오랫동안 이를 계속하니 그 내용도 상당한 분량이 되었다.

2019학년도를 마지막으로 서울대학교에서의 24년 6개월의 교수생활을 마치게 되었다. 나름 교수로서 정리할 수 있는 부분은 이번 기회에 정리하기로 마음먹고 할 수 있는 일을 찾아보았다. 가슴 속 한 귀퉁이에 깊숙이 자리 잡고 있던 「미시간 대학 국제법 시험 100년」이 다시 떠올랐다. 나 혼자라도 비슷한 작업을 해보자고 생각했다.

책상 뒤 서가에서 25년 동안 모아온 시험문제철을 꺼내 처음부터 살펴보았다. 하나의 파일철 속에 묶인 시험문제지는 A4 용지 수백장이 되었다. 문제 자체보다 채점소감의 분량이 더 많아 다 합하면 족히 책 한권은 될 듯했다. 종이 문제지의 내용이 모두 컴퓨터 파일로 보관되어 있는가를 점검하니 예상 외로 1/8 정도의 분량은 컴퓨터 파일이 없었다. 주로 석박사 과정 입시나 자격시험, 과제물 문제 파일들이 보관되고 있지 않았다. 아무래도 중간·기말 시험문제보다는 관리에 소홀했던 듯싶다. 그래도 종이 문제지가 남아 있는 경우 다시 컴퓨터 파일을 만들 수 있었다. 중간 및 기말 시험문제는 모두 확보되어 있으나, 입시문제나 과제물의 경우 일부 완전 분실도 있으리라 생각된다.

막상 서울대 교수생활 25년 간의 시험문제를 한 권의 책으로 엮으려 하니 몇 가지 걱정이 떠올랐다. 이를 책자로 다시 내는 작업이 과연 의의가 있는 일인가? 혹시 개인적 호사에 불과하지 않을까? 돌이켜 보면 시험문제 내용에 미숙한 점도 있고, 채점소감에 부끄러운 부분조차 있는데 이를 공개해 스스로 창피를 불러일으킬 필요가 있을까? 내 실력의 밑천이 너무 적나라하게 들어나고 흉이나 잡히지 않을까? 책을 내면 독자가 얼마나 있을까? 이런 저런 고민이 없지 않았으나 이 모두 필자 개인이나 학교가 거쳐 온 역사의 한 모습이라고 생각하고 이를 활자화하기로 결심했다. 마치 회고록이란 부끄러움의 기록이듯 말이다. 맡아줄 출판사가 없다면 자비 출판이라도 하기로 마음먹었다.

주변 몇몇 사람에게 이런 책자를 계획한다는 말을 해 반응을 떠 보았다. 모두들 처음 듣는 종류의 이야기였을 것이다. 아니, 자신의 시험문제를 모아 책을 만든다고? 첫 표정은 좀 어리둥절해 하는 경우도 많았다. 이 책의 출간을 맡아준 박영사 담당자의 첫 반응 역시 비슷했다. 그 때마다 「미시간 대학 국제법 시험 100년」 이야기를 하며, 이 책의 구상은 거기서 시작되었다고 하면 태도가 좀 달라졌다. 해 볼만 한 시도라며 적극적인 격려로 바뀌기도 했다. 다행히 박영사와 출간에 합의할 수 있어서 자비출판은 면하게 되었다. 그래도 제작이 진행되어 교정을 볼 때까지 이게 과연 잘하는 일인가에 관해 알 듯 모를 듯한 불안감이 치솟기도 했다. 하여간 출간의 성사를 위해 노력해 준 박영사 조성호 이사에게 감사한다.

시험문제의 내용은 크게 세 가지이다. 첫째, 매학기 실시한 중간 및 기말시험. 이에는 종종 과제물 문제가 포함되며, 중간시험은 보지 않은 학기도 적지 않았다. 둘째, 석박사 과정 입학시험. 셋째, 석박사 과정 논문제출 자격시험. 채점소감은 물론 중간 · 기말 시험에 대해서만 첨부되어 있다. 과제물의 경우 다양한 형태의 과제를 부여한 바 있는데, 그 중 사례풀이형 문제가 아닌 경우 본 책자의 성격에 맞지 않아 생략했다. 대학원 석박사 입시와 논문제출 자격시험은 필자가 매년 출제를 담당하지 않았기에 빠진 연도가 많다. 여러 해 강의와 출제를 하다 보니 문제들 중 유사한 경우가 없지 않고, 기말시험 문제를 약간 변형해 수년 후 과제물 문제로 활용하기도 했다. 다소 중복적인 이런 내용 역시 빠짐없이 수록했다. 채점소감은 처음 제시된 내용을 그대로 전재함을 원칙으로 했으나, 당초 거칠게 작성된 표현이 적지 않아 독자의 편의를 위해 약간의 윤문을 한 부분도 있다. 책 구성에서 학사과정 시험을 2004년과 2010년을 기준으로 나눈 이유는 2004년부터 모든 시험에 채점소감을 첨부했다는 개인적인 이유와 2010년부터는 법학전문대학원 국제법 강의가 시작되었다는 제도적 변화가 있었기 때문이다. 특이한 내용을 한 권의 책으로 만드는 편집과정에 박영사 김선민 이사의 노력이 돋보였다.

필기시험은 누구에게나 괴롭다. 인생 진로에 큰 영향을 주는 입시는 물론이고, 학생시절 매 학기 치루는 학과목 시험 역시 늘 몸과 마음을 힘들게 만든다. 아무리 많이 준비를 해도 시험에 임하는 마음은 늘 불안하다. 필자 역시 30대 중반 박사과정 논문제출 자격시험을 마치니, 이제 내 인생에서 당락이 결정되는 중요시험은 더 이상 없겠구나 하는 생각에 정신적 해방감을 느꼈었다. 시험문제철은 그런 의미에서 많은 사람에게 괴로움을 준 기록 모음이다. 그렇지만 누구도 시험을 피해 살 수 없다. 누가 그랬던가? 피할 수 없으면 즐기라고. 「미시간 대학 국제법 시험 100년」 책자 서문의 맨 마지막 구절과 동일한 단어로 이 글을 마친다.

"Enjoy..."

2020. 1. 30.
정인섭

증보판에 붙여

처음 이 책자를 기획할 때만 해도 필자는 중판과 증보판까지 발간하게 될 줄은 상상하지 못했다. 기존 재고가 소진되었다는 소식을 듣고, 다시 살피니 필자가 국제법 학사과정 수업을 한 번 더 했음을 알고, 박영사에 그 시험문제와 채점소감을 추가하면 어떻겠냐는 의사 타진을 했다. 그 결과가 이번 증보판 발행이다. 책자 발간을 지원해 주신 박영사 관계자들께 감사를 드리며, 특히 더운 여름 편집 실무를 담당한 김선민 이사께 고마움을 표한다.

2022년 8월 성하

차 례

학과목 시험

1. 학사과정

2. 법학전문대학원

일반대학원 입학시험

일반대학원 논문제출 자격시험

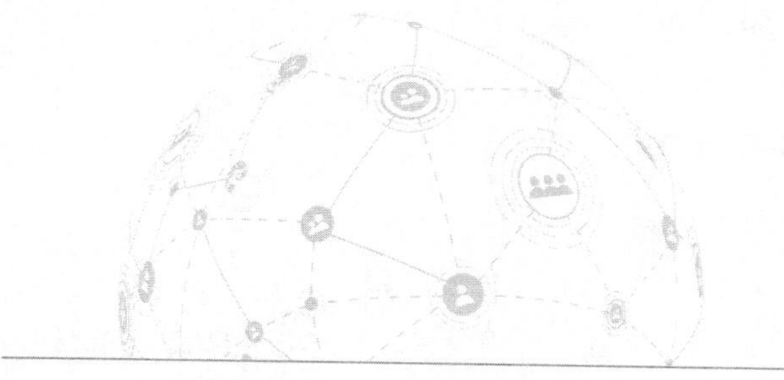

학과목 시험

국제법시험 25년

1. 학사과정

(1) 1995~2003년

1995년

2학기 국제법 2 (기말)

문제 1(50%): 갑국의 여객기가 항로 착오로 을국의 영공을 침범하였다. 을국 대공 미사일 부대가 이를 격추시켜 탑승객 276명 전원이 사망하였다. 갑국 정부는 민간항공기에 대한 예고 없는 격추는 국제법 위반이라며 배상을 요구하였으나, 을국은 합법적 자위활동이었다며 이 요구에 응하지 아니하였다.

갑국 정부는 이 사건을 국제사법재판소에 제소하여 배상을 청구하기로 결정하였다. 갑국 외무부 국제법규과에 근무하는 귀하는 이 제소에 있어서 어떠한 법률적 쟁점이 있는가를 검토하라는 지시를 받았다. 민간항공기 격추의 국제법 위반 여부나 손해배상 책임의 존재에 관하여는 별도의 동료가 보고서를 작성하도록 되어 있으므로 귀하는 오직 국제사법재판소의 관할권과 관련하여 어떠한 법률적 검토가 필요한가에 대한 보고서를 작성하라는 지시를 받았다.

갑, 을 양국은 유엔 회원국이며, 기타 사항에 관하여 귀하 나름의 가정이 필요하면 이를 제시하면서 보고서를 작성하시오.

문제 2(50%): 유엔 안보리 상임이사국의 거부권 행사로 갑(甲)지역에 대한 평화유지군 파견 결정이 통과되기 어려울 것으로 예상한 국가들이 이 문제를 총회에 제기하여 평화유지군 설치 결의를 성사시키었다. 이에 평화유지군 설치에 반대하는 국가가 이는 안보리 권한의 침해로서 유엔 헌장 위반이며, 자국은 이에 따른 경비부담을 못하겠다고 주장하였다. 이 주장을 계기로 국제평화유지에 관한 총회와 안보리의 권한분배, 평화유지군의 설치근거, 그 소요비용의 법적 성격 등을 설명하시오.

1995년

2학기 국제법 2 (과제물)

갑국과 을국은 아라리 대륙의 인접국이다. 갑국은 PCIJ 시절인 1933년 아무런 조건 없이 당시 규정 제36조 2항(선택조항)을 수락한 바 있다. 그러나 ICJ에 대하여는 관할권 수락에 관한 아무런 의사표시도 한 바 없고, 실제 소송을 한 예도 없었다.

을국은 1948년 9월 1일 ICJ 규정 제36조 2항을 수락하며, 단 이 수락은 6개월의 사전예고를 전제로 언제든지 종료시킬 수 있다는 유보를 첨부시키었다.

양국은 전통적 우호관계 하의 국가로 1950년 3월 1일 우호통상항해조약을 체결하였으며, 이 속에서 양국 간에 발생하는 어떠한 분쟁도 외교경로를 통하여 성실히 해결하기로 합의한 바 있다.

1994년부터 양국 간에 영토분쟁이 발생하여 일단 외교 당국자 간의 몇 차례 협상이 벌어졌으나 별다른 진전이 없었다. 그러자 갑국은 1995년 2월 10일 돌연 이 사건을 ICJ에 제소하였다. 갑국의 제소 방침을 사전에 눈치 챈 을국은 제소 직전인 2월 6일 향후 자신은 아라리 대륙 내에서 을국을 당사자로 하는 영토분쟁에 대하여는 ICJ의 관할권을 배제한다는 통지를 하였다.

아울러 이 통지에 따른 관할권 배제는 즉각 발효한다고 설명하였다.

갑국이 이 사건을 제소하자 을국은 다음과 같은 여러 주장을 전개하며 재판소의 관할권을 부인하는 선결적 항변을 제기하였다. 다음 주장을 평가하시오.

(1) 갑국이 ICJ의 선택조항을 수락한 바 없기 때문에 상호주의 원칙에 따라 자신 역시 갑국의 일방적 제소에 대한 재판소의 관할권을 수락할 의무가 없다고 주장하였다.

(2) 설사 갑국의 관할권 수락을 인정한다 하더라도 갑국의 관할권 수락에 아무런 조건이 없다는 것은 곧 갑국이 주권의 행사로서 ICJ의 관할권 수락을 언제라도 즉시 종료시킬 수 있다는 것을 의미한다고 해석하였다. 이에 자국의 1995년 2월 6일의 통고는 상호주의 원칙에 따라 ICJ의 관할권을 즉시 종료시키는 효과를 발생시킨다고 주장하였다.

(3) 갑을국 간 통상항해우호조약상 양국 간 분쟁은 외교경로를 통하여 성실히 해결하기로 합의한 바 있기 때문에 재판소는 이 사건에 대하여 관할권을 갖지 못한다고 주장하였다.

(4) 1995년 2월 6일자 통지는 특히 이 사건에 대한 재판소의 관할권을 부인하게 되었다고 주장하였다. 왜냐하면 6개월 예고기간이란 선택조항 자체를 전부 종료시키는 경우에만 적용되는 것이며, 이 경우와 같이 관할권 수락의 범위를 일부 조정하는 내용의 통지는 즉시 발효하기 때문이라고 주장하였다.

1996년

1학기 국제법 1 (중간)

문제 1: 가국내 소수민족인 나족 거주지역은 평소 자치주로 인정받고 있었으나, 나족 지도자들은 이에 만족하지 않고 1990년 4월 1일 분리 독립을 선언하였다. 약 1년간의 내전 끝에 나족은 자신의 거주지에 대한 사실상의 통제권을 확보하고 안정된 정부도 구성하였다. 각국에 대하여 자국의 승인을 요청하였다. 그러나 가국은 아직도 나지역은 자신의 영토의 불가분의 일부이며, 따라서 각국은 나국을 승인하지 말 것을 요구하였다.

(1) 평소 가국의 우방인 다국이 나국을 1991년 7월 승인하였다. 가국은 이러한 결정에 항의하며 자신의 동의가 전제되지 않은 나국의 분리 독립의 승인은 국제법상 무효라고 주장하였다. 이 주장을 귀하는 어떻게 평가하는가?

(2) 그러자 다국은 나국이 사실상 국가로 성립되었으므로 자신은 나국을 승인할 국제법적 의무를 진다고 설명하였다. 이 주장을 귀하는 어떻게 평가하는가?

(3) 1991년 8월 라국은 나국을 사실상 승인한다고 발표한 반면, 마국은 나국을 법률상 승인한다고 발표하였다. 이 양자의 차이는 무엇인가?

문제 2: 가국의 텔레비젼 방송국인 A는 새로이 위성방송을 시작하여 이 방송은 나국을 포함한 인접국에서도 접시 안테나만 설치하면, 수신이 가능하였다. A는 나국 내에서의 인권유린사태에 대한 특집방송을 실시하여, 나국은 자신이 가입한 국제인권규약을 위반하고 있다고 주장하며, 각국의 인권운동가들은 나국 사태의 개선을 위한 항의를 할 것을 촉구하였다. 나국 정부는 가국에 대하여 외교공한을 보내어 다음과 같은 요구사항을 제시하였다.

(1) A 방송국의 허가 없는 전파월경은 나국의 공공질서에 위해가 되며, 나국의 주권을 침해하는 것이니, 즉각 자국을 향한 위성방송 송출을 중단할 것.

(2) 자국 인권사태에 대한 방송내용은 악의적 왜곡으로 가득 차 있으며, 각국의 인권운동가에 대한 내정간섭 선동은 유엔헌장 제2조 7항 국내문제 불간섭 의무를 위반한 위법행위이므로 그 책임자를 처벌하고, 재발 방지를 약속할 것.

가국 외무부에 근무하는 귀하에 대하여 위 공한에 대한 답변서를 작성하라는 지시가 내려졌다. 이를 작성하시오.

1996년

1학기 국제법 1 (기말)

문제 1: 지도 1을 보고 답하시오(주: 한반도 주변 해역도 별도 제공, 생략됨).

가. 북한은 한러 국경점과 휴전선 동해안점을 연결하는 기선을 설정하고 이로부터 50해리까지의 1수역을 군사경계수역으로 선포하여, 북한측의 사전허가 없이는 일체의 외국선박이나 항공기의 출입 및 통과를 금한다고 발표하였다. 이의 합법성을 검토하시오.

나. 중국 방향에서 출발한 甲국 해군 잠수함 선단이 전남과 제주 사이 해협을 잠항하며 진입하려 함이 한국 해군에 의하여 발견되었다. 한국 해군은 사전통고절차를 밟지 않은 외국군함의 영해통과는 한국법에 위배됨을 지적하며 즉각 회항을 요구하였다. 이러한 한국측 주장을 논평하시오.

만약 甲국 외무부에 근무하는 귀하에게 한국측 주장을 반박하기 위한 법률적 검토를 하라는 지시가 내려졌다면 귀하는 어떠한 내용의 보고서를 작성할 것인가?

다. 대한해협 서(西)수로 (3)에 한국과 일본이 각각 12해리 영해를 선포하였다고 가정하자. 러시아의 블라디보스톡을 주기지로 하는 소련 항공모함 선단(호위 잠수함 포함) 및 전폭기 편대가 서(西)수로를 통과하여 남지나해로 가려 한다면 법적으로 검토가 필요한 사항으로는 어떠한 것이 있을 수 있는가? 한국으로서는 이를 금지시킬 수 있는가?

라. 동해상 울릉도와 강원도 사이 중앙 상공(연안으로부터 약 37해리)에 갑자기 일본 전투기가 출현하였다. 한국공군이 한국의 영공 및 방공식별권 침범을 이유로 이를 격추시켰다면 이를 법적으로 평가하시오. 한국은 배타적 경제수역을 선포한 바 있다고 가정하라.

문제 2: 지도 2를 보고 답하시오(주: 당시 아래 중앙일보에 발표된 중국의 직선기선도 별도 제공, 생략).

가. 1996년 5월 15일 중국은 지도 2와 같은 기선을 발표하였다. 한국과 중국이 서해에서의 배타적 경제수역 경계 획정을 위한 협상을 시작하자 중국은 한국의 기선이 국제법 위반임을 주장하며 한반도 본토 연안선이 한국측 기선이 되어야 한다고 주장하였다면 한국 외무부에 근무하는 귀하는 이에 어떻게 응답할 것인가?

나. 중국측의 기선 발표가 있자 한국의 중앙일보 5월 17일자 기사는 다음과 같은 지적을 하였다. 이 내용에 대하여 논평하시오.

“8번과 9번 기점간 거리가 123해리, 10번과 11번 기점 사이가 70해리에 이르는 등 기점간 거리가 국제관행보다 훨씬 멀다. 국제관행은 기점간 거리가 24해리를 넘지 말아야 하며 불가피할 경우 50−60 해리까지 확장할 수 있지만 100해리 이상은 국제해양법에 어긋난다.”

1996년

1학기 국제법 1 (과제물)

갑국과 을국은 상호방위조약을 체결하고, 양국 모두 국회의 동의를 받아 조약을 비준하였다. 갑국은 유사시 이 조약의 실천을 위하여 국내특별법을 제정하였다. 그런데 이 특별법에 위반한 행위를 한 갑국인이 있어서 갑국 법정에 기소되었다. 갑국 1심 재판소는 상호방위조약이 자국헌법에 위반되며, 따라서 이에 따른 국내특별법도 무효라고 판단하여, 피고에게 무죄를 선고하였다.

문제 1: 만약 위 판결이 원심대로 확정되면 상호방위조약은 바로 무효로 되는가?

문제 2: 만약 위 질문에 대한 답이 NO라면 갑, 을 양국 간에는 어떠한 법적 관계가 성립되어 있다고 할 수 있는가?

1996년

2학기 국제법 2 (기말)

문제 1(50%): 甲國은 국제사법재판소 규정 제36조 2항의 규정에 의하여 1988년 1월 1일 동 재판소의 강제관할권을 수락한다고 발표하였다. 단 선언일 이후에 발생한 분쟁에 대하여만 ICJ의 관할권을 수락하며, 수락의 유효기간은 일단 5년으로 하고 그 이후에는 UN사무총장과 재판소에 대한 통고로서 언제든지 수락을 폐기시킬 수 있는 권한을 유보한다고 선언하였다. 乙國은 1990년 10월 1일 아무런 조건 없이 선택조항을 수락하였다. 1989년 9월부터 갑을 양국 간에는 양국이 모두 당사국인 가가조약의 운영에 관하여 다툼이 있었다. 1994년 6월 1일 乙國은 이 분쟁을 ICJ에 일방적으로 제소하였다. 이에 대하여 甲國은 1994년 8월 10일 당초에 선언하였던 유보에 근거하여 선택조항의 수락을 즉각 폐기한다고 UN사무총장과 국제사법재판소에 통고하였다. 다음 물음에 답하시오.

가. 애초 甲國과 같은 조건하에 규정 제36조 2항을 수락하는 것이 허용되는가?

나. 乙國의 제소에 응하기를 원치않는 甲國은 1994년 8월의 선언을 통하여 자국은 더 이상 재판소의 관할권을 수락할 의무가 없다고 주장하였다. 이에 대한 귀하의 판단은?

다. 또한 甲國은 제소된 분쟁이 乙國이 선택조항 수락선언을 한 1990년 10월 1일 이전에 발생한 것이므로 상호주의에 의하여 갑을 양국 간 사건에 대한 ICJ의 관할권은 1990년 10월 1일 이후에 발생한 분쟁에 한정되며 따라서 이 사건에 대하여는 ICJ의 관할권이 성립되지 않는다고 주장하였다. 이에 대한 귀하의 판단은?

라. 만약 재판소의 관할권이 성립한다고 가정하자. 역시 가가조약 당사국인 병국은 이 문제에 관하여는 자신도 이해관계가 있다고 주장하며 소송 당사국으로서 참여하기를 원하였다. 그러나 갑을 양국은 병국의 참여를 원하지 않았다. 병국으로서는 어떠한 방법이 있겠는가? 단 병국은 선택조항을 수락한 바 없다.

문제 2(30%): 강대국인 甲國은 포함 외교를 통한 위협을 가하여 이에 굴복한 乙國과 나나조약을 체결하였다. 그중 특히 제2조가 乙國에 대하여 불리한 내용을 담고 있었다. 이 문제에 등장하는 모든 국가는 비엔나 조약법 협약 당사국이라고 가정하고 다음에 답하시오.

가. 甲國의 함대가 물러간 이후 乙國은 제2조를 제외한 여타 조약 내용에 대하여는 이의가 없다며 제2조만의 무효를 주장하였다. 이에 대한 귀하의 판단은?

나. 甲國의 함대가 물러간 이후 乙國은 나름대로 판단한 끝에 나나조약 전체가 자국에게 크게 불리한 것도 아니라고 판단하고 이 조약 전체를 유효한 것으로 받아들이기로 하였다. 그러나 나나조약에 불만을 품은 병국이 이의 무효를 주장하였다. 이 상황에서 병국의 주장은 어떠한 의미를 지니는가?

다. 상황이 바뀌어 甲國은 이 조약의 폐기를 원하게 되었는데 乙國이 조약의 유지를 원하였다. 甲國이 조약의 무효를 주장하면 乙國은 어떠한 대응을 할 수 있는가?

문제 3(20%): 유엔 회원국인 甲國은 미국과의 관계가 매우 좋지 못하였다. 甲國은 자국에 주재하는 미국 외교관에 대하여 허가 없이 자국 수도를 벗어날 수 없다는 여행제한을 실시하였다. 이에 대한 보복으로 미국 역시 워싱톤 주재 甲國 외교관에 대하여 동일한 여행제한을 실시하는 한편, 뉴욕 유엔 본부에 부임한 甲國 유엔 대표부의 외교관과 甲國 출신으로 유엔에 근무하는 직원에 대하여도 사전 허가 없는 뉴욕 외부에 대한 여행을 금지하였다. 워싱톤 주재 甲國 외교관과 유엔 주재 甲國 외교관 및 甲國 출신 유엔 직원에 대한 미국의 여행제한의 법적 정당성을 검토하시오.

1996년

2학기 국제법 2 (과제물 1)

1. A국과 B국 간에는 살인 등 10가지 죄목을 범죄인 인도 대상 범죄로 지정하고 있는 범죄인 인도조약을 체결한 바 있다. A국인 갑은 사기죄를 범하고 B국으로 도주하였다. 사기가 범죄인 인도 대상 범죄로 규정되어 있지 않음에도 불구하고 B국 관헌은 갑을 A국으로 인도하였다. 갑은 법정에서 다음과 같은 주장을 하였다. 담당 판사인 귀하는 이를 평가하시오.

가. 갑은 자신을 A국으로 인도한 B국 관헌의 처사가 국제법을 위반한 것이라고 주장하였다.

나. 갑은 자신이 범죄인 인도 조약에 위반되게 압송되어 왔으므로 A국 법정은 자신을 재판할 수 있는 관할권이 없으며 따라서 자신은 바로 석방되어야 한다고 주장하였다.

2. 위의 경우 사기범도 범죄인 인도 대상이라고 가정하자. 그런데 B국 국내법에 따르면 외국범죄인을 본국으로 인도하기 위하여는 반드시 법원의 허가를 받도록 되어 있다. 그런데 B국 경찰은 그 같은 국내법 절차를 무시하고 갑을 A국으로 인도하였다. 이에 갑은 자신이 B국에서 외국인에게 보장되는 정당한 권리를 침해받고 압송되어 왔으므로 1차적으로 B국 법원의 인도허가가 없는 한 A국 법원은 자신을 재판할 수 없다고 주장한다면 귀하의 답변은?

3. 사기는 범죄인 인도대상 범죄가 아님에도 B국 관헌이 착각을 하고 실수로 갑을 A에 인도하였다. 이 경우 실수를 발견한 B국측이 A국에게 갑의 재인도를 요구한다면 A국은 갑을 B국으로 인도할 의무가 있는가?

1996년

2학기 국제법 2 (과제물 2)

갑, 을 양국은 전통적으로 사이가 좋지 않았다. 마침내 갑국이 을국을 무력으로 침략하자, 유엔 안전보장이사회는 다음과 같은 결의안을 표결에 붙이었다. 갑, 을 양국은 유엔 회원국이다.

"안전보장이사회는 유엔 헌장 제39조 및 제41조에 기하여

1. 갑, 을 양국 간의 현사태가 국제평화와 안전에 위협이 됨을 확인하고,
2. 모든 회원국은 침략을 행한 갑국과 일체의 경제거래를 중지할 것을 요청하며,
3. 유엔 헌장 제25조에 따라 모든 회원국은 본 결의를 실시할 것을 요청한다."

표결 결과는 찬성 10, 반대 무, 기권 4, 결석 1개국으로 나타났으며, 결석한 국가는 상임이사국이었다.

가. 위의 안보리의 결의는 유효하게 성립되었는가?

나. 제3세계 국가들은 안보리 결의와는 달리 오히려 이 사태의 원인은 을국에 있다면서, 반대로 을국에 대한 경제 제재 결의안을 총회에 상정하였다. 이 같은 움직임은 유엔 헌장상 어떻게 평가될 수 있는가?

다. 1개월 후 양국 간에는 휴전이 이루어졌다. 유엔 사무총장은 양국 접경지역에 분쟁 재발 방지를 위하여 평화유지군의 파견을 원하였다. 이에는 갑, 을국 모두 동의하였다. 그러나 상임이사국 병국이 이 같은 움직임에 확고히 반대하고 있음을 알게 되자, 사무총장은 이 문제를 총회로 회부하여 회원국의 압도적 다수로 평화유지군 설치 허락을 받았다. 이에 대하여 병국은 안보리의 동의 없는 병력 사용은 유엔 헌장 위반이라고 주장하였다. 이에 관한 귀하의 의견은?

1996년

2학기 국제법 2 (과제물 3)

리버강은 가국에서 발원하여 나국, 다국, 라국을 거쳐 최종적으로 마국 해안에서 바다로 통하는 국제하천으로 1,000톤급의 선박이 가국까지 항해할 수 있다. 1990년 1월 가, 나, 라, 마 4국은 리버강의 항행에 관하여 다음과 같은 조약을 체결하였다.

리버강 통항 조약

제1조: 리버강 유역국인 가, 나, 다, 라, 마국 소속으로 총톤수 1,000톤 미만의 민간상선은 유역국이 전쟁중이 아닌한 자유로이 리버강을 통항할 수 있다.
제2조: 이 조약은 가, 나, 라, 마국 모두의 비준이 있으면 1개월 후 발효한다.

조약 체결식 후의 합동 기자회견에서 중간 유역국인 다국이 참여하지 않았음이 지적되자 4개국 외무장관은 이 조약에 따라 다국 소속 상선에게도 동일한 조건에서 리버강 전역의 자유항행권이 부여되므로 별 문제될 것이 없다고 답하였다. 그리고 만약 다국이 반대한다면 바로 반대의사를 표시하라고 요청하였다. 그 후 가, 나, 라, 마국은 국내의 필요절차를 모두 마치고 1990년 12월 이 조약을 발효시키었다. 그 때까지 다국은 아무런 의사표시도 하지 않았다.. 가, 나, 다, 라, 마국은 모두 비엔나 조약법 협약 당사국이다. 다음에 답하시오.

문제 1: 위의 상황에서 가, 나국 상선은 다국 하천을 통과하여 바다로 진출할 법적 권리가 인정되는가?

문제 2: 상류국인 가, 나 양국은 1993년 1월 하천의 환경관리상 양국은 가, 나국 하천의 경우 총톤수 700톤 이하의 민간상선만 항해할 수 있다는 별도의 협정을 체결, 발효시키었다.

가. 900톤급의 마국 상선이 나국 하천의 통과를 요구하자 1993년 협정을 근거로 나국이 이를 거절하였다. 이에 대한 귀하의 법적 평가는?

나. 나국 소속 800톤급 상선 큰배호가 1993년 1월의 합의는 1990년 1월 조약에 위반되는 위법한 것이므로 큰배호는 가국 하천을 항해할 법적 권리가 있다고 주장하였다. 가국 정부로서는 어떻게 답변할 수 있는가?

1997년

1학기 국제법 1 (중간)

甲國에서 발원하는 맥강은 乙國의 식민지인 인접 丙 지역을 거쳐 바다로 연결된다. 1990년 甲國과 乙國은 전체 맥강에서의 양국 선박의 완전 자유항행을 보장하는 조약을 체결하였다. 병국은 1993년 독립하였다. 독립 당시 乙國과 丙國은 독립협정을 체결하여 과거 乙國이 체결하여 병국 지역에도 적용되고 있던 모든 기존 조약을 병국이 계속 존중하기로 합의하였다.

문제 1: 독립 직후 병국은 맥강 자유항행에 관한 조약은 자신이 체결한 것이 아니므로 더 이상 준수할 의무가 없으며, 甲國 선박이 자국 하천을 통과하려면 사전허가를 얻을 것은 물론 통과료를 징수하겠다고 선언하였다. 甲國 외무부에 근무하는 귀하에게 이 사건에서 제기되는 모든 법률쟁점을 검토하라는 지시가 내려졌다. 이를 작성하시오.

문제 2: 1950년 乙國과 丁國은 3개월 이내의 기간 동안 방문하는 상대국 국민에 대하여는 입국사증을 면제시켜주는 협정을 체결하여 실시하여 왔었다. 그동안 乙國 식민지인 병의 주민들도 이의 적용을 받아 왔다. 丙國은 독립 이후 1993년 독립협정을 근거로 을국이 체결한 기존조약의 준수를 대외적으로 천명함과 아울러 丁國 국민에게 계속 무사증 입국을 허용하였다. 그러나 丁國은 이제 丙國 국민에게는 더 이상 무사증 입국을 허용할 수 없다고 선언하였다. 丙國 외무부에 근무하는 귀하에게 이 문제와 관련된 국제법적 논점을 검토하라는 지시가 내려졌다. 이를 작성하시오.

1997년

2학기 국제법 2 (기말)

문제 1(25%): 한국일보 1989년 11월 6일자 기사를 읽고 각자 국제법적으로 분석할 수 있는 논점을 찾아 평가하시오(주: 별도로 일본의 오키노도리섬에 인공시설 완공과 이에 대한 일본측 주장에 관한 한국일보 기사 제공, 생략).

문제 2(25%): 동아일보 1997년 5월 23일자 기사 참조. 단 다음 설명은 사실과 부합되지 않는 가정적인 것임(주: 이어도 기지 건설 완공에 대한 동아일보 기사 별도 제공, 생략).

이어도에 한국이 해양과학기지를 건설하려고 하자 중국이 강력하게 반발했다. 그 이유는 첫째, 공해는 만인에게 개방되어 있는데 특정국가만이 독점적으로 사용하는 고정시설을 설치할 수 없다. 둘째, 한국의 이어도 기지가 완성되어 많은 과학자가 상주하게 되면 중국의 경제수역이 대폭 축소될 것을 우려했다. 위와 같은 중국의 입장을 분석하시오.

문제 3(각 10%): 가. *uti possidetis* 원칙

나. 선점 다. 국가연합

라. 군함의 무해통항권 마. 군사수역

1997년

1학기 국제법 1 (과제물)

최근 甲국과 乙국 간에는 긴장이 고조되어 있었다. 이 때 甲국으로부터 乙국을 향하여 여러 발의 장거리 대량파괴 미사일이 발사된 사실이 乙국 레이다에 포착되었다. 진행속도로 보아 약 30분 후면 이들 미사일은 乙국내 목표물에 도달할 것으로 예상되었다. 乙국 수뇌부는 바로 甲국 연안에 대기중이던 자국 해군함에 대하여 甲국에 대한 함포사격을 명하여 즉시 실행되기 시작하였다. 甲, 乙 양국은 모두 유엔 회원국이다.

문제 1: 乙국은 자국의 함포사격은 유엔 헌장상의 자위권 발동이라고 주장하였다. 반면 甲국은 미사일의 항로는 목표물에 도달하기 전에 바꿀 수도 있는데 반하여 실제 유엔 헌장이 규정한 "무력공격"은 乙국의 함포사격으로 더 먼저 현실화 되었으므로 乙국의 공격이 보다 앞선 것이라고 주장하였다. 귀하는 이에 대하여 어떻게 생각하는가?

문제 2: 만약 甲국 미사일이 도달하지 못하고 기술적인 결함으로 인하여 중간에 상공에서 폭발되어 버렸다면 위의 평가는 달라질 수 있는가?

1997년

2학기 국제법 2 (중간)

문제 1(70%): 미국인 남자 A와 한국인 여자 갑이 혼인하여 한국에서 아들 병을 낳았다. 양국 국적법에 따라 병은 미국 국적만을 인정받았다. 이들 가족은 계속 한국에서 생활하였고 병은 한국에서 대학도 졸업하였다. 병은 출생지이자 성장지인 한국을 매우 좋아하였고 계속 거주하고자 원하였다. 그러나 병이 사회생활을 하려 하자 외국인 신분에 따른 불편이 적지 않았다.

(가) 병은 변호사인 귀하를 찾아와 자신에게 어머니의 국적을 인정하지 않는 한국 국적법의 남녀 차별적 조항에 대하여 위헌소송이라도 제기하여 한국국적을 확인받고 싶다고 요청하였다. 이를 수락한 귀하는 어떠한 논리로서 병의 요구를 대변할 것인가?

(나) 위 소가 제기되자 법무부에 근무하는 검사인 귀하에게 현행 한국 국적법을 옹호하는 논리를 준비하라는 지시가 내려졌다. 귀하는 보고서에 어떠한 내용을 담을 수 있겠는가?

(다) 위 헌법소송과는 별도로 병은 자신의 주장을 국제무대에서라도 호소하여 한국국적을 확인 받고자 원한다면 변호사인 귀하는 어떠한 조언을 줄 것인가?

문제 2(30%): 다음을 약술하라.

(가) 가해조항(*attendat* clause)

(나) 국제표준주의(international minimum standard)

1997년

2학기 국제법 2 (기말)

일러두기: 시험중 자료 참조 가능.

문제 1: 甲국은 1990년 1월 1일 ICJ 규정상의 선택조항(Option Clause)을 아무런 유보 없이 수락하였다. 동시에 甲국은 자국 민간인이 관련된 국제사건에 관하여 해당자가 직접 ICJ에 사건을 제소함에 반대하지 않는다는 성명을 발표하였다.

乙국은 1993년 8월 1일 우선 4년 기한으로 선택조항을 수락하며, 다만 4년 경과 이후 자국의 선택조항 수락은 자동적으로 연장되나 필요한 경우 乙국은 언제라도 이를 철회할 수 있다는 유보를 첨부하였다.

가. 1996년 8월 1일 甲국의 회사 당당사의 주력 수출품 전화기에 대하여 乙국은 50%의 반덤핑관세를 부과하기로 결정하였다. 당당사는 이 조치가 갑, 을 양국이 당사국인 통상조약 위반이라고 주장하며, 乙국 법원에 취소 청구의 소를 제기하였다. 1심에서 패소한 당당사는 乙국 법정에서는 더 이상 소송을 진행하여도 공정한 재판을 기대하기 어렵다고 판단하여 결국 이 사건을 중립적인 ICJ에 제소하기로 하고 1997년 3월 1일 정식 소장을 제출하였다. 甲국 정부도 민간기업의 거

래에서 발생한 분쟁은 자치적 해결이 바람직스럽다고 판단하여 당당사의 ICJ 제소를 지지하였다. 乙국 외무부에 근무하는 귀하는 이에 관하여 어떠한 보고서를 작성할 것인가?

나. 양국 국민 간의 여론 악화를 우려한 甲국 정부와 乙국 정부는 직접 협상을 벌였으나 별다른 진전이 없었다. 1997년 7월 30일 甲국은 이 사건을 ICJ에 직접 제소하였다. 1997년 8월 3일 이 사실을 통보받은 乙국은 ICJ에서의 재판을 원하지 않았다. 이에 선택조항 수락을 철회하기로 결정하였다. 乙국 외무부에 근무하는 귀하는 외무장관에 대하여 어떠한 조언을 할 것인가?

다. 甲乙 양국 정부가 이 사건을 ICJ에서 처리하기로 합의하였다고 가정한다. 단 양국은 1) 재판과정과 판결 내용은 양 당사국에게만 공개하고 양국 모두의 동의가 없는 한 일반에게 공개하지 말 것. 2) 판결 후 어느 한 국가가 희망하면 양국 합의하에 구성되는 중재재판에 상소하겠음을 ICJ에 조건으로 제시하였다. 귀하는 ICJ가 이에 대하여 어떠한 판단을 내릴 것으로 예상하는가?

라. 이 사건이 ICJ에서 처리되는 과정에서 甲국은 재판소 내에 자국 출신 판사는 없는데 반하여 乙국만 자국 출신 판사를 보유하고 있는 것은 불공평하다고 주장하며, 乙국 출신 판사에 대하여 기피신청을 하였다. 이에 대하여 평가하시오.

문제 2: 무역 자유화에 관한 조약 제7조는 자동차 수입관세를 10%로 규정하고 있다. 갑, 을 병國 등은 이 조약에 아무런 유보없이 가입하고 있다. 정國이 새로이 이 조약에 가입하면서 자신은 제7조에 대하여는 수입관세를 20%로 한다는 조건하에 가입한다고 통보하였다.

갑國은 정국의 20% 관세율 부과를 용납할 수 없다는 의사를 조약 사무국에 바로 통고하였다. 을國은 정국의 20% 관세율 부과에 반대하지 않겠다는 의사를 조약 사무국에 바로 통고하였다. 병國은 정국의 입장에 대하여 아무런 의사 표명을 하지 않았다. 갑, 을, 병 각국과 정국 간에는 자동차 수입관세에 관하여 어떠한 관계가 성립되어 있는 것일까?

문제 3: 아래 A는 한국일보 1995년 7월 29일자 기사이다. 이하는 가상 사안임.

이 사건에 대하여 미국 정부는 한국이 가입한 "외교관계에 관한 비엔나 조약" 제37조 1항에 따라 외교관의 가족도 외교관과 동일한 특권과 면제를 향유하므로 미국 외교관의 아들 역시 한국의 형사재판 관할권으로부터 면제된다고 주장하며, 일단 신분이 확인된 해당자를 즉각 석방하고 더 이상 형사사법절차를 진행시키지 말라고 항의하였다. 한국검찰은 귀하에게 이에 관한 법률의견을 물었다. 귀하는 어떻게 답변서를 작성할 것인가? (A 기사 생략)

문제 4: 아래 B는 1997년 1월 16일 헌법재판소 89헌마240 사건의 결정문 일부이다. 남북 합의서의 성격에 관한 헌법재판소의 입장을 논평하시오. (결정문 생략)

1997년
2학기 국제법 2 (과제물)

1. A국은 B국에 대하여 군사용 나침반의 판매를 합의하고, 이 판매와 관련된 준거법을 A국 국내법으로 지정하였다. A,B국 간의 합의는 조약인가?

2. A,B,C국은 1982년 甲조약 체결, 발효 중이다. 그중 A,B국만이 비엔

나 조약법 조약의 당사국이라면, 甲조약과 관련하여 A,B국 간에는 비엔나 조약법 조약이 적용되는가?

3. 비엔나 조약법 협약 당사국인 A,B,C국은 1982년 甲조약 체결, 발효 중이다. 1984년 비엔나 조약법 협약 비당사국인 D국이 甲조약에 가입하였다. A,B,C국 간에는 비엔나 조약법 협약이 적용되는가? A,D국 간에는 비엔나 조약법 협약이 적용되는가?

4. 1978년 A,B,C국이 甲조약 체결, 발효 중이다. 1982년 D,E국이 甲조약에 가입하였다. 모두 비엔나 조약법 협약 당사국이면 甲조약과 관련하여 비엔나 조약법 협약은 어느 국가 간에 적용되는가?

5. 다자조약 甲의 제3조에 대하여 A국이 유보하에 가입하겠다는 의사표시를 하였다. A국의 이러한 태도에 대하여 기존 당사국인 B국은 수락하였으며, C국은 반대하였다. A－B 간 및 A－C 간 조약 적용에서는 어떠한 차이가 발생하는가?

(참고: 비엔나 조약법 협약: 1969년 채택, 1980년 발효)

1998년

1학기 국제법 1 (기말)

문제 1: 귀하는 국제법상 영토취득의 권원(title)에 관한 전통적 이론을 오늘날의 관점에서 어떻게 평가하겠는가?

문제 2: 甲國과 乙國 간에는 최근 긴장이 고조되었다. 甲國 육군은 자국 내 乙國 외교공관을 포격, 건물 1동이 부셔지고, 외교관 수명이 사상 당하였다. 5일후 乙國은 이에 대한 보복으로 甲國 제2의 도시에 대하여 함포사격을 실시, 막대한 인명 피해를 가하였다. 이 충돌은 유엔 사무총장의 중재로 일단 중지되었는데 甲國은 자국이 더 막대한 피해를 입었다며 자국의 피해에 대하여 보상을 요구하자, 乙國은 국제법상 정당한 자위권 행사였다고 주장하였다. 이 주장에 대하여 논평하시오.

문제 3: 甲國은 자국 기선(基線)으로부터 약 203해리 떨어진 지점에서 해저 석유층을 발견하고 이를 개발중이다. 그런데 甲國은 12해리 영해 이원에 대하여는 연안국으로서의 어떠한 권리 주장도 대외적으로 공표한 바 없다. 甲國은 82년 유엔 해양법 협약도 비준하지 않았다.

乙國은 甲國의 석유개발이 공해상에서 이루어지고 있다며, 중지를 요구하며 주변 수역에 자국어선을 보내어 어로작업을 하도록 하였다. 1998년 6월 10일 乙國 어선이 甲國의 유전 개발지점 바로 안쪽인 198해리 해당 수역에서 어로작업을 하다가 불법어로 혐의로 甲國 경비정에 의하여 나포되어 甲國 법원에 기소되었다. 乙國은 유엔 해양법협약 당사국이며 200해리 경제수역을 선포하고 있어서, 과거 甲國 어선이 乙國 경제수역을 침범한 이유로 수차례 나포된 바 있었다.

이 사건과 관련하여 甲國 대학의 교수인 귀하는 어떠한 법적 쟁점을 검토하여야 하는가라는 의뢰를 받았다. 필요한 쟁점을 찾고 그에 대한 견해를 피력하시오.

1998년

1학기 국제법 1 (과제물 1)

국제사회는 오래 전부터 해적행위 진압에 노력하여 왔다. 1982년 유엔 해양법협약(이하 협약) 제100조도 "모든 국가는 공해나 국가관할권 밖의 어떠한 곳에서라도 해적행위를 진압하는데 최대한 협력한다"고 규정하고 있다. 甲국 연안경찰은 자국 영역 밖 공해(公海)에서 해적 혐의자인 乙국인 A를 체포하여, 기소했다. 그러나 甲국 법원은 자국 형법상 공해상의 해적행위를 처벌할 조항에 없다며 공소를 기각하고 그를 석방하였다.

다음에서 갑, 을, 병국은 협약 당사국이며, 정국은 비당사국이다

문제 1. 甲국 형법에 관한한 법원의 해석은 정확하다고 가정한다. 이 법원의 공소기각 결정은 갑국 국내법 및 국제법상 어떻게 평가할 수 있는가?

문제 2. 석방된 A가 공해상에서 丙국 상선을 약탈하였다. 병국 상선측은 갑국이 해적을 석방함으로써 피해가 발생하였다고 주장하며 적절한 보상을 요구하였다. 병국 상선의 피해에 대하여 甲국이 국제법상 책임이 있다고 할 수 있는가?

문제 3. A가 공해상에서 다시 丁국 상선을 약탈하다가 丁국 군함에 체포되어 결국 무기징역을 선고받았다. A의 국적국인 乙국은 협약 비당사국인 정국이 공해상의 외국인에 대하여 관할권을 행사할 수 없다며 판결의 무효와 A의 신병인도를 요청하였다. 乙국 주장의 타당성을 검토하라.

1998년

1학기 국제법 1 (과제물 2)

민주국가인 A국에 쿠테타가 발생하여 대통령 甲 등 정부수뇌는 변경 산악지대와 인접 B국으로 은신하였다. A국의 새 지도자 乙은 사실상 전국을 장악하였고, 이에 전면 개헌을 통하여 국가를 전체주의 체제로 바꾸고, 국명도 바꾸었다. 이후 자국은 A국과는 관계없는 신생국이므로 기존의 대외부채는 책임질 수 없다고 주장하였다. 한편 B국 접경에 은신중인 구 정부 지지자들은 반정부 게릴라 활동을 하였으며, 이에 대하여는 B국 정부의 암묵적인 지지가 있었다. 신정부는 반군진압, 국가지배 체제 확립, 경제개발 등에 많은 자금이 소요되어 외채도입을 추진하였다.

C국은 乙 정권을 비교적 빨리 승인하였다. 그리고 국영은행을 통하여 비교적 높은 이자를 받고 乙 정부에 1억불을 5년 거치 8년 상환의 조건으로 빌려 주었다.

D국은 乙 정권을 승인하지 않았으나, 민간은행이 乙 정부에 역시 1억불을 빌려주었다.

그러나 乙 정권의 정책은 국민의 지지를 받지 못하였고, 경제도 파탄에 이르렀다. 결국 乙 정권 수립 4년 만에 구 정권 지지자에 의한 재반란이 성공하여 구 헌법으로 복귀하였고, 甲도 잔여임기의 대통령으로 복귀하였다. 甲은 乙정부 시대의 모든 대외기채를 지급할 수 없다고 선언하였다.

문제 1: 乙 정권은 자신이 신국(新國)을 설립하였다고 주장하였다. 이에 대하여 평가하시오.

문제 2: 乙 정권 집권 시절 동 정부는 B국이 반란군의 지원을 통하여 자국을 침략하고 있다며, B국에 대하여 자위권을 행사하겠다고 선언하였다. 이에 대하여 평가하시오.

문제 3: 甲의 복귀 이후 C국 은행은 계약대로 채무 상환을 요구하자 甲 정부는 이를 거절하였다. 이에 대하여 평가하시오.

문제 4: D국 은행의 채무 상환 요구에도 甲 정부는 거절하였다. 이에 대하여 평가하시오.

1998년

2학기 국제법 2 (기말)

문제 1(35%): 라카 대륙의 국가들은 A국 수도인 마차차에 모여 자동차, 전자제품, 반도체, 철강제품 및 건축기자재의 무역시 수입관세 부과제한에 관한 甲 조약을 채택하였다. 이 조약은 10개국 이상의 서명이 있으면 그로부터 30일 이후 발효하기로 예정되어 있었다. 1998년 1월 1일 B국의 외무장관은 마차차 방문시 10번째로 이 조약에 서명하였는데, 서명시 B국은 자동차의 수입관세의 한도를 수입원가 대비 10% 이하로 규정한 제5조에 관하여 자국의 경우 산업형편상 자동차 수입관세를 20%까지 부과할 권리를 유보한다는 의사를 문서로 첨부하였다. 甲 조약에는 유보를 허용한다는 조항도, 불허한다는 조항도 없었다.

C국은 즉시 제5조에 관한 B국의 유보에 이의가 없다고 발표하였다.

D국은 즉시 제5조에 관한 B국의 유보를 수락할 수 없다고 발표하였다. 다만 이 같은 반대가 B국을 조약 당사국으로 인정하지 않음을 의미하는 것은 아니라고 발표하였다.

E국은 제5조에 관한 B국의 유보를 수락할 수 없으므로 B국을 조약 당사국으로 인정할 수도 없다고 발표하였다.

기타 F, G, H, I 등의 국가들은 이 문제에 대하여 아무런 의사 표시도 하지 않았다.

위에 등장한 국가들은 모두 비엔나 조약법 협약의 당사국이다. 다음에 답하시오.

가. 더 이상의 서명국이 없다면 위의 상황에서 1998년 1월 31일부터 甲 조약은 발효하게 되는가?

나. 위의 상황에서 B－C 간, B－D 간, B－E, B－F 간에 자동차 수입관세 부과한도는 어떻게 설정되어 있다고 해석되는가?

다. B국의 "국가기관의 권한에 관한 법률"에 따르면 오직 대통령만이 전권위임장 없이도 조약 서명을 위하여 대외적으로 국가를 대표할 수 있고, 외무장관의 경우 대통령의 승인 하에 발부된 전권위임장이 없는 경우 대외적으로 국가를 대표할 수 없다고 규정하고 있다. 1998년 3월 1일 B국 정부는 자국 외무장관의 甲 조약 서명시 전권위임장이 발부되지 않았음을 이유로 이 조약은 법적으로 무효라고 주장하며, 자국은 甲 조약의 구속을 받지 않는다고 선언하였다. 이 주장을 평가하시오.

라. 1998년 5월 12일 조약 당사국 중 하나인 F국이 조약 탈퇴를 선언하였다. 그러면 조약 당사국 수는 단지 9개국으로 된다고 가정한다. 평소 甲 조약에 불만이 있던 다른 당사국 G국은 이제 甲 조약이 실효하였다고 주장하며 자국은 더 이상 이 조약의 구속을 받지 않는다고 선언하였다. 이에 대하여 평가하시오.

문제 2(25%): 별첨 문화일보 1997년 4월 23일자 기사(주: 페루에서 반군이 주 리마 일본 대사관을 점검했던 사건에 관한 기사, 생략)를 읽고 질문에 답하시오. 단 아래 내용은 사실에 입각한 것이 아닌 가정적인 사안에 불과함.

(1) 페루 정부는 보안을 위하여 인질구출작전을 일본 정부에 사전 허락은 물론 통고도 하지 않았다. 일본 정부는 작전의 성공은 치하하였으나, 통고가 없었던 점에 유감을 표명하며 "국제법상 일본의 영토라고 할 수 있는 대사관저에 일본 정부의 허가 없이 병력을 투입한 행위는 양국 모두 가입하고 있는 외교관계에 관한 비엔나 협약 위반이므로 이에 대한 페루 정부의 적절한 사죄를 요구한다"고 발표하였다. 페루 외무부에 근무하는 귀하는 이에 대한 답변서 초안을 작성하라는 지시를 받았다. 이를 작성하시오.

(2) 작전 종료 후 일본 정부는 구출작전 중 파괴된 대사관 수리비를 페루 정부가 부담하라고 요청하였다. 이에 대하여 페루 정부는 일본 대사관이 초청한 손님 중에 테러범 일행 1명이 포함되어 있었으므로 결국 이 사건은 일본측이 자초한 것이므로 자국으로서는 법적으로 책임질 수 없다고 주장하였다. 오히려 구출작전에 투입된 경비를 일본측이 상환하라고 요구하였다. 이 공방에 대한 귀하의 견해는?

(3) 리마 법원에서의 인질범 재판 중 피고인들은 자신들의 일본 대사관저에서의 행위에 대하여는 일본법에 의한 재판만이 가능하므로 페루 법원은 이 사건에 대하여 관할권이 없다고 주장하였다. 이 사건의 담당판사인 귀하의 이에 대한 견해는?

문제 3(40%): 다음을 약술하시오.

(1) 국제사법재판소에서의 소송참가(intrvention)

(2) 국제사법재판소에서의 선결적 항변

(3) 범죄인인도 제도상 특정성의 원칙

1998년

2학기 국제법 2 (과제물)

甲國과 乙國 양국 간에는 오래 전부터 차차 지역을 둘러싼 영토분쟁이 존재하였다. 1998년 10월 7일 甲國은 갑자기 乙國을 침공하여 차차 지역의 대부분을 점령하였다. 당장의 무력에서 열세를 절감한 乙國은 유엔 안보리 의장 앞으로 송부된 10월 10일자 외무장관 서한을 통하여 유엔이 甲國에 대하여 철군과 동시에 피해배상을 명령해 줄 것을 요청하였다.

甲國은 유엔 회원국이자, 현재 안보리 비상임 이사국이다. 乙國은 아직 유엔에 가입하지도 않았다.

(1) 乙國은 유엔에 대하여 개입을 요청할 자격이 있는가? 유엔은 비회원국에서 벌어진 이 사태에 개입할 권한이 있는가?

(2) 안보리는 우선 양국에 대하여 즉각적인 무력행사 중지를 요청하였다. 안보리 일부 이사국은 사태의 현황과 역사적 원인을 자세히 검토하기 위하여 乙國을 안보리 회의에 초청하자고 제의하였다. 이 제안이 표결에 붙여지자 상임이사국 중 2개국은 유엔 비회원국이 안보리 회의에서 참여하는 것은 헌장에 위배된다며 반대하였으나, 총 10개국이 초청안에 찬성하였다. 초청 결의는 유효하게 성립되었는가?

(3) 안보리에 양국 간 영유권 분쟁을 국제사법재판소에 회부하여 해결하라는 결의안이 제안되었다. 甲國은 이 안에 반대표를 던질 계획인데 일부 국가는 분쟁 당사국은 표결에 참석할 수 없다고 주장하였다. 귀하의 견해는?

(4) 일부 국가는 먼저 무력행사를 하여 유엔 헌장을 위반한 甲國을 안보리에서 제명하자고 주장하였다. 이는 어떻게 실현될 수 있는가?

1999년

1학기 국제법 1 (중간)

문제 1(50%): "국제관습법은 서구 강대국의 이해의 반영에 불과하다"는 주장을 논평하시오.

문제 2(50%): 甲國은 1960년 중반부터 국제사회에서 300해리의 경제수역의 당위성을 계속 주장하여 왔다. 그러나 이를 특별히 국내 법률로 입법화하지는 않았다.

1982년 채택되어 1994년부터 발효 중인 유엔 해양법 협약은 경제수역의 경우 200해리를 한계로 규정하고 있는데, 유엔 회원국인 甲國은 이에 서명은 하였으나, 아직 비준은 하지 않았다. 그 중요한 이유 중의 하나가 경제수역문제에 대한 불만으로 알려져 있다.

甲國은 최근 자국 수산업에 대한 투자를 강화하며, 인접 乙國 및 丙國과 상호 300해리 경제수역을 인정하는 조약을 체결하였다. 현재 이 조약은 3국의 비준을 모두 얻어 발효 중이다.

丙國과 丁國 어선이 甲國 연안 280해리 부근에서 조업을 하다가 甲國 연안 경비정에게 경제수역 침범을 이유로 나포되어 재판에 회부되었다.

甲國 헌법 제6조는 "헌법에 의하여 체결된 조약과 일반적으로 승인된 국제법규는 국내법과 같은 효력을 지닌다"라고 규정하고 있다.

이 사건을 담당하는 甲國 법원의 판사인 귀하는 丙國과 丁國 어선 선장에 대하여 각각 어떠한 판결을 내리겠는가?

1999년

1학기 국제법 1 (기말)

문제 1(60%): 갑국은 12해리 영해와 그 이원에 12해리 접속수역을 추가로 설정한 바 있고, 그 이상의 해양관할권을 공식 설정한 바 없다. 1999년 6월 1일부터 7일까지 갑국 연안 약 40해리 해상에 을국 선박 하하호가 닻을 내리고 부근 대륙붕을 탐사하며 해저에서 고가의 희귀금속 K를 채취하는 한편, 어로작업을 통하여 약 500톤의 어획고도 올렸다.

하하호는 K가 자국보다 갑국에서의 시세가 매우 비싼 점을 알고 갑국 업자 아아에 연락하여 이 곳에서 채취한 K를 세관 신고 없이 밀매하기로 합의하였다. 이에 아아는 유람선을 가장한 소형 모터 보트를 같은 장소에 계속 정박중인 하하호로 몰래 보내 K를 인수하고 대금을 지불하였다.

이 사실을 안 갑국 해양 경찰은 하하호로 접근하여 검문을 하겠다고 요구하였다. 그러자 하하호는 전속력으로 도주하였고, 갑국 경찰은 이를 추격하였다. 약 270해리를 계속 추적하였으나, 나포하지 못하고 부근 해상의 짙은 안개로 인하여 하하호를 그만 노쳤다. 갑국 경찰은 부근에서 조업중인 모든 자국 어선에게 무전을 보내 하하호를 발견하면 이를 신고하고 도주하면 추격하라고 지시하였다. 그 다음 날 다시 약 100해리를 더 떨어진 해상에서 갑국 참치잡이 어선이 하하호를 발견하고 정선을 요구하였다. 도주하는 하하호를 어선이 추적하는 한편, 본국에 연락하자 공군기가 출동하여 마침내 하하호를 갑국으로 나포하는데 성공하였다.

이 사건이 양국 간 분쟁으로 발전하자 갑국은 하하호의 다음과 같은 위법행위에 대하여 자국 법정에서 재판을 할 수 있다고 주장하였다.

가. 허가없이 갑국 대륙붕을 탐사하고 광물을 채취한 행위

나. 허가없이 갑국 경제수역에서 어로작업을 한 행위

다. 갑국에 대하여 K를 밀수시킨 행위

이에 대하여 을국측은

가. 갑국은 대륙붕을 공식 선언한 바 없으므로 해당수역 해저에서의 광물 채취행위는 공해 자유의 일부이다.

나. 갑국은 경제수역을 선언한 바 없으므로 해당수역에서의 어로 작업 역시 공해자유의 일부이다.

다. 하하호는 갑국 영해는 물론 접속수역도 침범한 바 없이 공해에만 있었으므로 K의 매매는 밀수가 아니며 합법적 거래이다. 밀수 당사자는 아아일 뿐이다.

라. 이상 행위의 위법 여부와 관계없이 하하호를 갑국이 연안으로부터 약 400해리가 넘는 공해상에서 나포한 행위는 국제법 위반이라고 주장하였다.

귀하는 양측 주장을 어떻게 판단하겠는가?

문제 2(각 20%):

가. 영토취득의 권원으로서 선점과 시효를 비교 설명하시오.

나. 국제해협의 통과통항(Transit Passage)를 설명하시오.

✎ 채점 소감

1. 문제 1에서는 출제자가 4가지 질문을 이미 제시하고 있다. 각 질문에 대하여는 다음의 논점을 중심으로 답안을 작성할 필요가 있음.

   가. 대륙붕 문제에 있어서는 연안국이 대륙붕에 대한 권리를 주장하기 위하여는 대륙붕을 공식으로 선포해야 하느냐 여부, 대륙붕에 대한 연안국의 권리의 근거, 연안 40해리 지점이 대륙붕에 포함될 수 있느냐 등을 중심으로 서술할 것.

   나. 경제수역 문제에 있어서는 연안국의 권리 주장이 성립되려면 공식적인

선포가 필요한가, 공식 선포가 없는 경우 해당 수역의 법적 지위 등을 중심으로 서술할 것.

다. 밀수행위와 관련하여서는 많은 답안이 밀수는 연안국의 국익을 침해하는 것이므로, 공해상에서의 거래라도 당연히 처벌대상이 되어야 한다는 단순 논리만을 전개하고 있는데 이러한 설명은 적절한 답이 될 수 없음. 문제의 행위가 과연 밀수에 해당하느냐부터 따져야 한다. 거래가 성립된 지역의 법적 성격, 접속수역 외곽에 정박 중인 선박을 연안의 소형선박이 접촉한 행위의 법적 성격을 분석하여야 함.

라. 추적권 문제에서는 추적권 행사의 요건, 특히 추적의 계속성을 중심으로 분석할 것.

마. 각 질문에 관하여 이상에 언급되지 않은 관련사항도 상세히 언급하면 더욱 좋음.

바. 많은 답안에서 학생들이 대륙붕의 개념을 제대로 파악하지 못하고 있음을 발견했으며, 실제로 이상에 제시된 논점을 모두 포함시켜 적절한 분석을 하고 있는 답안은 사실상 없었음.

2. 문제 2는 단순 서술형 문제이므로 특별한 설명은 피력하지 않음.

1999년

1학기 국제법 I (과제물)

甲國과 乙國 간에는 최근 긴장이 고조되었다. 甲國 육군은 자국내 乙國 외교공관을 포격, 건물 1동이 부서지고, 외교관 수명이 사상당하였다. 5일 후 乙國은 이에 대한 보복으로 甲國 제2의 도시에 대하여 함포사격을 실시, 막대한 인명 피해를 가하였다. 이 충돌은 유엔 사무총장의 중재로 일단 중지되었는데 甲國은 자국이 더 막대한 피해를 입었다며 자국의 피해에 대하여 보상을 요구하자, 乙國은 국제법상 정당한 자위권 행사였다고 주장하였다.

문제 1. 갑국 외무부에 근무하는 귀하는 자국의 입장을 옹호하는 주장을 전개하시오.

문제 2. 을국 외무부에 근무하는 귀하는 자국의 입장을 옹호하는 주장을 전개하시오.

문제 3. 객관적 입장에서 자신의 입장을 피력하시오.

1999년

2학기 국제법 2 (기말)

문제 1(30%): 북한의 황장엽은 1997.2.12. 북경의 한국 영사관을 방문, 귀순의사를 표명하였다. 이에 97.2.14. 류종하 외무장관은 급거 중국을 방문, 錢其琛 중국 외교부장과 회담하며, 황장엽의 한국 입국에 중국측이 협조하여 줄 것을 요청하였다. 이 때 중국측은 "이 문제가 갑자기 발생하여 상황을 미처 파악하고 못하고 있다. 상황을 파악할 시간이 필요하다"고만 답하고 회담의 실질적 진전은 없었다(97.2.15.조선일보).

그 CNN 방송 북경발 기사에 의하면 중국 외교부 대변인은 황장엽의 지위에 관한 기자들과의 문답과정에서 "한국 대사관은 비록 북경에 위치하고 있지만 기술적으로는 한국 영토위에 있다"(97.2.17.조선일보)는 말을 하였다.

이어 97.2.18. 중국 외교부 唐國强 대변인은 황장엽이 "중국내의 호텔 등 중국 영토에 머무르고 있는 것이 아니다"고 말하여 중국 정부의 시각의 일단을 보였다(97.2.19.조선일보).

그리고 97.3.7. 錢其琛 외교부장은 "황장엽 사건은 본질적으로 한반도의 남북 간에 발생한 사건이지만 사건이 북경에서 발생하였으므로 중국이 관할권을 갖고 있다"(97.3.8.조선일보)고 주장하였다.

또한 97.3.14. 李鵬 총리는 "중국은 외국의 대사관이나 영사관이 외교적 비호권을 갖고 있음을 승인하지 않는다"(97.3.18.동아일보)고 발표하였다.

최종적으로 황장엽은 필리핀으로 일단 출국하여 약 1달 간 머물다가 한국으로 들어왔다.

(1) 한국정부가 중국측에 대하여 황장엽의 한국으로의 무사 입국을 요구할 수 있는 법적 근거는 무엇인가?
(2) 만약 중국측이 한국에 대하여 황장엽의 신병인도를 요구하였다면 한국으로서는 이에 어떻게 대응할 수 있는가?
(3) 위에 제시된 여러 중국 당국자의 발언 중 나름대로 논평(비평)을 가할 필요가 있다고 판단되는 부분에 대하여 자신의 의견을 피력하라.

문제 2(30%): 가가國의 나나州에서 인종 간의 갈등에서 야기된 소요가 발발하여 많은 인명피해가 있었다. 현재 가가국 정부는 다른 이유로 이 소요사태를 효과적으로 제어하기 불가능한 상태였다. 이에 인접국들에 의하여 이 문제가 유엔 안보리 의제로 제의되었고, 의제목록에도 등재되었다. 국제사회에서는 유엔 평화유지군의 파견만이 사태의 악화를 막을 수 있다고 보는 의견이 많았다. 그러나 안보리 상임이사국 간의 막후 의견조정이 되지 않아 반년 이상 안보리는 이 문제에 대하여 변변한 토의조차 하지 못하였다.

그러자 인접국은 이 문제를 유엔 총회로 제기하여, 총회는 평화유지군 파견을 결정하였다. 가가국은 유엔 회원국이다.

(1) 총회에서 평화유지군 파견이 결의되자, 본래부터 이에 반대하는 일부 안보리 상임이사국은 첫째 무력사용의 일종인 평화유지군의 파견 결정은 헌장상 안보리의 고유 권한이며, 둘째 또한 현재 안보리에서 검토 중인 사건에 관하여는 헌장 제12조 1항에 따라 총회는 안보리의 요청이 없는 한 독자의 조치를 결정할 수 없으므로 이는 헌장 위반의 무효의 결정이라고 주장하였다. 이를 평가하시오.

(2) 총회에서 위의 표결을 하려고 할 당시 회비를 2년 이상 연체한 국가가 12개국 있었다. 이들에 대하여는 헌장 제19조에 따라 표결권이 주어지지 않는다고 사무국이 발표하자, 이 중 일부 국가는 총회에서의 표결권 정지 결의가 성립되기 전까지는 표결권을 갖는 다고 주장하였다. 이를 논평하시오.

(3) 후에 안보리가 소요사태를 배후 지원한 다다國에 대하여 경제금수를 결의하였다. 그러자 영세중립국으로 유엔 회원국인 K國은 이를 따르는 것은 영세중립국으로서 의무에 위반되므로 이행할 수 없다고 주장하였다. 이를 논평하시오.

문제 3(40%): 다음을 약술하시오.

(1) 국제사법재판소에서의 잠정조치(provisional measure)

(2) 국적 계속의 원칙

(3) 조약법상의 사정변경의 원칙

(4) 국제사법재판소 규정상의 선택조항

(5) 범죄인인도조약상의 가해조항

2000년

1학기 국제법 1 (중간)

문제 1(50%): 국제사회에서 국제관습법은 어떠한 과정을 통하여 성립되고 변경되는가?

문제 2(50%): 다음에 제시된 사건의 1심과 2심 판결문의 발췌부분을 읽고, 국제법과 국내법의 관계라는 각도에서 이를 논평하시오. 또한 결론으로는 귀하가 대법원 판사라면 문제되고 있는 쟁점에 관하여 어떠한 판단을 할 것인가에 대하여 의견을 제시하시오.
주1. 판결내용 중 순수하게 우리 국내법의 해석에만 해당하는 부분에 대하여는 답안에서 설명할 필요 없음.
주2. 판결문 속에 등장하는 (국제)인권이사회(Human Rights Committee)에서의 사건 심리 결과는 회원국에 대하여 법적 구속력이 있는 결정은 아님을 참고할 것.

별도 제공 판결문: ① 대전지방법원 1999.4.1. 선고 98고합532 판결(국제인권규약에 비추어 국가보안법 위반에 대해 무죄 선고).
② 동 항소심 대전고등법원 1999.11.19. 선고 99노229 판결(확정) (위 부분에 대한 원심 파기 결정)
(여기서는 판결문 생략)

2000년

1학기 국제법 1 (기말)

문제 1: 갑국 정부가 대주주인 해운회사 소속의 화물상선 무지개호는 공해상을 항해하던 중 우연히 지도상에 표시되지 않은 작은 섬을 발견하였다. 이 섬은 부근 해저지형의 변화로 최근 융기하여 수면 위로 솟은 것이다. 이 섬은 매우 작아 밥상 하나 정도의 크기밖에 되지 않았다. 사실 이 수역은 전통적으로 병국 어선들이 많이 어로작업을 하였으며, 이 섬의 존재는 병국 어민들과 병국의 어업지도선 종사자들이 먼저 알고 있었다. 다만 이들은 섬이 워낙 작아 별다른 신경을 쓰지도 않았다. 무지개호 선장은 이 섬을 갑국령이라고 선포하고, 섬 위에 갑국령이라는 표식을 남기고 떠났다. 무지개호가 인접 을국에 도착하자 선장은 자신이 새로운 섬을 발견하였음을 자랑하였다. 이 소식을 들은 을국 해군이 현지를 탐사하니 역시 새로운 작은 섬이 출현하였음을 발견하였다. 을국 정부도 이 섬을 자국 영토라고 선언하였다. 섬의 영유권분쟁이 발생하자, 갑국 정부는 자국인이 이 섬을 무주지 선점을 하였고, 또한 이 섬과 을국과의 거리는 갑국과의 거리보다 2배 이상 떨어져 있으므로 인접국인 갑국의 권리가 우선한다고 주장하였다.

가. 을국 외무부에 근무하는 귀하에게 장관은 법률 검토의견을 요구하였다. 귀하는 어떠한 보고를 할 것인가?

나. 을국 해군은 전격적으로 이 섬을 방문하여 섬 주변에 방파제를 건설하고 헬리콥터가 내릴 수 있을 정도로 섬을 인공적으로 확대하고 등대와 초소를 설치하였다. 이어 을국은 이 섬을 기점으로 200해리 EEZ를 선언하고, 인근 해역에서 어로작업을 하던 병국 어선에게 철수를 요구하였다. 병국 외무부에 근무하는 귀하는 장관에게 이 사건에 대하여 법률적으로 어떠한 대처의견을 제출할 것인가?

문제 2:

가. 한일 간에 영유권에 관한 이견이 존재하는 독도문제는 어떻게 처리하는 것이 현명할 것인가에 관한 귀하의 의견을 시험 답안지 반쪽 이내로 설명하시오.

나. 범죄인인도와 관련하여 부정규인도란 무엇을 가리키는 개념인가? 간략히 설명하시오.

2001년

2학기 국제법 2 (중간)

문제 1(65%): 다음 설명을 읽고 문제에 답하시오. 유엔 헌장 참조 가능.

2001년 1월 1일 갑국은 을국을 무력으로 침공하여 순식간에 을국 영토의 절반을 점령하였다. 이 소식을 보도를 통하여 접한 유엔 안전보장이사회(안보리)가 즉각 소집되어 갑국의 무조건 철군을 요구하는 한편, 갑국 군대가 을국 영토에서 완전히 철수한 것을 안보리가 확인할 때까지 모든 유엔 회원국은 갑국과 일체의 무역거래를 중단하라고 결의하였다(결의 제1010호).
갑국은 이 같은 안보리 결의를 무시하였다. 그러자 2월 1일 안보리는 모든 유엔 회원국에게 을국이 필요로 하는 원조를 제공할 것을 권고하는 한편, 갑국의 침략을 격퇴시키기 위하여 회원국은 어떠한 수단도 사용할 수 있음을 허용하는 결의를 채택하였다(결의 제1020호).

가. 갑국은 분쟁 당사국인 갑국이나 을국의 요청이 없는데도 불구하고 안보리가 독자적으로 이 분쟁에 개입하는 것은 안보리의 권한 남용이라고 주장하였다. 이 같은 주장을 평가하시오.

나. 영세중립국으로 유엔 회원국인 정국은 갑국에 대한 경제제재는 자국의 영세중립과 충돌되므로 이를 준수할 수 없으며, 을국에 대한 원조 역시 같은 이유에서 제공할 수 없다고 선언하였다. 유엔 사무국 법률국에 근무하는 귀하는 이에 관하여 사무총장에게 법률분석서를 제출하라는 지시를 받았다. 귀하는 정국의 입장을 어떻게 평가할 것인가?

다. "갑국의 침략을 격퇴시키기 위하여 회원국은 어떠한 수단도 사용할 수 있음"을 허용한 안보리 결의 제1020호는 헌장 어디에 근거를 둔 결의인가?

라. 만약 갑국과 친선관계에 있는 상임이사국 마국이 결의 제1010호까지는 찬성을 하였으나, 그 이후는 갑국에게 불리한 일체의 결의에 거부권을 행사하여 안보리가 아무런 조치도 취하지 못하고 있다고 가정하자. 답답한 을국이 5월 1일 이 문제를 총회로 제기하자, 총회는 갑국을 침략국으로 규정하는 한편 회원국들에게 을국이 필요로 하는 어떠한 원조라도 제공하라는 결의를 채택하였다. 그러자 마국은 이 같은 총회 결의가 헌장 제12조 1항 위반이라고 주장하였다. 마국의 주장을 평가하시오.

문제 2(35%): 다음에 관하여 약술하시오.

가. 외국인 처우기준에 있어서 국제인권기준론

나. 유엔 인권고등판무관(High Commissioner for Human Rights)

2001년

2학기 국제법 2 (기말)

문제 1(35%): 관악국과 마루국은 인접국가이다. 관악국은 PCIJ 시절인 1930년 아무런 조건 없이 당시 PCIJ 규정 제36조 2항(선택조항, Optional Clause)을 수락한 바 있었다. 그러나 제2차대전 후 ICJ의 관할권에 관하여는 아무런 의사표시도 한 바 없었다. 한편 마루국은 1959년 1월 1일 ICJ 규정 제36조 2항(선택조항)을 수락하며, 단 이 수락은 6개월 간의 사전 예고를 전제로 언제든지 종료시킬 수 있다는 유보를 첨부하였다. 1998년 3월 이후 양국 간에는 영토분쟁이 발생하였다. 외교협상이 별다른 진전이 없자, 1999년 12월 1일 관악국은 마루국을 상대로 이 사건을 ICJ로 제소하였다. 그런데 관악국에서의 정세를 사전에 눈치 챈 마루국은 1999년 11월 29일 자국의 영토분쟁과 관련된 사건에 한하여는 ICJ의 관할권 수락을 배제한다고 ICJ에 통보하였다. 아울러 이 통지는 당일로 즉시 발효한다고 선언하였다. 관악국의 제소가 접수되자 마루국은 다음과 같은 항변을 제출하며, 이 사건에 대한 ICJ의 관할권 성립을 부인하였다. 다음 각 주장을 논평하시오.

가. 마루국은 우선 관악국이 ICJ 관할권을 수락한 바 없기 때문에 상호주의 원칙에 따라 자국 역시 관악국의 일방적 제소에 대하여 ICJ의 관할권을 수락할 의무가 없다고 주장하였다.

나. 설사 관악국의 관할권 수락을 인정한다고 할지라도 마루국의 1999년 11월 29일자 통지에 따라 이 사건에 대한 ICJ의 관할권은 성립되지 않는다고 주장하였다. 왜냐하면 6개월의 예고기간이란 선택조항 수락 전체를 종료시키는 경우에만 적용되며, 이 경우와 같이 관할권 수락의 범위를 일부만 조정하는 경우는 6개월의 제한이 첨가되지 않기 때문에 각 당사국의 의사가 존중되어야 한다고 주장하였다.

문제 2(25%): 외교사절에 관한 비엔나 협약의 한국 가입시 불가리아와 루마니아 정부는 다음과 같은 내용의 성명을 유엔 사무총장에 통고하였다. 한국과의 조약관계라는 측면에서 루마니아와 불가리아의 선언이 갖는 법적 의미를 설명하시오.

"In communications addressed to the Secretary-General with reference to the above-mentioned ratification, the Permanent Mission of Bulgaria and the Permanent Representative of Romania to the United Nations stated that their Governments considered the said ratification as null and void for the South Korean authorities could not speak on behalf of Korea."

문제 3(40%): 다음을 약술하라.

가. 외교적 보호권 행사시 국내적 구제 완료의 원칙

나. 아그레망

다. 조약의 제3국에 대한 효력

2001년

2학기 국제법 2 (과제물)

문제 1: 전세계 132개국이 회원국으로 가입하고 있는 국제기구 갑은 그 본부를 가국에 두기로 하였다. 가국은 갑의 본부가 자국으로 오게 됨을 환영하며, 갑 자체에 대하여 국제법에 따라 외국국가에 부여되는 특권과 면제를 부여하겠다는 입장을 밝히었다. 또한 갑의 직원에 대하여는 자국에 외교사절로 부임한 각국 외교관과 동일한 특권과 면제를 부여하겠다고 하였다. 갑의 법률심의국에 근무하는 귀하는 가국의 위의 입장에 대하여 법률적 문제를 검토하라는 지시를 받았다. 귀하는 어떠한 보고서를 작성할 것인가?

문제 2: 나국에 소재한 국제기구 을은 회원국 다국이 파견하고 있는 상주대표 김이 불미스러운 행동을 하였음을 이유로 그를 이른바 기피인물(*persona non grata*)로 선언하였다. 향후 김의 법적 지위는 어떻게 될 것인가?

2002년

1학기 국제법 1(A반) (중간)

문제 1(60%): 이 문제에 등장하는 모든 국가는 1980년 발효한 비엔나 조약법 협약 당사국이다.

리버강은 가국에서 발원하여 나, 다, 라, 마, 바, 사國을 순서대로 거쳐 최종적으로 사국 해안에서 바다로 통하는 국제하천으로 800톤급의 선박이 최상류인 가국까지 항해할 수 있다. 1978년 1월 유역국 중 다, 라, 마, 사 4국은 이 강의 항행에 관한 조약을 하였는데, 그중 제1조의 내용은 다음과 같다. "리버강 유역국인 다, 라, 마, 바, 사國 소속으로 총톤수 800톤 미만의 민간상선은 유역국이 전쟁 중이 아닌한 자유로이 리버강을 통항할 수 있다."

조약 체결식 후의 합동 기자회견에서 특히 중간 유역국인 바국이 참여하지 않았음이 지적되자 4개국 외무장관은 이 조약에 따라 바국 소속 상선에게도 동일한 조건에서 자유항행권이 부여되는 것이므로 별 문제될 것이 없다고 답하였다. 그리고 만약 바국이 반대한다면 바로 반대의사를 표시하라고 요청하였다. 그 후 다, 라, 마, 사국은 모두 국내의 필요절차를 마치고 1979년 1월 이 조약을 발효시키었다. 그 때까지 바국은 아무런 의사표시도 하지 않았다.

가. 위의 상황에서 다, 라, 마국 상선은 바국 하천을 통과하여 바다로 진출할 법적 권리가 인정되는가?

나. 상류국인 다, 라 양국은 1983년 1월 하천의 환경관리상 양국은 자국 내 하천의 경우 총톤수 700톤 이하의 민간상선만 항해할 수 있다는 별도의 협정을 체결, 성립시키었다.

(1) 800톤급의 마국 상선이 라국 하천의 통과를 시도하자 1983년 협정을 근거로 라국이 이를 봉쇄하였다. 이에 대한 귀하의 법적 평가는?

(2) 다국 소속 750톤급 상선의 선장은 1983년의 합의는 1978년 조약에 위반되는 위법한 것이므로 자신은 라국 하천을 항해할 법적 권리가 있다고 주장하였다. 라국 정부로서는 어떻게 답변할 수 있는가?

다. 1988년 3월 최상류국인 가, 나國이 동시에 리버강 통항조약에 가입하였다. 1990년 1월 이 조약 해석과 관련하여 가국과 사국 사이에 분쟁이 발생하였다. 가국은 이 분쟁에 관하여 양국이 모두 당사국인 비엔나 조약법 협약에 입각해 처리하자고 주장하였다. 그러면 결과가 사국에 불리할 것이 예상되었다. 사국 정부로서는 이 문제와 관련하여 어떠한 태도를 취할 수 있는가?

문제 2(20%): 국제관습법은 강대국의 이해의 반영에 불과하다는 지적을 논평하시오.

문제 3(20%): 국제법의 법원으로서의 "법의 일반원칙"을 약술하시오.

2002년

1학기 국제법 1(B반) (중간)

문제 1(60%): 다음의 가상적 상황을 읽고, 질문에 답하시오. 이 문제 속에 등장하는 국가들은 모두 비엔나 조약법 협약의 당사국이다.

32개 아시아 국가들은 2002년 1월 2일 A국 수도인 마리나에 모여 아시아 무역기구를 결성하기로 합의하는 甲 조약을 채택하고 참가국 전원이 서명하였다. 이 조약 제7조에는 바나나, 파인애플, 사과, 포도 등의 과일 수입시 회원국은 수입가 대비 8% 이하의 관세만을 부과할 수 있다는 내용이 담겨 있었다. 이 조약은 12개국 이상이 비준서를 기탁하면 바로 그 다음 날로부터 발효하기로 예정되어 있었다. 2002년 3월 1일 B국의 외무장관은 마리나 방문시 12번째로 비준서를 기탁하였는데, 이 때 B국은 제7조와 관련하여 자국의 농업 형편상 바나나의 경우만은 수입관세를 15%까지 부과할 권리를 유보한다는 의사를 문서로 제출하였다. 이 조약에는 유보를 허용한다는 조항도, 불허한다는 조항도 없었다.

바나나 생산이 전혀 없는 C국은 즉시 B국의 유보에 아무런 이의가 없다고 발표하였다.

D국은 바나나에 관한 B국의 유보를 수락할 수 없다고 발표하였다. 다만 이 같은 반대가 B국을 조약 당사국으로 인정하지 않음을 의미하는 것은 아니라고 발표하였다.

바나나 최대 수출국인 E국은 3월 1일 오후에 바로 B국의 유보를 수락할 수 없으므로 B국을 조약 당사국으로 인정할 수도 없다고 발표하였다.

F 등 기타 국가들은 이 문제에 대하여 아무런 의사 표시를 하지 않았다.

(1) 3월 2일 E국은 자신은 B국을 갑 조약의 당사국으로 인정하지 않으므로, 자국의 입장에서는 아직 비준국이 11개국에 불과하며, 갑 조

약의 발효에는 1개국의 비준이 더 필요하니, 아직 조약상의 의무를 이행하지 않아도 된다고 발표하였다. 더 이상의 비준국이 없다면 위의 상황에서 갑 조약의 발효문제는 어떻게 되는가?

(2) 갑 조약이 발효된다면 위의 상황에서 B－C 간, B－D 간, B－E 간, B－F 간, C－D 간에 바나나 수입관세 부과한도는 어떻게 설정되어 있다고 해석되는가?

(3) 2002년 5월 2일 갑 조약 당사국 중 하나인 F국이 조약 탈퇴를 선언하였다. 그러면 비준서 기탁국 수는 단지 11국으로 된다고 가정한다. 평소 甲 조약에 불만이 있던 다른 당사국 G국은 당사국 수 부족으로 일단 甲 조약이 실효하였다고 주장하며, 추가 비준국이 나올 때까지 자국은 한시적으로 이 조약의 구속을 받지 않는다고 선언하였다. 이 주장에 대하여 평가하시오.

(4) 2003년 6월 1일 M국이 비준서를 기탁하였다. M국은 2003년 12월 1일 기존 B국의 유보를 수락할 수 없다고 선언하였다. 그러자 B국은 자국의 유보부 비준 이후 갑 조약에 가입한 M국은 그 자체로 이미 자국의 유보내용을 수락한 것이라고 주장하였다. 이에 대하여 평가하시오.

문제 2(20%): 국제법의 법원으로서의 관습법의 의의를 설명하시오.

문제 3(20%): 제한적 주권면제론을 약술하시오.

2002년

1학기 국제법 1(A반) (기말)

문제 1(40%): 甲은 고고학자로서 가가국 국민이다. 그는 나나국 고대사 전공으로 종종 나나국을 방문하여 고대 유물 발굴 작업에 참여하였다. 2002년 6월의 나나국 방문시 甲은 그동안 막대한 나나국 고대유물을 불법으로 빼 돌렸다는 협의로 체포되었다. 甲은 재판과정에서 제시된 모든 증거가 조작된 것이라고 주장하였으며, 그의 자필로 된 시인서는 고문 끝에 서명한 것이라고 주장하였다. 그는 결국 최종적으로 종신형을 선고받았다. 그가 사용하던 고가의 발굴장비는 모두 몰수되었다. 약 3년 후 가가국 정부의 노력으로 甲은 석방되어 본국으로 귀환하였다. 귀국 후 甲은 변호사인 귀하를 찾아와서 자신의 억울함을 호소하며, 이에 대한 어떠한 법적 조치가 가능하냐고 문의하였다. 이 사건에 있어서 귀하는 어떠한 법률적 논점을 검토하여야 하는가?

문제 2(30%): 국가승계시 조약경계 이동의 원칙(Moving Treaty-Frontier rule)을 설명하시오.

문제 3(30%): 국적 계속의 원칙을 설명하시오.

2002년

1학기 국제법 1(B반) (기말)

문제 1(40%): 甲國의 인구는 가가족이 약 70%, 나나족이 약 30%를 차지하고 있었고, 전통적으로 양 민족은 사이가 좋지 않았다. 어느 날 가가족 방송국에서 나나족 중에는 에이즈 환자가 매우 많은 편이며, 에이즈에 걸린 나나족 사람은 의도적으로 가가족과 성적 접촉을 함으로써 가가족에게 조직적으로 에이즈를 전파시키고 있다고 보도하였다. 이에 가가족에서는 나나족에 대한 반감이 극도에 달하고 있었으며, 甲國 정부도 특별경계령을 펴며 경찰에게 나나족을 잘 보호하라고 지시하였고, 나나족에게는 당분간 외출을 삼가라고 안내하고 있었다.

이런 사실을 모르는 인접 乙國 국민으로 나나족 출신인 이철수는 甲國 내의 친척을 방문하러 甲國으로 입국하였다. 이철수가 친척에게 줄 선물을 사러 가게로 가던 중 누군가가 뒤에서 그를 몽둥이로 내리쳤고, 그는 피를 흘리며 쓰러졌다. 이를 발견한 경찰이 다가 왔으나 이철수가 나나족임을 알고는 외출 자제령을 무시하고 말썽만 피우는 나나족이라고 오히려 욕설을 하고, 빨리 집으로 꺼지라고 소리지르며 경찰봉으로 두 대를 더 내리쳤다. 피를 흘리던 이철수는 행인의 도움으로 간신히 공립병원으로 갔으나, 가가족 출신 의사들은 피를 흘리는 에이즈 환자는 위험하다며 진료를 거부하였다. 이철수는 다른 개인병원으로 가서 응급처치를 받았으나, 그동안 피를 너무 많이 흘려 뇌에 심각한 손상을 입었다. 乙國으로 돌아온 이철수는 변호사인 귀하를 찾아 자신이 당한 억울함을 호소하며, 어떠한 법적 구제가 가능하겠냐고 문의하였다. 귀하는 어떠한 법률적 논점을 검토할 것인가?

문제 2(30%): 국가승계시 백지출발주의(Clean Slate rule)을 설명하시오.

문제 3(30%): 유엔 헌장상의 자위권 행사 요건을 설명하시오.

2002년

2학기 국제법 2 (기말)

문제 1(20%): 갑국 연안 경비정은 자국 영해를 통과하고 있는 을국 어선에서 수상한 괴전파가 계속 나오는 것을 발견하고, 이를 조사하러 다가가 정선을 명하였다. 그러자 을국 어선은 전속력으로 공해로 도주하였다. 갑국 경비정은 이를 추적하다가 지나치게 자국 연안에서 멀리 나가게 되자, 자국 연안 경찰 항공기에 연락하여 공해에서는 항공기가 을국 선박을 추적하였다. 을국 선박이 인접 병국 경제수역으로 진입하게 되자 갑국 항공기는 위협사격을 하여 결국 이를 정지시키고, 이윽고 도착한 또 다른 갑국 군함에 의하여 을국 어선은 병국 경제수역으로부터 갑국 항구로 예인되었다. 이상과 같은 갑국의 행위 전반을 법적으로 평가하시오.

문제 2(40%): 甲國은 국제사법재판소 규정 제36조 2항의 규정에 의하여 1992년 1월 1일 재판소의 강제관할권을 수락한다고 발표하였다. 단 선언일 이후에 발생한 분쟁에 대하여만 ICJ의 관할권을 수락하며, 수락의 유효기간은 일단 5년으로 하고 그 이후에는 일단 자동 연장되지만 UN사무총장과 재판소에 대한 통고로서 언제든지 선택조항 수락을 폐기시킬 수 있는 권한을 유보한다고 선언하였다. 乙國은 1994년 10월 1일 아무런 조건 없이 선택조항을 수락하였다. 1993년 9월부터 갑을 양국 간에는 양국이 1988년 체결한 어업조약의 해석에 관하여 분쟁이 발생하였다. 이 어업조약에는 조약 내용에 관하여 분쟁이 발생할 시 양당사국은 외교경로를 통하여 성실하게 협의한다는 조항이 있었다.

1998년 6월 1일 乙國은 이 분쟁을 ICJ에 일방적으로 제소하였다, 이에 대하여 甲國은 1998년 8월 1일 당초에 선언하였던 유보에 근거하여 선택조항의 수락을 즉각 폐기한다고 UN사무총장과 국제사법재판소에 통고하였다. 다음 물음에 답하시오.

가. 애초 甲國과 같은 조건하에 규정 제36조 2항을 수락하는 것이 허용되는가?

나. 乙國의 제소에 응하기를 원치 않는 甲國은 1998년 8월의 선언을 통하여 자국은 더 이상 재판소의 관할권을 수락할 의무가 없다고 주장하였다. 이에 대한 귀하의 판단은?

다. 甲國은 제소된 분쟁이 乙國이 선택조항 수락선언을 한 1994년 10월 1일 이전에 발생한 것이므로 상호주의에 의하여 갑을 양국 간 사건에 대한 ICJ의 관할권은 1994년 10월 1일 이후에 발생한 분쟁에 한정되며, 따라서 이 사건에 대하여는 ICJ의 관할권이 성립되지 않는다고 주장하였다. 이에 대한 귀하의 판단은?

라. 甲國은 어업협정상 양국 간 이에 관한 분쟁은 외교경로로 해결하기로 규정되어 있기 때문에 이 사건에 대하여는 국제사법재판소가 관할권을 행사할 수 없다고 주장하였다. 이에 대한 귀하의 판단은?

문제 3(40%): 「국제법과 관련된 자유주제를 선택하여 본인의 국제법적 식견을 전개하시오」. 주제가 반드시 2학기 수업내용과 관련될 필요는 없음. 단 전형적인 예상문제를 암기하여 그 답을 옮기지 말고, 나름대로 국제법적 문제에 대한 자신만의 공부나 숙고의 흔적이 나타난 답안이 좋은 점수를 받을 것임. 2002학년 2학기 레포트 제목과 유사한 주제는 불가함.

2003년

1학기 국제법 I (중간)

다음의 두 개의 판결문 발췌를 읽고 질문에 답하시오.

가. "인권이사회는 국제인권규약에 따라 위 사건을 접수 심리한 결과 위 000, xxx의 위와 같은 행위들을 처벌한 위 유죄판결들은 모두 국제인권규약 제19조의 소정의 표현의 자유 및 그 제한에 관한 규정을 위반한 것이라는 취지의 견해를 채택하여 통보번호 628－1995 및 574－1994호로써 대한민국에 통보하면서 특히 위와 같이 판결한 사법부에 직접 위 인권이사회의 견해를 통보할 것을 요구하고 있다. 이에 관하여 보건대 대한민국은 헌법 제6조 1항에서 '헌법에 의하여 체결 공포된 조약과 일반적으로 승인된 국제법규는 국내법과 동일한 효력을 가진다'라고 규정함으로써 국제법을 국내법에 수용하고 이를 존중하는 국제법 존중주의 입장을 취하고 있음에 비추어 볼 때, 대한민국은 구체적인 위 사건들에 대하여 위 인권이사회의 결정에 따른 조치를 취할 국제법상의 의무를 부담하는 것은 물론이고, 나아가 사법부를 포함한 국가기관은 국가보안법에 관한 위 인권이사회의 견해를 가능한 한 최대한 수용하는 것이 바람직할 것이다."(이어 피고인의 국가보안법 위반 부분에 대하여 무죄를 선고하였다－출제자 주)(대전지방법원 1999.4.1 선고 98고합532 판결)

나. "국제인권규약의 규정(제19조 3항 b호)에 의하더라도 국제인권규약 제19조 소정의 표현의 자유는 국가안보 또는 공공질서를 위하여 필요한 경우 법률에 의하여 제한할 수 있는 것으로서 대한민국이 국제인권규약에 가입한 뒤 1991.5.31 법률 제4373호로 개정된 국가보안법은 제7조 3항, 5항에서 국가의 존립, 안전이나 자유 민주적 기본질서를 위하여 이적단체에 가입하거나 이적 표현물을 취득하는 행위 등을 처벌한다고 규정하고 있으므로

위 법조항 소정의 행위에 대하여 위 법조항을 적용하여 처단하는 것은 정당하고 이를 국제인권규약의 규정에 위배된다고 볼 수 없다 할 것이다. 또한 국제인권이사회에서 대한민국이 000의 한청련 가입 활동행위와 xxx의 전민련 가입 활동행위에 대하여 구 국가보안법 위반죄로 유죄판결을 선고한 것을 들어 국제인권규약 제19조 소정의 표현의 자유 및 그 제한에 관한 규정을 위반한 것이라는 취지의 견해를 채택하고 이를 대한민국에 통보한 바 있다 하더라도 그것만으로 국가보안법의 효력이 상실되는 것은 아니며, 피고인을 국가보안법 위반죄로 처벌하는 것이 국제인권규약에 위배된다고 할 수는 없다 할 것이다."(대전고등법원 1999.11.19 선고 99노229 판결중)

문제 1(40%): 귀하는 대법원 재판연구관으로 근무하고 있다. 귀하의 대법관이 이 사건의 상고심 주심을 맡았다고 가정하자. 대법원 판결을 위한 자료 수집 차 귀하에게 위 판결문들의 내용을 우리 헌법 제6조 1항과 관련시켜 분석하라는 지시가 내려졌다면 어떠한 쟁점을 찾아 분석, 보고할 것인가?

문제 2(30%): 판결문 중에도 나오는 헌법 제6조 1항의 "일반적으로 승인된 국제법규"란 무엇을 가리키는 말인가?

문제 3(30%): 위반자에 대한 제재장치가 완벽하지 못한 국제사회에서 국제법이 준수되는 이유는 무엇이라고 생각하는가?

– 문제 2, 3은 위 제시문과는 별도의 질문임.

2003년

1학기 국제법1 (기말)

문제 1(40%): 다음을 읽고 모두 답하시오. 단 다음에 제시된 내용의 전부가 객관적 사실과 일치하지는 않음.

한국은 시민적 및 정치적 권리에 관한 국제규약(이하 국제인권규약) 및 동 선택의정서에 당사국으로 가입하기로 결정하고, 1990년 4월 10일 유엔 사무총장에게 가입서를 기탁하였다. 이는 규정에 따라 기탁일로부터 3개월 후에 발효하게 되었다. 당시 한국 정부는 시민적 및 정치적 권리에 관한 국제규약 "제14조 5항(재판에서의 상소권 보장), 제14조 7항(이중처벌금지), 제22조(결사의 자유) 및 제23조 4항(혼인과 관련된 남녀평등)의 규정이 대한민국 헌법을 포함한 관련 국내법 규정에 일치되도록 적용될 것임"을 같이 통보하였다.

이 같은 한국의 가입의사 표시에 대하여 영국은 1991년 5월 24일 다음과 같은 입장을 발표하였다.

"The Government of the United Kingdom have noted the statement formulated by the Government of the Republic of Korea on accession, under the title "Reservations". They are not however able to take a position on these purported reservations in the absence of a sufficient indication of their intended effect, in accordance with the terms of the Vienna Convention on the Law of Treaties and the practice of the Parties to the Covenant. Pending receipt of such indication, the Government of the United Kingdom reserve their rights under the Covenant in their entirety."

또한 독일정부는 1991년 5월 28일 다음과 같은 입장을 발표하였다.

"[The Federal Republic of Germany] interprets the declaration to mean that the Republic of Korea does not intend to restrict its obligations under article 22 by referring to its domestic legal system."

가. 영국 정부와 독일정부의 발표의 법적 성격과 효과를 분석하시오. 그리고 한국–영국, 한국–독일 간에는 위 국제인권규약이 발효 중인가?

나. 한국의 국가보안법의 일부 조항이 위 국제인권규약이 보장하고 있는 표현의 자유를 침해한다는 논란이 벌어지자 한국은 2001년 5월 23일 앞으로 규약 제19조 표현의 자유에 관한 조항의 적용을 배제한다는 의견서를 유엔 사무총장에게 제출하였다. 사무총장은 이를 접수하여 관리대장에 기재하고 다른 회원국에게 통고하였다. 다른 회원국은 이에 대한 별다른 반응을 보이지 않았다. 이 같은 한국의 행동의 법적 효과를 평가하시오.

다. 역시 국제인권규약 당사국인 네덜란드는 한국이 상소권 보장에 관한 규약 제14조 5항을 유보하고 있으므로, 네덜란드 내의 한국인에 대하여는 만약 네덜란드 법정에서 재판을 받게 되더라도 상소권을 보장하지 않는다고 발표하였다. 이 같은 네덜란드 정부의 발표를 평가하시오.

문제 2(30%): 국가책임의 성립요건을 설명하시오.

문제 3(30%): 다음 2개의 질문 중 하나만을 선택하여 답하시오.

가. 국제법은 국제질서의 형성과 규율에 어떠한 역할을 하고 있다고 생각하는가?

나. 본인 나름의 국제법적 식견을 피력하고 싶은 주제가 있으면 자유롭게 택하여 자신의 생각을 전개하시오. 단 전형적인 국제법 주제에 대한 교과서적 설명은 사양함.

2003년

2학기 국제법 2 (기말)

문제 1(35%): 다음 내용은 반드시 실제 사실과 일치하지는 않는다.

2003년 5월 하순 미군이 점령중인 바그다드 시내에서 후세인 잔당 소탕작전을 전개하던 중 갑국 외교공관 일부가 피격되어 건물 일부가 파손되었고, 잔당 수색 과정에서 미군이 갑국 공관 부지를 약 20m 정도 무단으로 들어갔다가 별다른 충돌 없이 나왔다. 이에 대하여 갑국 정부가 미군측의 행동에 항의하였다. 2003년 5월 23일 미국 국무부 대변인 Richard Boucher는 기자회견 도중 이 문제에 관하여 다음과 같이 말하였다. "구 후세인 정부에 신임장을 제정하고 근무하던 각국 외교사절들은 더 이상의 외교특권을 향유하지 않는다. 그들이 신임장을 제정하였던 후세인 정부는 더 이상 존재하지 않으며, 그 후 잔류 외국 외교사절들이 새로운 신임장을 제정한 바도 없기 때문이다. 이들에게 외교사절의 특권과 면제를 부여할 이락 정부가 현재로서는 존재하지도 않는다. 현 상황에서 바그다드 내 각국 외교공관 부지와 건물에 대하여 특별한 지위가 인정되어야 할지 의문이다."

갑국 외교부에 근무하는 귀하에게 이 사태에 관한 국제법적 쟁점을 분석하는 간단명료한 보고서를 작성하라는 지시가 내려졌다. 이를 작성하시오.

문제 2(약 20–25%): 한국 외교부에 근무하는 귀하에게 한국이 국제사법재판소 규정 제36조 2항 선택조항(Optional Clause)을 수락하는 것이 바람직한지에 관한 의견서를 작성하라는 지시가 내려졌다. 이에 관한 간단한 보고서를 작성하라.

문제 3(약 20%): 유엔 안전보장이사회 상임이사국의 불참과 기권이 표결의 성립에 관한 영향을 설명하시오. 가급적 여러 가지 경우를 나누어서 왜 그렇게 해석하는가에 대한 설명을 하시오.

문제 4(약 20–25%): 영해와 배타적 경제수역, 접속수역에서의 연안국의 권리의무의 내용과 성격을 비교하여 설명하시오.

(2) 2004~2009년

2004년

1학기 국제법 1 (기말)

문제 1(50%): 갑국과 을국 외무장관은 2004년 1월 양국 간 해양경계협정을 체결하였다. 협상과정에서는 양국 간 이견이 적지 않았으나, 강대국인 갑국이 협상 타결이 되지 않는다면 을국으로부터의 해산물 수입을 중단하겠다고 위협한 끝에 성립되었다. 갑국에 대한 을국의 해산물 수출은 을국 경제의 가장 중요한 부분을 구성하고 있기 때문이었다. 이 협정에 불만이 컸던 을국은 나중에 다음과 같은 주장을 하였다. 각 항목별로 답하시오.

가. 을국 국내법인 조약체결법에 따르면 대통령이 직접 조약을 체결할 때는 전권위임장 발부가 필요하지 않으나, 외무장관이 조약을 체결할 때에는 사전에 대통령이 서명한 전권위임장을 발부받아야 한다.

그런데 이번 해양경계협정은 그 같은 전권위임장의 상호 제시 없이 조약이 성립되었다. 이에 을국은 이번 조약이 권한 없는 자에 의하여 체결되어 무효라고 주장하였다. 이 주장을 평가하시오.

나. 을국은 갑국의 수산물 수입 중단 위협으로 인하여 체결된 조약은 강박에 의한 무효의 조약이라고 주장하였다. 이 주장을 평가하시오.

다. 을국이 문제의 해양경계협정이 체결된 배경에는 갑국에서 발행되어 국제적으로 판매되는 해저 지형도가 중요한 정보제공의 역할을 하였는데, 을국은 그 지형도의 내용이 갑국에게 유리하고 을국에게 불리하게 고의적으로 왜곡되어 있다고 주장하였다. 이에 을국은 갑국의 왜곡된 정보제공으로 인한 기망으로 조약이 체결되었기 때문에 이는 무효라고 주장하였다. 이 주장을 평가하시오.

문제 2(25%): 국제관습법은 어떠한 과정을 거쳐 생성되고 변화하는가를 설명하라.

문제 3(25%): 다음 용어를 간단히 설명하라

가. 국적계속의 원칙

나. 국가승계(State Succession)

다. 주권면제(Sovereign Immunity)

✎ 채점 소감

1. 비엔나 조약법 협약상 외무장관은 전권위임장의 제시 없이도 조약에 관한 모든 행위를 할 수 있다. 문제에서는 갑 · 을국이 협약의 당사국인지는 표시되어 있지 않다. 그렇지만 위의 내용은 관습국제법상으로 인정되는 원칙이다.
을국이 국내법을 이유로 조약의 무효를 주장하고 있으므로 이 문제의 핵심은 국제법에 위반되는 국내법을 이유로 조약의 무효를 주장하는 것이 수용될 수

있는가이다(이 점을 명시적으로 지적한 답안도 매우 적은 편이다).

좋은 답안은 비엔나 협약 및 관습법의 내용과 같이 외무장관은 그 직책상 전권위임장의 제시가 요구되지 않는다고 전제를 하고, 그 같은 권한을 제한하는 국내법이 있는 경우 그 같은 제한이 사전에 상대국에 통고되지 않은 이상 국제법적 효력을 지닐 수 없음을 지적하여야 한다. 제시된 문제를 해석할 때 위와 같은 경우라고는 보여지지 않으므로 을국의 주장은 수용될 수 없다고 결론내리면 된다.

그러나 너무나 많은 답안이 이 문제를 위와 같이 법률적으로 해석하여 답을 제시하기보다는 현대는 전권위임장의 중요성이 떨어지니까, 전권위임장 없이도 조약을 체결하는 경우가 많아지니까, 외무장관은 조약에 관한 주무장관이니까 상대국은 이를 믿을 수밖에, 외무장관이니까 공신력이 있다고 보아야 한다 등등의 근거로 을국의 주장이 타당하지 않다고 하였다. 이러한 답안은 사회학적 설명에 불과하며, 결론은 맞더라도 좋은 점수를 받을 수 없다.

좀 더 이야기한다면 문제의 협정이 서명만으로 발효하느냐 또는 비준절차를 거치느냐도 검토할 수 있다. 제시된 설명만으로 보아 위 협정은 비준절차는 거치지 않는 조약으로 해석된다.

2. 이 문제에 대한 답안은 정말로 많은 수가 법률적으로 문제를 접근하지 않았다. 강박에 의한 조약의 무효 여부를 법적으로 판단하기 위하여는 비엔나 협약에 제시된 기준 - "유엔 헌장에 구현된 국제법의 제원칙을 위반하여 Force의 위협 또는 사용에 의하여"라는 기준의 적용을 통하여 이 문제를 분석하여야 한다. 이 점을 정확히 지적한 답안은 하나도 없었던 것으로 기억된다. 답안은 당연히 Force의 개념 분석과 유엔 헌장 원칙 위배라는 점에 대한 설명을 포함하고 있어야 한다.

강대국의 횡포로 해석되므로, 지나치게 불평등한 결과를 초래하였으므로, 을의 입장에서는 경제에 대한 중대한 위협이므로 등등 및 기타 유사한 이유로 근거하여서만 강박에 의한 조약으로 무효라고 주장하는 것은 정치학 문제의 답안으로는 가능하겠으나 법률답안으로는 핵심을 빠뜨린 답안이라고 할 수 밖에 없다. 경제적 영향력 행사는 외교상의 기술이니까 어느 정도 용인될 수 밖에 없다는 근거로서 무효를 주장할 수 없다는 답안 역시 같은 지적이 가하여질 수 있다.
비교적 소수의 답안이 Force에 경제적 압력이 포함될 수 있느냐만을 분석하고 있었다. 충분히 만족스럽지는 못하여도 이나마 지적한 것도 다행이다 싶을 정도였다.

3. 상대국이 기망을 통하여 조약 체결을 유도한 경우 기망을 당한 국가는 이를 이유로 조약 무효를 주장할 수 있다. 이 사안에서 볼 때, 조약의 무효를 주장하기 위하여는 바로 위와 같은 점이 입증되어야 할 것이다. 사안을 보면 이 해저지도는 협상에서 직접 제시된 것도 아니고, 일반 판매용에 불과하다. 을이 갑의 행위를 고도의 기망행위라고 입증하고, 그에 따른 중대한 착오가 있었다고 입증할 수 있을까? 설사 고도의 기망행위가 개재되어 있었다 하여도 그러한 결과가 초래된 데에는 을도 이를 조사하지 않은 중대한 과실이 있다고 보아야 한다. 그러면 이러한 어려운 장애를 극복하고 과연 을의 주장이 수용될 수 있겠는가라는 각도에서 설명하면 된다.
4. 법률시험의 답안은 법률적 분석에 초점을 맞추어 작성하여야 한다. 단지 결론만 맞으면 되는 것이 아니다. 그러나 위에 지적한 바와 같이 많은 답안이 이러한 시각을 제시하여 주지 못하고 있었다.

2004년

2학기 국제법 2 (기말)

문제 1(20%): 갑국과 을국은 살인 등 10종의 범죄에 대하여 상호 범죄인을 인도하기로 하는 범죄인인도 조약을 체결하여 이미 발효 중이다. 범죄인인도 요청은 외교루트를 이용하며, 상호 자국민에 관하여는 임의적 인도거절사유로 규정하고 있다. 여타의 내용은 통상적인 범죄인 인도조약과 유사하다.

을국은 자국에서 범죄를 저지르고 현재는 갑국에 소재한 갑국인 가가를 범죄인 인도받기 희망하였으나, 갑국 정부나 법원이 자국민 불인도를 내세워 인도를 거부할 것을 우려하였다. 이에 갑국 내 범죄조직원인 나나에게 돈을 지급하고 가가를 을국으로 납치하여 형사재판에 회부하였다. 가가는 자신이 조약에 위배되게 납치되어 왔으므로 을국법원이 자신을 재판할 수 없다고 주장하였다. 을국법원의 담당판사인 귀하는 어떠한 판단을 내리겠는가?

문제 2(25%): 한반도와 일본 대마도 사이인 대한해협 서수로는 그 폭이 24해리가 되지 않아 한일 양국은 이 수역에 대하여 통상적인 12해리 영해가 아닌 3해리 영해만을 선포하고 있다. 만약 한일 양국에 서수로에 대하여도 각기 12해리 영해를 적용하여, 그 중간선을 경계로 한다면 서수로의 법적 지위와 타국의 이용에는 현재와 어떠한 차이가 발생하는가?

문제 3(20%): 국제사법재판소에서 재판사건에 대한 관할권이 성립할 수 있는 근거를 설명하시오.

문제 4(35%): 다음을 약술하시오.

가. 국가승인의 소급효

나. 간출지(low－tide elevation)의 법적 지위

다. 영토취득 권원으로서의 선점

라. 현재 국제사회에서 테러방지책의 일환으로 논의되고 있는 PSI가 무엇인지 아는대로 설명하여 보아라. 이는 수업시간에 직접 취급하지 않은 것임.

✎ 채점 소감

1. 범죄인인도 관련 문제

- 이 문제에서는 납치사건의 피해국인 갑국의 태도 역시 중요한 요소인데 문

제에서는 이 점에 대한 지적이 없다. 이를 여러 경우로 나누어 검토할 필요가 있는데 이 점을 지적한 답안은 매우 드물었다.

- 많은 답안이 아이히만 사건을 지적하며 중대한 범죄인의 경우 납치도 용인된다는 주장을 하고 있다. 그러나 어떠한 경우에도 납치는 범죄이며, 국제법 위반 행위이다.
- 적지 않은 답안이 미국 판례를 들며 납치를 용인하는 식의 주장을 하고 있다. 이 미국판례는 국제적으로 많은 비판을 받은 바 있다.
- 많은 답안이 정치적으로 해결하라는 지적을 하고 있다. 이는 불필요한 "사족." 묻는 질문은 판사로서 어떻게 판결내려야 할 것인가이다. 판사에게 정치적, 외교적으로 해결하라는 주문은 답이 아니다.

2. 대한해협 문제
   - 근본적으로 공해의 자유통항과 국제해협의 통과통항의 차이를 묻는 질문이다. 물론 대한해협에도 접속수역, 경제수역이 적용되므로 완전한 공해로 남아 있다고는 볼 수 없으나, 통항을 중심으로 볼 때는 현재는 결국 자유통항이 적용된다.
   - 그런데 적지 않은 답안이 현재도 통과통항이 적용되고 있다는 주장을 하고 있었는데, 이는 국제해협제도에 대한 이해 부족의 소산이다. 또한 12해리 이원에도 무해통항이 적용된다고 지적한 답안은 줄 점수가 없다.
   - 대한해협이 통과통항이 적용되는 국제해협에 과연 해당하는가를 먼저 분석하여야 하는데 이 점을 분석한 답안은 매우 적었다.
   - 통과통항이 적용되면 자유통항과 동일하지는 않다. 양자의 차이를 구체적으로 지적한 답안도 적었다.
   - 통항문제 이외에도 타국의 이용에 어떠한 차이가 있는가까지 답하여야 완벽한 답안이 되는데, 그런 답안은 정말 찾기 어려웠다.
3. 공통
   - 법률답안에 모호한 표현, 수사적으로 돌려 말하는 표현은 되도록 삼갈 것. 결국 자신이 없다는 표시지요.

2005년

1학기 국제법 1 (기말)

문제 1: 오늘날 국제인권 운동가들은 국가기관에 의한 고문의 금지가 이미 국제관습법화되었다고 주장하나, 실제로는 세계 도처에서 끊임없이 고문 사례가 보고되고 있는 사실도 부인할 수 없다. 일반적 관행과 법적 확신의 존재를 국제관습법의 성립요건이라고 할 때, 오늘날 과연 고문금지가 그러한 요건을 갖추어 국제관습법화 되었다고 평가할 수 있는가?

문제 2: 다음 헌재 결정에서 지적된 조약 제990호는 국회동의를 받지 않고 정부 단독으로 가입한 조약이다. 위 결정에서 이의 법적 지위를 "법률적 효력"을 지니었다고 하였는데 여기서 "법률적 효력"이란 구체적으로 무엇을 의미한다고 보아야 할 것인가 설명하시오.

"청구인들은 예비시험 조항이 "아시아 · 태평양지역에서의고등교육의수학, 졸업증서및학위인정에관한지역협약"에 위반하여, 다른 당사국에서 취득한 학력을 제대로 인정하지 않고 국내 면허취득에 추가적 제한을 가하고 있다고 주장한다. 이 조약은 우리나라도 가입하고 있으나(조약 제990호. 발효일 1989. 9. 29.), 그 법적 지위가 헌법적인 것은 아니며 법률적 효력을 갖는 것이라 할 것이므로 예비시험 조항의 유무효에 대한 심사척도가 될 수는 없고, 한편 동 조약은 국내법으로 "관련전문직 종사의 조건"을 규정할 수 있는 여지를 주고 있다."(헌법재판소 2003년 4월 24일 선고, 2002헌마611 결정)

참고: 헌법 제6조 1항: 헌법에 의하여 체결 공포된 조약과 일반적으로 승인된 국제법규는 국내법과 같은 효력을 지닌다.

문제 3: 이른바 국적계속의 원칙(principle of continuous nationality)의 의의를 설명하고, 이 원칙이 내포하고 있는 이론적 문제점을 지적하여 보시오.

문제 4: 다음 판결문에 제시되어 있는 주권면제의 법리의 발전을 간략히 설명하고 이 문제에 관하여 현재 한국판례가 취하고 있는 입장을 설명하시오.

"국제관습법에 의하면 국가의 주권적 행위는 다른 국가의 재판권으로부터 면제되는 것이 원칙이라 할 것이나, 국가의 사법적(私法的) 행위까지 다른 국가의 재판권으로부터 면제된다는 것이 오늘날의 국제법이나 국제관례라고 할 수 없다. 따라서 우리나라의 영토 내에서 행하여진 외국의 사법적 행위가 주권적 활동에 속하는 것이거나 이와 밀접한 관련이 있어서 이에 대한 재판권의 행사가 외국의 주권적 활동에 대한 부당한 간섭이 될 우려가 있다는 등의 특별한 사정이 없는 한, 외국의 사법적 행위에 대하여는 당해 국가를 피고로 하여 우리나라의 법원이 재판권을 행사할 수 있다고 할 것이다"(대법원 1998년 12월 17일 선고, 97다39216 판결).

(이상 각 문제 25% 배점)

✎ 채점 소감

1. 답안 중에는 국제관습법의 성립 요건을 법적 확신에만 두어 고문금지가 관습법으로 성립되었다고 해석하자는 주장이 많았다, 그러나 문제 자체에 국제관습법의 성립요건을 통설과 같이 법적 확신과 일반적 관행의 존재임을 전제로 하라고 주어져 있음을 유의하여야 한다. 학생이 질문의 내용을 일방적으로 수정하는 것은 우선 문제의 취지에 합당하지 않다. 따라서 고문금지를 국제관습법으로 보려면 이에 관한 법적 확신과 일반관행이 성립되어 있음을 입증하여야 한다. 후자와 관련하여서는 고문의 사례가 보고되는 예가 많기는 하여도, 대부분의 국가가 국내법으로 고문을 금지하고 있고, 고문이 발견되면

이를 부인하려 하거나 책임자를 문책함이 일반적이라는 점 등과 같이 반대의 사례를 입증자료로 제시할 수 있을 것이다. 그런 점에서 고문의 금지가 오히려 일반 관행이고, 고문의 사례는 이의 위반이나 일탈로 해석할 수 있다. 즉 국제관습법의 성립요건으로서의 일반관행을 구성하는 것이 과연 무엇인가? 실제 고문을 하는 행동만이 실행인가? 아니면 고문에 반대하는 입장 자체도 실행인가 하는 점을 검토할 필요가 있다. 아울러 국제인권분야나 국제환경법 분야에서는 사실 국제관습법의 성립상 특수성이 인정된다는 점도 지적하면 좋다. 적지 않는 답안이 결론의 논지를 자신 없이 흐리고 있는데, 이런 모호한 태도는 언제나 평가에서 좋지 않은 결과만을 초래한다. 분명한 자신의 견해를 밝혀라! 적지 않은 답안이 고문금지는 관습국제법이라고 할 수 없다고 하였는데 이는 현 국제사회의 태도와 일치하지 않는다.

2. 질문의 취지는 우리나라에서 조약은 국내법적 위계상 어디에 속하고, 특히 국회 동의를 받은 조약과 받지 않은 조약 간의 차이는 무엇인가를 묻는 비교적 단순한 문제였는데, 의외로 "횡설수설적" 답안이나 실질적 내용이 거의 없는 답안이 2/3는 되는 듯 했다. 이 질문은 국제법의 공부과정상 현실적으로 가장 중요한 문제 중의 하나이므로 누구나 예상할 수 있는 문제였음에도 불구하고 답안의 질은 정말 의외였다. 이럴 때마다 내 자신이 도대체 얼마나 강의를 잘못하였는가 하는 자책감마저 든다.

   매우 많은 답안이 국회동의를 받지 않은 조약은 헌법 6조 1항에서 말하는 조약이 아니라고 하였는데 도대체 왜 그런 기상천외한 답을 하였는지 알 수 없었다. 이 문제는 한국의 구체적 사정을 묻는 것이라 일원론, 이원론 같은 일반적 설명이 그다지 필요 없음에도 불구하고 이를 길게 적은 답안도 의외로 많았다. 또 너무나 많은 답안이 문제를 동어반복적으로 풀어서 반복하는 수준에 그치고 있었다. 단순히 조약은 헌법보다 하위규범이라는 설명만 한 답안 역시 백지 답안과 사실 차이가 없는 것이다.

   질문의 요지는 판례가 우리 헌법 해당조항을 제대로 설명하고 있는 것인지 - 이 점에 관한 자신의 생각은 무엇인지를 설명하라는 것이었으나, 많은 답안이 명확한 입장을 밝히지 않고 애매모호한 설명에 그치고 있거나, 쟁점을 제대로 이해하지 못한 상태에서 답하고 있었다. 적당한 애매모호함은 결국 아무 것도 얻지 못한다. 헌법과도 관련된 문제에서는 헌법 교과서들의 잘못된 설명을 그대로 반복하는 답안이 많아 짜증스럽기도 하다. 수업시간에 설명한 내용은 다 어디로 갔는지? 통상적인 질문임에도 하도 답안의 수준이 떨어져 채점자가 우울해질 정도였다.

3. 이 문제에 대하여는 수강생들이 대체로 질문의 취지를 이해하고 답안을 잘 작성한 편이다. 국적계속 원칙의 내용과 의의, 예외 상황 그리고 이론적 문제점에 관하여 수업시간에 강의내용을 요약하여 적으면 된다. 답안 작성 요령과 관련하여서는 특별히 언급할 사항이 없다. 이 문제는 성적이 상대적으로 좋은 편이므로 일부 완전히 잘못된 답안의 경우 성적격차가 다른 문제에 비하여 더 크게 나게 된다. 왜냐하면 2번 문제와 같이 대체로 성적이 나쁜 답안은 아무리 못 써도 격차가 덜 나게 되기 때문이다.
4. 이 문제에 대하여여도 특별히 답안작성요령을 설명할 필요는 없을 것이다. 배운 내용을 그대로 정리하면 된다. 특별히 자신의 견해를 독자적으로 밝힐 부분도 없다.
5. 공통: 80분의 시간에 적어낸 분량이 대체로 출제자의 기대보다 적은 편이다. 반드시 양이 점수에 직결되지는 않지만 아무래도 분량이 너무 적으면 점수에 부정적 영향을 끼칠 가능성이 크다. 이번 시험문제 정도면 채점자의 생각으로는 적어도 2장(4쪽)은 가득 채워야 B+ 정도의 성적을 기대할 수 있다고 본다. 그 정도는 채워야 어느 정도 기본적인 설명이 가능하니까. 단지 대여섯 줄로 한 문제를 끝내는 경우는 너무 짧다. 요즘 학생들 답안분량은 10년 전 학생들과 비교하면 절반도 안되는 듯하다. 왜 이런 일이 발생하고 있는지? 물론 채점자로서는 학생들이 답안을 짧게 써서 채점하기에 편하기는 하다.

   그리고 답안을 작성하기에 앞서 구성에 대하여 사전에 좀 더 숙고하고 답안을 작성하기 바란다. 내용은 그런대로 포함되어 있는데 그 서술 순서가 비체계적인 경우라면 같은 내용을 쓰고도 좋은 점수를 받을 수 없다. 수험자는 무엇보다도 채점자에게 자신의 지식을 효과적으로 전달하려고 노력하여야 한다. 4개의 문제의 배점이 같다면 답안도 이에 맞추어야 한다. 한 문제당 25% 이상의 점수를 받을 수 없다는 사실을 잊지 말아야 한다.

2005년

1학기 국제법1 (과제물)

다음 설명을 읽고 질문에 모두 답하시오.

갑국은 2000년 1월 1일 시민적 및 정치적 권리에 관한 국제규약에 가입하면서 국내법상의 이유로 인하여 형사재판에서의 상소권 보장을 규정하고 있는 제14조 5항의 적용을 배제한다는 유보를 첨부하였다. 다음의 갑국과 을국은 모두 1982년 이래 비엔나 조약법 협약 당사국이다.

문제 1: 같은 조약에 유보 없이 가입하고 있는 을국은 유보의 상호주의적 효과에 따라 만약 갑국인이 자국 법정에서 유죄판결을 받게 되어도 상소권을 보장할 수 없다는 입장을 피력하였다. 이러한 을국의 입장을 국제법적으로 평가하시오.

문제 2: 국제사회에서 갑국의 유보사항의 적절성에 대한 논란이 제기되자 이를 불쾌하게 여긴 갑국은 2005년 3월 1일 시민적 및 정치적 권리에 관한 국제규약의 탈퇴를 결정하고 탈퇴서를 유엔 사무총장에게 제출하였다. 갑국의 탈퇴행위는 국제법상 어떻게 평가될 수 있는가? 만약 탈퇴한다면 갑국은 언제부터 규약 당사국으로서의 의무를 벗어나는가?

2005년

2학기 국제법 2 (중간)

문제 1(50%): 라이스 미 국무장관은 2005년 3월 20일 서울 방문시 반기문 외교부장관과 가진 공동기자회견에서 "북한이 주권국가(sovereign state)라는 것은 사실이며 미국은 회담을 갖기를 희망한다"고 답변한 바 있다. 한편 2005년 5월 8일 북한 외무성 대변인은 기자회견에서 "미국이 우리를 주권국가로 인정하고 6자회담 안에서 쌍무회담을 할 준비가 되어 있다는 보도들이 전해지기에 그것이 사실인지 미국측과 직접 만나 확인해 보고 최종 결심을 하겠다"고 발언하였다. 이에 답하듯 라이스 미국 국무장관은 2005년 5월 9일 부시 미국 대통령의 러시아 방문을 수행하면서 모스코바에서 가진 CNN과의 인터뷰에서 "북한은 유엔 회원국으로서 주권국가임이 분명하다"고 답변하였다(동아일보 2005.3.21. 4면 및 2005.5.11. 6면).

가. 위와 같은 사실을 전제로 할 때 미국은 북한을 국가로 승인하고 있다고 보아야 하는가?

나. 남북한은 1991년 유엔에 동시 가입을 하였으며, 이러한 동시 가입은 한국의 희망에 따라 이루어진 것이었다. 이는 남북한이 상호 국가승인을 부여하였다는 증거가 될 수 있는가?

문제 2(30%): 범죄인인도와 관련하여 이른바 부정규인도를 설명하시오.

문제 3(20%): 다음 용어를 간단히 설명하시오.

가. 직선기선

나. 국제인권규약상의 개인통보제도(individual communication)

✎ 채점 소감

1. 가. 미국은 북한을 국가로 승인하였는가?

적지 않은 답안이 승인에 관한 학설을 소개하며 예를 들어 창설적 효과설에 입각하면 승인이 아니고 등등으로 설명하였다. 그러나 승인이란 기본적 국가의 의도의 문제이므로 어느 설에 입각하면 승인이 되고, 어느 설에 입각하면 승인이 되지 않는다고 설명하려 함은 잘못된 출발이다. 답안 서두에 창설적 효과설과 선언적 효과설 등을 길게 설명하며 그 중 어느 설이 타당하다는 지적을 하거나 국가승인의 요건을 설명할 필요도 없다. 이 문제에서는 미국이 명시적으로 북한 승인 여부를 밝히고 있지는 않았으므로 일련의 미국의 행동으로 미루어 볼 때 미국이 북한을 국가로 승인할 의도가 있었는가를 밝히는 데 초점을 맞추어야 한다.

우선 국무장관이라는 지위가 갖는 법적 의미를 설명하여야 한다. 국무장관이라는 지위에서의 발언이 별다른 국제법적 의미를 지닐 수 없다면 이 문제에 대한 분석은 거기서 끝나야 되기 때문이다. 통상적으로 국무장관은 국가의 의사를 대외적으로 표현할 수 있는 지위이므로 그의 행동과 발언은 분석의 가치가 있다. 일단 국가 대표가 타국을 국가로서의 실체를 인정하는 것만으로 곧 국가승인이 된 것인가?

반드시 그렇지는 않다. 라이스의 발언은 북한이 국가라는 객관적 사실을 지적한 것이지 이것이 곧 바로 국가승인의 의도를 표시한 점은 아니라는 해석은 충분히 가능하다. 더욱이 현대로 올수록 묵시적 승인의 예가 줄고 국가는 되도록 명시적 방법으로 승인을 부여하고 있다는 현실에 비추어 볼 때 위와 같은 해석은 타당성을 인정받을 수 있다.

물론 해석하기 따라서는 그와 같은 발언이 묵시적 승인으로 간주될 여지도 있다. 이 정도의 발언이라면 훗날 미국이 필요하다고 판단되는 경우 슬쩍 라이스의 발언이 곧 국가승인의 의도였다고 주장하는 것도 가능하다고 생각된다. 그렇다면 이 시점에서 미국의 진정한 의도는 무엇일까? 물론 주어진 문제에서는 정확히 알 수 없다. 그러나 아직 승인의 의사는 없다는 것이 미국의 의도가 아닐까 한다. 그러나 이는 문제 외적 사항이므로 이에 대한 지적이나 추측이 답안 작성에 꼭 포함될 필요가 있는 것은 물론 아니다.

나. 유엔 동시 가입

이 질문의 핵심은 국제기구 회원국으로서의 동시 가입이 회원국 상호간 국가 승인을 의미하느냐이다. 이에 대하여는 승인을 의미하지 않는다는 해석이 확립되어 있다. 적지 않은 답안은 북한의 실체에 관한 우리 판례를 상세히 소개하며 한국은 북한을 승인하지 않았다고 설명하고 있다. 이 자체는 이 문제 답안의 핵심은 아니다. 질문의 핵심은 다자조약 동시 가입의 국제법적 효과를 묻고 있지, 한국의 국내법적 동향을 묻는 것이 아니기 때문이다.

2. 부정규인도. 대부분의 답안이 부정규인도의 기본개념은 일단 이해하고 있었다. 다만 좋은 답안이 되려면 현실 속에서 이것이 어느 정도 실시되고 있고, 그에 따른 문제점을 좀 더 자세히 설명할 필요가 있다. 문제점은 어느 정도 지적이 되고 있었으나, 이에 관한 실태까지 곁들인 답안은 드물었다.

2005년

2학기 국제법 2 (기말)

문제 1(40%): 일본 방향으로부터 서진하여 온 갑국 함대가 전남과 제주 사이를 통하여 중국 방향으로 진출하려 하였다. 이 함대에는 호위 잠수함도 포함되어 있었고, 잠수함은 잠항을 하고 있었다. 이를 발견한 한국 해군함정은 외국 군함이 아무런 사전통고 없이 한국 영해에 진입하는 것은 한국의 영해 및 접속수역법에 의하여 금지되어 있다며 퇴거를 요구하였다. 갑국 함대는 중국의 초청을 받아 그곳으로 가기 위한 항해일 뿐 별다른 의도는 없다고 답변하였다.

가. 한국 해군 법무실에 근무하는 귀하에게 위와 같은 한국 해군측의 주

장이 국제법적으로 타당한지를 급히 문의하였다. 귀하는 어떻게 답변할 것인가?

나. 귀하가 갑국 군함에 승선중인 법무장교라면 위와 같은 한국측의 퇴거요구에 대하여 어떠한 반박을 할 수 있겠는가?

다. 만약 전남과 제주 사이를 가로 질러 가는 선박이 군함이 아닌 갑국의 일반 상선이라면 한국 해군은 어떠한 대처를 할 수 있는가?

참고: 한국 영해및접속수역법 제5조 1항 중 일부: "외국의 군함 또는 비상업용 정부선박이 영해를 통과하고자 할 때에는 대통령령이 정하는 바에 따라 관계당국에 사전통고를 하여야 한다."

문제 2(30%): 국제사법재판소에서 재판사건의 관할권이 성립될 수 있는 법적 근거로는 어떠한 것들이 있는가 설명하라.

문제 3(30%): 다음을 약술하라.

가. 외교사절의 특권과 면제가 인정되는 시간적, 장소적 범위에 대하여 설명하라.

나. "While the Security Council is exercising in respect of any dispute or situation the functions assigned to it in the present Charter, the General Assembly shall not make any recommen dation with regard to that dispute or situation unless the Security Council so requests."(유엔 헌장 제12조 1항) 이 조항의 의의와 실제를 설명하라.

✎ 채점 소감

1. 가. 해군 법무실에 근무하는 귀하로서는 일단 제주해협의 국제법적 지위가 무엇인가를 검토하고, 이어서 갑국 함대의 행동을 평가해야 한다. 제주해협이

국제해협인가 아닌가에 따라 갑국 함대의 활동에 대한 평가가 달라질 수 있기 때문이다. 이에 대한 결론은 각자 달라도 상관없다. 판단의 근거를 제시하면 된다. 그리고 제주해협이 국제해협이 아닌 경우 외국 함대의 통항에 관하여도 검토해야 한다. 그 다음은 영해에서 국제법상 군함의 무해통항권이 인정되느냐 및 문제의 갑국 함대의 행동이 무해통항에 해당하느냐 등을 검토하면 된다. 이상 객관적 상황에 대한 검토를 마치고, 한국 국내법에 따른 한국 해군의 조치의 타당성을 검토하면 좋다.

그리고 주어진 상황 속에서의 질문은 한국 해군측의 주장이 법적으로 타당한가를 물었다. 이런 질문이라면 검토 가능한 모든 주장을 가급적 객관적으로 설명하고 결론을 제시해야 한다. 가상 사례임에도 불구하고 한국 해군의 행동을 일방적으로 옹호하기 위한 주장만을 제시하는 태도는 바람직하지 못하다.

나. 갑국 측으로서는 자신의 행동을 옹호하기 위해서는 제주해협이 국제해협이라고 주장하여야 한다. 단순히 영해의 무해통항권 주장만으로는 자신의 행동을 모두 합리화시킬 수 없다.

다. 상선은 통과통항이 인정되지 않아도 항시 무해통항권이 인정되므로 이 질문은 비교적 쉬웠을 것이다.

쟁점의 종류 자체는 대체로 파악하고 있는 학생이 다수였다고 판단되나, 답안을 좀 요령 있게 작성하였느냐에 따라 성적 차이가 난다. 영해의 무해통항만 언급하였지, 국제해협의 통과통항 개념을 제대로 파악하지 못한 답안은 물론 제대로 성적을 받기 어렵다.

2. 대부분의 답안이 질문에 대한 기본적인 이해를 갖고 답하였다. 그러나 관할권 성립을 위한 법적 근거가 없음에도 일방적인 제소를 하였으나 타방 당사국이 스스로 제소에 응하는 경우와 PCIJ 의 관할권이 ICJ로도 승계된 경우까지 언급하였으면 완벽한 답안이 될 것이다. 이 점은 수업시간에 특별히 언급한 사항은 아니나 ICJ 규정을 읽어 본 학생이라면 당연히 알게 되는 내용이다.
3. 가. 시적 범위에 있어서 공무상 행위에 대한 면제는 임무종료 후에도 지속된다는 점을 지적한 답안이 거의 없었다는 사실은 채점자로서 놀라움이었다.
4. 공통: 전체적으로 답안 작성시 질문과 관계없는 내용을 길게 추가하고 있는

학생들이 여럿 있었다. 필요 없는 말을 추가하면 감점 요인만 된다. 채점자로서는 그 학생이 질문의 취지를 정확히 모르고 있다고 판단하게 된다.

2006년

1학기 국제법 (기말)

문제 1(20%): 다음은 U.S. v. Yunis 사건의 미 연방지방법원 판결문(1988) 중의 일부이다. 이 문단에서 설명하고 있는 국가관할권 행사의 근거에 대하여 설명하라.

"This principle authorizes states to assert jurisdiction over offenses committed against their citizens abroad. It recognizes that each state has a legitimate interest in protecting the safety of its citizens when they journey outside national boundaries. Because American nationals were on board the Jordanian aircraft, the government contends that the Court may exercise jurisdiction over Yunis under this principle. Defendant argues that this theory of jurisdiction is neither recognized by the international community nor the United States and is an insufficient basis for sustaining jurisdiction over Yunis."

문제 2(35%): 다음 가상의 사례를 읽고 답하시오.

갑국은 지난 10여 년 간 무자비한 국내 철권통치로 악명이 높았다. 1994년 군사 쿠테타에 성공하여 스스로 대통령에 취임하였던 나독재 대통령이

8년 간 통치를 하였고, 현재는 그가 지명한 너후계 대통령이 집권하고 있다. 지난 10여 년 간 이들은 국내 반대 세력인 후후족을 조직적이고도 무자비하게 대량으로 고문, 학살하며 권력을 유지하고 있었다. 이에 대한 국제사회의 비난 여론이 들끓었다.

을국은 평소 국제사회에서 인권 옹호국으로 이름이 높았다. 을국은 국민적 여론의 지지하에 세계 어느 나라에서든 인도에 반하는 범죄를 저지른 자라면 범죄발생 장소를 불문하고, 그 지위고하를 막론하고, 또한 범인이나 피해자가 어느 나라 국민인가도 상관없이 이를 체포하여 자국 법원에서 처벌할 수 있다는 법률을 제정하였다. 마침 은퇴한 전직 대통령 나독재와 갑국 현직 외교장관 추종한 장관이 을국에서 열린 국제영화제 조직위의 초청을 받고 이에 참석하기 위하여 을국에 입국하였다. 추 외무장관은 이번 방문 기회에 을국 외무 당국자와 외교현안도 협의할 예정이었다.

을국 인권단체가 나독재 전 대통령과 추종한 외무장관을 위 법률 위반 혐의로 수사기관에 고발하였고, 이에 검찰은 이들에 대한 구속영장을 청구하였다. 이 영장 발부 여부와 관련하여 어떠한 법리 공방이 예상되는가를 설명하고, 이 사건을 담당한 판사인 귀하는 어떠한 판단을 내릴 것인가 서술하라. 단 불구속 수사 원칙과 같은 일반 형사법적 문제는 언급하지 말고 국제법적 관심의 쟁점만 논하시오.

문제 3(20%): “정부 승인”에 관한 근래 국제사회의 동향을 설명하라.

문제 4(25%): 다음을 간략히 설명하시오.

가. 관습법의 법전화 작업의 이점

나. 국제관습법 형성과 관련하여 persistent objector

✎ 채점 소감

1. 이 문제는 이른바 피해자 국적주의(수동적 속인주의라고도 함)에 관한 내용이다. 수업시간 중 자료로 제시한 미국판례이므로 수강생은 모두 익숙한 내용이라고 생각한다. 관할권 행사의 근거에 대한 일반적 설명을 좀 하고, 그중 피해자 국적주의의 내용, 이에 대한 각국의 태도, 특히 영미법계에서는 과거 피해자 국적주의에 입각한 관할권 행사에 일반적으로 소극적이었지만 근래 테러 등에 대한 대처로서 적극적으로 활용하려는 경향의 대두 등을 조리 있게 설명하면 된다. 일부 답안은 속인주의, 보편주의 등에 관해서도 설명하고 있는데, 질문에서 제시된 판결문의 내용만을 기준으로 할 때 필요하지 않은 설명이다. 이 사건에서 피고는 미국인이 아니라며 관할권 행사에 이의를 제기할 수 있는데, 상당수의 답안이 관할권 행사의 근거를 속인주의라고 답하거나 피고가 미국인이라서 관할권을 행사할 수 있다는 설명을 하고 있었다. 이는 해석을 잘못하였거나 방향을 잘못 잡은 답안이다. 관할권 행사의 근거를 묻는데 엉뚱하게 외교적 보호권에 관하여 긴 설명을 한 답안도 많았다.
2. 이 문제를 답하기 위하여는 다음과 같은 몇 가지 쟁점을 중심으로 분석할 수 있을 것이다. 첫째, 문제의 행위는 반인도범죄 내지 제노사이드에 해당할 것이다. 그렇다면 이는 국제범죄로 이른바 보편관할권 행사의 대상이 될 수 있다. 즉 이 사건과 직접 관계없는 국가라 할지라도 범인에 대한 관할권 행사가 가능하다. 둘째, 전직 대통령을 위 범죄행위를 이유로 처벌할 수 있겠는가? 이는 피노체트 사건과 유사하다. 전직 국가원수는 최소한 공적 행위에 대하여는 퇴임 후에도 면제가 인정될 것이다. 그러면 문제의 행위가 면제를 인정받을 공적 행위였는가가 쟁점이 된다. 셋째, 현직 외무장관에 대한 형사관할권 행사의 가능 여부이다. 이 역시 벨기에가 콩고 외무장관에 대하여 체포영장을 발부한 사건과 유사하다. 국제사법재판소는 현직 외무장관에 대한 외교면제를 이유로 체포영장 발부는 국제법 위반이라고 결정한 바 있다. 대체로 이상의 쟁점을 중심으로 법리 공방을 설명하면 무난하다.
3. 정부승인의 근래 동향을 설명하라는 질문의 취지는 70년대 중반부터 주요 국가들이 정부 승인 여부에 대한 명확한 의사표시를 하지 않고, 실질적 관계를 맺어 나가는 형태로 외교를 전개하는 모습을 지적하라는 취지였는데, 채점을

하다 보니 다소 이 질문의 취지가 모호한 점이 있음을 발견하였다. 즉 반드시 이 사실 외에도 다른 취지의 최근 동향을 설명한 답안 역시 반드시 잘못된 내용이라고만 볼 수 없어서 설사 다른 설명을 하였더라도 그 내용에 따라 적절히 평가에 반영하였다. 다만 선언적 효과설이 최근 동향이라고 하는 정도의 설명만으로는 본 질문에 대한 적절한 답에 포함된다고 보기에는 부족한 답이라고 보았다. 그리고 정부승인 일반에 대한 장황한 설명 역시 필요하지 않으며, 의외로 "최근" 동향이라고는 할 수 없는 제2차 대전 시의 망명정부 이야기나 만주국 승인, 이스라엘 건국시 승인 문제를 주요한 예로 지적한 경우가 많아 놀랐다.

4. 이 두 문제에 대하여는 특별한 설명이 필요치 않을 것이다. 여러 교과서에도 이런 저런 설명이 있고, 수업시간에도 취급하였으니 그런 정도의 설명을 하면 된다.

2006년

2학기 국제법 2 (기말)

문제 1(20%): 다음 사안은 반드시 실제 사실과 일치하지 않는다.

북한의 신의주 특별행정구 장관 양빈(중국계)이 2002년 10월 4일 중국 경찰 당국에 전격 체포되어 안전가옥에 연금되어 있다고 중국 언론사들이 보도했다. 양 장관에 대한 이 같은 조치는 선양 주재 북한 영사관 및 베이징 주재 북한 대사관에 사전 통보 없이 이루어진 것으로 알려졌다. 양 장관은 네덜란드와 북한 국적을 갖고 있으며, 북한 외교관 여권도 보유하고 있었다. 소식통은 그가 중국에서 탈세와 부동산 불법개발 혐의를 받고 있다고 했다. 체포된 양빈 장관은 북한 외교관과 만나기를 원했으나, 중국 공안당국은 수사 중임을 이유로 이를 거부했다고 한다. 이 같은 소식에 대하여 북한은 자국 외교관을 중국 당국이 체포한 것은 외교사절에 관한 국제법 위반이라고 항의했다. 또한 자국 외교관의 면담요구를 중국 경찰이 거부한 사실에 대해서도 항의했다. 중국 경찰측이 이에 대한 법적 평가를 외교부에 요청했다. 중국 외교부에 근무하는 귀하는 이에 대해 어떻게 답하겠는가?

문제 2(40%): 다음은 6.25 시 유엔군 사령부 설치에 관한 1950년 7월 7일자 안보리 결의이다. (유엔 헌장 참조 가능)

"*The Security Council,*

Having determined that the armed attack upon the Republic of Korea by forces from North Korea constitutes a breach of the peace,

Having recommended that Members of the United Nations furnish such assistance to the Republic of Korea as may be necessary to repel the armed attack and to restore international peace and security in the area,

1. *Welcomes* the prompt and vigorous support which Governments and peoples of the United Nations have given to its resolutions 82(1950) and 83(1950) of 25 and 27 June 1950 to assist the Republic of Korea in defending itself against armed attack and thus to restore international peace and security in the area;

2. *Notes* that Members of the United Nations have transmitted to the United Nations offers of assistance for the Republic of Korea;

3. *Recommends* that all Members providing military forces and other assistance pursuant to the aforesaid Security Council resolutions make such forces and other assistance available to a unified command under the United States of America;

4. *Requests* the United States to designate the commander of such forces;

5. *Authorizes* the unified command at its discretion to use the United Nations flag in the course of operations against North Korean forces concurrently with the flags of the various nations participating;

6. *Requests* the United States to provide the Security Council with reports as appropriate on the course of action taken under the unified command."

가. 이후 구 소련은 다음과 같은 이유에서 이 결의가 유엔 헌장 위반이라고 주장했다. 즉 첫째, 6.25는 내전에 불과하므로 헌장 제2조 7항 국내문제 불간섭 의무에 의해 유엔도 이에 개입할 수 없다. 둘째, 상임이사국인 자신의 불참 하에 결의 채택은 헌장 제27조 위반으로 이 결의는 원래 성립되지 않았다. 이 주장에 대한 귀하의 의견을 제시하시오.

나. 소련은 이에 의해 설치된 주한 유엔군 사령부 역시 헌장에 근거가 없는 불법기관이라고 주장했다. 주한 유엔군사령부는 헌장상 어떠한 법적 지위를 갖는다고 해석되는가?

다. 북한에 급변사태가 발생하여 기존 북한 정부가 완전 붕괴되고 혼돈사태가 발생하면 위 안보리 결의에 의하여 현재의 유엔군이 북한지역을 접수하여 치안책임을 담당할 수 있는가?

문제 3(20%): 해양법상 "국제해협" 제도를 설명하시오.

문제 4(20%): 다음 용어를 간단히 설명하시오.

가. 국제사법재판소에서의 "소송참가"

나. 범죄인인도 제도상 "가해조항"

다. 국가승계시 "조약경계 이동의 원칙"

✎ 채점 소감

문제1: 이 문제의 논점은 2가지이다. 중국의 양빈 체포의 적절성과 면담요구를 수용하여야 하는가이다. 전자를 먼저 검토한다. 외교관의 특권과 면제 부여는 접수국에서 외교관의 기능을 보호하기 위한 것인데, 이 사안에서 양빈은 중국에 부임한 외교관이 아니다. 단순히 임지에 부임하기 위하여 제3국을 통과 중이지도 않았다. 따라서 중국으로서는 양빈에게 외교관의 특권과 면제를 인정할 법적 의무가 없다. 적지 않은 답안이 양빈의 문제된 행위가 공무에 해당하지 않아서 또는 형사상 범죄이기 때문에 중국이 특권과 면제를 인정할 필요가 없다거나 부동산 관련 사건이라 현지국의 관할권 행사가 가능하다는 주장을 하였는데 이는 부적절한 지적이다. 외교관의 특권과 면제가 인정되는 경우라면 형사범죄의 경우에도 인정되며, 부동산에 관련된 현지국의 관할권 행사는 민사적 · 행정적 관할권에 한한다. 두 번째 면담건에 대하여는 문제 속에 직접 적시도 되어 있음에도 불구하고 의외로 이 점을 언급한 답안이 소수였다. 외국인을 체포하면 즉시 소속국에 통보하여야 하며, 본인이 거부하지 않는 한 영사는 그를 면담할 권리가 있다. 이러한 점을 적용시키면 된다. 몇몇 답안은 인도주의적 관점에서 또는 국제인권의 관점에서 면담을 허용하는 편이 바람직하다고 지적하였는데 이 역시 적절한 답안은 못된다. 두 번째 논점을 언급조차 하지 않은 답안이 워낙 많아서 이 점을 적절히 지적한 경우 점수와 차이가 났다.

문제2:

가. 대부분 잘 작성. 6.25를 단순한 내전이라고 성격지우기는 어렵다. 설사 내전이라도 그것이 국제평화를 위협, 파괴하는 정도에 이르면 안보리의 조치가 가능하다. 불참은 거부권 행사가 아니라고 해석하는 것은 이미 그 이전에도 유사 선례가 있었으며, 6.25를 통하여 분명해졌다. 답안에서는 이상의 요지를 좀 더 이론적으로 설명하면 된다.

나. 주한 유엔군은 헌장이 본래 예정하였던 유엔군은 아니나, 헌장 39조나 42조 목적조항 등에서 근거를 찾을 수 있다고 해석함이 통설이다. 그리고 유엔사의 법적 지위는 논란은 많으나 헌장 제29조상의 안보리 보조기관으로 볼 수 밖에 없다고 본다. 그런데 이 점을 지적한 답안은 매우 희귀하였다. 유엔사

를 지역적 기구로 해석하는 답안이 여럿 있었으나 적절한 해석은 아니다. 또한 유엔사는 헌장 43조 이하 조항에 연관시킨 답안도 약간 있었으나 역시 적절한 해석은 아니다.

다. 기존 유엔사의 임무조항만으로는 향후 북한 급변사태시 자동적으로 관할권이 확장된다고 보기는 어렵다. 새로운 임무 부여 결의가 필요하다고 본다.

문제3: 특별히 언급할 내용은 없음.

문제4: 가. 소송참가의 경우 다자조약의 해석이 문제되는 경우 다른 조약 당사국은 권리참가를 할 수 있다는 점을 언급한 답안의 수가 의외로 적어 놀랐다. 다른 두 문제는 특별히 언급할 사항이 없다.

2007년

1학기 국제법 I (중간)

문제 1(35%): 다음 A, B 2건의 ICJ 판결문을 참고하며 국제법 질서 속에서의 국내법의 위치를 설명하시오.

A. "The fact remains however that, as the Court has already observed, the United States has declared (letter from the Permanent Representative, 11 March 1988) that its measures against the PLO Observer Mission were taken "irrespective of any obligations the United States may have under the [Headquarters] Agreement". If it were necessary to interpret that statement as intended to refer not only to the substantive obligations laid down in, for example, sections 11, 12 and 13, but also to the obligation to arbitrate provided for in section 21, this conclusion would remain intact. It would be sufficient to recall the fundamental principle of international law that international law prevails over *domestic law*. This principle was endorsed by judicial decision as long ago as the arbitral award of 14 September 1872 in the *Alabama* case between Great Britain and the United States, and has frequently been recalled since, for example in the case concerning the *Greco–Bulgarian "Communities"* in which the Permanent Court of International Justice laid it down that

"it is a generally accepted principle of international law that in the relations between Powers who are contracting Parties to a treaty, the provisions of municipal law cannot prevail over those of the treaty (*P.C.I.J., Series B, No. 17*, p. 32)."

B. "In turning now to the international legal aspects of the case, the Court must, as already indicated, start from the fact that the present case essentially involves factors derived from municipal law – the distinction and the community between the company and the shareholder – which the Parties, however widely their interpretations may differ, each take as the point of departure of their reasoning. If the Court were to decide the case in disregard of the relevant institutions of municipal law it would, without justification, invite serious legal difficulties. It would lose touch with reality, for there are no corresponding institutions of international law to which the Court could resort. Thus the Court has, as indicated, not only to take cognizance of municipal law but also to refer to it. It is to rules generally accepted by municipal legal systems which recognize the limited company whose capital is represented by shares, and not to the municipal law of a particular State, that international law refers. In referring to such rules, the Court cannot modify, still less deform them."

문제 2(35%): 국제관습법의 성립요건으로서의 법적 확신(*opinio juris*)을 설명하시오.

문제 3(30%): 국가승인의 법적 효과를 설명하시오.

✎ 채점 소감

1. 이 문제 자체는 비교적 쉬웠으리라 생각한다. 국제법 질서 속에서 국내법은 법규범이 아니라 일종의 사실(facts)에 불과하며, 국내법은 국제법에 우월할 수 없다. 다만 국제법이 국내법을 완전히 무시하지는 않으며, 필요시 국내법의 내용을 판단의 기준으로 삼기도 한다는 정도는 대부분 잘 아는 내용일 것이다. 결국 이 문제의 성패는 이러한 내용을 어떻게 요령 있게 서술하느냐에 많이 좌우되게 된다. 우선 질문의 내용을 보면 국제법과 국내법의 관계 모두를 설명하라는 요구는 아님을 쉽게 알 수 있었음에도 불구하고 일부 답안은 국제법과 국내법의 관계의 역사적 발전과정까지 일원론, 이원론 등등을 상세히 서술하였다. 국내법 질서 속의 국제법의 위치를 나라별로 설명한 답안도 일부 있었다. 이러한 답안은 꼭 필요는 없는 내용을 지나치게 많이 적었다고 밖에 할 수 없으며, 시간 부족으로 정작 필요한 다른 문제의 답을 제대로 못 적었다. 질문에서 주어진 영어지문을 참고하라고 하였다면 이를 답안 속에서 적절히 활용하여야 좋은 평가를 받을 수 있다. 비교적 쉬운 질문임에도 긴 영어지문을 제시한 것은 수업 중 제시된 자료집을 평소 잘 공부하였는가를 보려는 의도이기도 하다. 영어지문과는 무관하게 국제법과 국내법의 관계 일반만을 적은 답안은 좋은 평가를 받을 수 없다.
늘상 하는 말이지만 서술형 답안에 화살표, 그래프, 기타 도표를 사용하는 방식은 바람직하지 않다. 그런 표시는 본인의 노트 필기에서나 사용하고 시험 답안에서는 어디까지나 문장으로 승부하여야 한다. 그리고 답안은 연필로 작성하지 말기 바란다. 연필 답안은 채점시 보기에 불편한 것이 사실이다. 그럴 사람이야 없겠지만 혹시 답안을 남이 변조할 수도 있지 않은가? 하여간 답안은 연필로 작성하지 말기 바란다.

2. 법적 확신에 대한 기본 개념을 모르는 학생은 거의 없겠지만, 그래도 매우 중요한 개념이라 출제를 했다. 법적 확신이 국제관습법의 성립요건으로서의 의의와 필요성, 관습법의 성립요건으로서의 관행과의 역할 차이, 실제 국제판례에서의 취급 설명 등등에 대하여 설명하면 된다. 기본 개념은 대부분 어느 정도 아는 경우 아는 지식을 어떻게 요령 있게 설명하느냐가 고득점에 중요 요소가 된다.
3. 승인의 법적 효과는 승인의 개념을 어떻게 파악하느냐에 따라 크게 차이가 난다. 그런데 적지 않은 답안이 단지 승인의 의의에 관한 선언적 효과설과 창설적 효과설을 설명하는데 그치고 있었다. 그 외에도 승인의 소급효, 그리고 각국 국내법원에서 미승인 국가와 승인받은 국가가 법률행위를 함에 있어서 어떠한 차이를 두고 있는가 등도 같이 설명할 필요가 있다.

2007년

1학기 국제법 1 (기말)

문제 1(30%): 다음은 우리 법원에서의 판결문의 일부이다.

"청구권협정 및 합의의사록의 내용만으로는 원고들의 개인적 손해배상청구권의 소멸 여부에 관한 합치된 해석이 어려워 많은 논란이 있음은 앞서 본 바와 같고, 조약의 해석에 관하여는 조약의 목적과 의도에 따라 그 문언의 의미를 밝힘으로써 당사국의 의사를 확인하여야 하고 여기에 조약 체결시의 역사적 상황이 고려되어야 하며 조약 문언의 해석이 의심스러운 경우에는 조약의 준비문서도 해석을 위하여 이용되어야 하는 점에 비추어 보면 청구권협정 해석의 보충적 수단으로서 이 사건 문서를 이용할 필요성이 크다고 할 것이므로, 이 사건 문서의 공개가 불필요하다고 할 수 없다."(서울행정법원 2004년 2월 13일 선고, 2002구합33943 판결)

조약법에 관한 비엔나 협약 제31조 1항은 "조약은 조약문의 문맥 및 조약의 대상과 목적으로 보아 그 조약의 문맥에 부여되는 통상적 의미에 따라 성실하게 해석되어야 한다.(Treaty shall be interpreted in good faith in accordance with the ordinary meaning to be given to the terms of the treaty in their context and in the light of its object and purpose.)"고 규정하고 있으며, 제2항 이하 제32조 등에서는 해석에 관한 여러 원칙을 제시하고 있다. 한국은 비엔나 조약법 협약의 당사국이다. 위 행정법원의 판결이 보여주고 있는 조약 해석의 태도를 분석하라.

문제 2(20%): 다음의 판결문에서 지적하고 있는 universal jurisdiction이란 무엇인가 이를 설명하시오.

"The *jus cogens* nature of the international crime of torture justifies states in taking universal jurisdiction over torture wherever committed. International law provides that offences *jus cogens* may be punished by any state because the offenders are "common enemies of all mankind and all nations have an equal interest in their apprehension and prosecution:" (Pinochet case, House of Lords, U.K.)

문제 3(20%): 유엔 국제법위원회(ILC)는 국제위법행위에 대한 국가책임에 관한 규정 초안 작업을 2001년 완료하여 총회로 보고한 바 있다. 그런데 2001년 총회 보고분 이전의 ILC 구 초안에는 다음과 같은 조항이 있었다.

Ariticle 19 "International crimes and international delicts"

1. An act of a State which constitutes a breach of an international obligation is an internationally wrongful act, regardless of the subject－matter of the obligation breached.

2. An internationally wrongful act which results from the breach by a State of international obligation so essential for the protection of fundamental interests of the international community that its breach is recognized as a crime by that community as whole constitutes an international crime. (3항 생략)

4. Any internationally wrongful act which is not an international crime in accordance with paragraph 2 constitutes an international delict.

international crime에 관한 이 조항은 총회에 대한 2001년 최종 보고안에서는 삭제되었다. international crime을 국가책임법 규정에 삽입시키는 점에 대한 찬반 논거를 소개하고, 이에 대한 자신의 법적 견해를 밝혀라.

문제 4(30%): 다음을 약술하라.

가. 국가 간 합의의 일종인 "신사협정(gentleman's agreement)"이란 무엇인가 설명하라.

나. 국제인권조약상 "국가보고제도"를 설명하시오.

✎ 채점 소감

1. 비엔나 협약은 조약 해석의 출발점을 기본적으로 문언에 두고 있는데, 위 판결은 당사국의 의사확인에 중점을 두고 있다는 점이 가장 큰 차이이다. 이 점은 대체로 잘 지적하고 있었다. 다만 하나 유의할 점은 문언을 1차적 기준으로 하지 않는 태도가 국제법 위반이라고 반드시 결론내리기는 적절하지 않다는 점이다. 비엔나 협약은 해석에 관한 기본 원칙을 제시하는 것이며, 모든 해석에서 반드시 적용하여야 할 기준을 단계적으로 확정하여 제시하고 있지는 않다. 해석은 대상에 따라 다양한 기술이 적용될 수 있으며, 비엔나 협약에 명시되지

않은 기준이라고 하여 반드시 조약 해석에서 배제되지는 않기 때문이다.

2. 보편적 관할권의 기본 개념은 제시문 자체에도 나와 있기 때문에 대부분의 답안이 어느 수준의 설명은 하고 있었다. 다만 기본 개념의 설명만으로 그친 답안의 경우 좋은 점수를 받을 수 없다. 왜냐하면 거의 모든 답안이 그 정도는 설명하고 있기 때문이다. 이런 문제의 경우 작은 실수도 큰 감점으로 될 수 있다.
3. 기본 개념을 이해하고 있다고 생각되는 답안이 다수였으나, 한편 적지 않은 답안이 개인의 국제범죄와 국가의 국제범죄를 혼동하고 있었다. 즉 질문은 국가의 국제범죄를 물었으나, 개인의 국제범죄를 전제로 하거나 이를 혼용하여 작성된 답안은 좋은 점수를 받을 수 없다.
4. 신사협정의 기본개념은 거의 모든 답안이 이해하고 있었다. 다만 이를 설명함에 있어서 용어의 사용이 어떻게 차이가 나는가 하는 기술적 구별에 중점을 둔 답안이 적지 않았다. 그보다는 신사협정이 법적 구속력은 없다 하여도 그 법적 의미는 무엇인지? 왜 이런 제도가 활용되는지에 대한 지적이 있어야만 좋은 답안이 될 수 있다.

   국가보고제도에 대하여는 특별히 설명할 것은 없으나, 무시하기 어려운 숫자의 답안이 이를 국가 간 통보제도(경우에 따라서는 개인통보제도)로 잘못 오인하고 답안을 작성하여 안타까웠다.
5. 법대생에 대한 고언: 국제법 I은 법대생에게는 전공필수인데 법대생 답안의 수준이 비법대생의 답안과 비교해 크게 차이가 없다는 점은 기이한 일이다. 수강생은 법대생이 2배나 됨에도 불구하고 7명의 A+ 중 법대생은 3명에 불과하였다. 법대생의 답안이 두드러지지 못한 현상은 지난 7-8년 전경부터 발생하고 있다. 이번에도 중간 및 기말고사 최우수 답안은 법대생의 것이 아니었다. 수업시간에도 말한 적이 있지만 법대생의 전반적 답안의 수준도 10년 전에 비하면 현저히 떨어졌으며, 이 점은 다른 법대 교수 역시 공통적으로 느끼고 있는 사실이다. 그 원인은 정확히 모르겠으나 걱정스러운 현상이다.

2008년

2학기 국제법 2 (중간)

문제 1(25%): A국과 B국 간에는 1년 이상의 형에 해당하는 범죄인을 상호 인도하기로 한 범죄인인도 조약이 발효 중이다. A국 국민인 갑은 B국에 거주하며 A국 독재정권에 대한 반정부활동을 전개하였다. A국은 가공의 일반 범죄(강도, 징역 3년 이상)를 조작하여 B국에 대하여 갑을 그 혐의자라며 범죄인인도를 요청하였다. B국은 갑의 혐의가 매우 근거가 박약함을 잘 알면서도 평소 많은 경제원조를 제공하는 A국의 요구를 거절하기 어렵다고 판단하여 갑을 인도하였다. 인도된 이후 갑은 A국에서 반정부 활동금지법을 위반하였다는 이유로 기소되었다. A, B국 간 범죄인인도 조약에는 특별히 정치범 불인도에 관한 조항은 포함되어 있지 않았다. 갑은 법정에서 다음과 같은 이유에서 재판받을 수 없다고 주장하였다. 1) 자신은 정치범임에도 불구하고 국제법에 위반되어 인도되었다. 자신이 법정에 존재하는 것 자체가 국제법 위반의 결과이다. 2) 자신은 강도죄의 명목으로 인도되었으나, 정작 기소는 반정부활동 금지법 위반으로 기소되었으므로 국제법 위반이다. 갑국 헌법 제11조에는 "국제법은 국내법과 같은 효력을 지닌다"고 규정되어 있다.

귀하는 판사의 입장에서 어떻게 판단하겠는가?

문제 2(30%): 서부사하라 지역은 1884년 이후 스페인이 지배하였다. 이의 탈식민지화가 논의되자 인접 모로코와 모리타니아는 각기 이 지역이 원래 자국령이었다고 주장하였다. 이에 유엔 총회는 스페인 지배가 성립될 당시 이 지역이 무주지였는가를 ICJ에 물었다. 다음은 이 사건에 대한 ICJ 권고적 의견(1975)의 일부이다. 다음에서 제시된 견해를 나름대로 논평하시오.

"Whatever differences of opinion there may have been among jurists, the State practice of the relevant period indicates that territories inhabited by tribes or peoples having a social and political organization were not regarded as terra nullius. It shows that in the case of such territories the acquisition of sovereignty was not generally considered as effected unilaterally through 'occupation' of terra nullius by original title but through agreements concluded with local rulers. On occasion, it is true, the word 'occupation' was used in a non-technical sense denoting simply acquisition of sovereignty; but that did not signify that the acquisition of sovereignty through such agreements with authorities of the country was regarded as an 'occupation' of a 'terra nullius' in the proper sense of these terms. On the contrary, such agreements with local rulers, whether or not considered as an actual 'cession' of the territory, were regarded as derivative roots of title, and not original titles obtained by occupation of terra nullius." (참고: terra nullius: 무주지, occupation: 선점)

문제 3(각 15%): 다음 질문에 대하여 간단히 답하시오.

가. 국제형사재판소의 관할권 행사에 있어서 "보충성의 원칙"을 설명하라.

나. 역사적 만(historical bay)이란 무엇인가.

다. 국가승계상 국경조약의 위치.

✎ 채점 소감

1. 대부분의 답안이 다음과 같이 설명하였다.

범죄인인도와 관련하여 정치범 불인도는 관습국제법에 해당한다. 따라서 갑의 인도는 국제법 위반이다. 또한 특정성의 원칙에 위배해 재판을 하므로 국제법 위반이다. 결론적으로 무죄 선고 또는 공소기각해야 한다. 이 사건은 국제법 위반이다.

질문은 A국의 이 사건 담당 판사라면 어떻게 판단하겠냐는 것이었는데, 단순히 이 사건이 국제법 위반이라는 결론만 제시하면 적절한 답이 아니다. 그럼 판사는 어떻게 해야 하느냐에 대한 답을 제시해야 한다. 이미 인도된 상황을 전제로 하므로 B국은 국제법상 인도를 거부할 수 있다라는 주장은 별 의미가 없는 답이다.

이 문제에서는 다음과 같은 점들을 더 검토하여야 한다.

- 정치범 불인도가 관습국제법의 일부라고 하여도 이를 위반한 주체는 B국이다. A국은 자국민을 인도하라고 요청하였고, B국은 위 국제관습법에 따라 거부할 수 있었음에도 불구하고 이를 이행하지 않았다. 그런데도 이를 이유로 A국 법정이 갑에 대한 관할권을 행사할 수 없다는 결론이 과연 당연히 나오는 것인가? A국이 자국민을 인도받은 행위도 국제법 위반에 해당하는가도 검토하여야 한다.
- 일부 답안은 수업시간 예로 들은 납치를 통한 신병확보시 관할권 행사가 가능하냐는 사건에 비유하였다. 그러나 그 사건은 본국이 직접 국제법 위반의 납치행위를 저질렀다는 점에서 이 문제의 경우 상대국의 자발적인 인도가 있었다는 점과 차이가 있음을 간과하지 말아야 한다.
- 정치범 불인도가 관습국제법이라고 할 때 이것이 과연 누구의 권리인가 역시 생각해 보아야 한다. B국이 거절할 수 있는 권리인가 아니면 당사자 개인의 권리이기도 한가? B국 법정에서라면 갑은 당연히 정치범 불인도 원칙을 이유로 인도중지를 요구할 수 있다. 그러나 개인의 권리라고 하여도 본국인 A국 법정에서도 동일한 이유를 주장하여 관할권 부재를 요구하면 재판권이 없다고 할 수 있는지는 별개의 문제이다. 이 점에 대한 검토가 있어야 한다.
- 국제법에 위반되게 본국으로 인도되었다는 이유만으로 자국 법원이 관할권을 행사할 수 없다는 주장은 과연 당연한 것인가에 대한 분석도 필요하다.
- 이상과 같은 논점들은 특정성의 원칙 위반에 관하여도 동일하게 검토되어야 한다. 특히 제시문만으로는 범죄인인도 조약에 특정성의 원칙에 관한 명문의 규정이 있는지도 확인되지 않고 있다. 따라서 특정성 원칙이 관습국제

법에 해당하는가에 관한 결론을 내리려면 논증이 필요한데 대부분의 답안이 당연히 국제법 위반이라고만 하였다.

- 위의 논점들에 대하여는 각자 다른 결론을 내릴 수도 있겠으나, 이러한 점들의 "검토와 논증 없이" 단순히 국제법 위반이라는 결론만을 내리고 있다면 좋은 답안이 아니다.

2008년

2학기 국제법 2 (기말)

문제 1(30%): 다음을 읽고 답하시오. 단 제시된 내용이 반드시 실제 발생하였던 사실과 일치하지는 않는다.

1996년 12월 17일 페루의 리마 주재 일본 대사관에서 일본의 국경일을 축하하는 파티가 개최되었다. 손님으로 가장한 수명의 반정부 게릴라가 침입하여 파티 도중 일본대사를 포함하여 70 여명의 외교관, 손님들을 인질로 잡았다. 약 4달 간의 대치 끝에 이듬 해 4월 22일 페루정부는 특공대를 투입하여 게릴라를 진압하였다. 이 과정에서 수 명이 사살되었고, 대사관 건물은 크게 파괴되었다. 보안을 위하여 페루정부는 이 작전을 사전에 일본측에 전혀 통고하지 않았다. 사태 종료 후 일본 정부는 위험한 군사작전을 사전에 알리지도 않고 전개한 사실에 대하여 유감을 표시하였다. 그리고 "국제법상 일본의 영토라고 할 수 있는 대사관에 공관장이나 본국정부의 승인없이 병력을 투입한 조치는 외교관계에 관한 비엔나협약 위반이므로 페루정부의 적절한 사과와 배상을 요구한다. 아울러 진압작전시 파괴된 대사관 시설의 원상회복 비용도 지불을 요구한다"는 성명을 발표하였다. 페루 외교부에 근무하는 귀하는 이에 대한 정부의 대응방안을 정리하라는 지시를 받았다. 어떻게 대응하겠는가?

문제 2(30%): 갑국이 을국을 무력으로 침공하는 분쟁이 발생하였으나, 갑국을 후원하는 상임이사국의 거부권 행사로 인하여 안보리는 특별한 조치를 결정하지 못하였다. 며칠 후 총회가 즉각적인 무력행사의 중지와 철병, 그리고 을국에 대한 각국의 지원을 촉구하는 결의를 채택하였다. 사실 갑국은 물론 을국도 이 문제에 대한 유엔의 개입을 요청한 사실은 없었다. 그러자 갑국은 아래 조항을 근거로 국제평화와 안전에 관한 조치는 안보리만을 취할 수 있으므로 총회의 결의는 헌장 위반이라고 주장하였다. 또한 이 조항에 따르면 안보리도 당사국을 대신하여서만 행동할 수 있는데, 당사국의 위임이 없는 상황에서 총회가 조치를 취하는 것 역시 헌장 위반이라고 주장하였다. 이러한 주장을 분석하시오.

참고: UN 헌장 제24조 1항: In order to ensure prompt and effective action by the United Nations, its Members confer on the Security Council primary responsibility for the maintenance of international peace and security, and agree that in carrying out its duties under this responsibility the Security Council acts in their behalf.

문제 3(40%): 다음을 약술하시오.

가. ICJ에서의 Judge *ad hoc*

나. ICJ에서의 선결적 항변

다. 대륙붕 상부수역의 법적 지위

라. 해양법협약상 국제해협에서의 통과통항(transit passage)

✎ 채점 소감

1. 시험 답안은 동일한 내용을 대강 담고 있더라도 논리전개의 순서나 전체적인 글의 양, 필요 없거나 잘못된 내용의 추가는 없었는지 등에 의하여 점수 차이가 날 수 있다. 기본적으로 논술형 시험에서 요약지나 서브노트 형태의 간략한 서술방식은 적절하지 않다. 논점을 토막 토막 단답식으로 답하기보다는 매 문항에 대한 답안이 각기 전체적으로 하나의 완결된 에세이의 형식을 취하는 편이 바람직하다.
2. 다수의 답안이 사태의 긴급성을 감안할 때 일본측의 허가가 없었어도 페루의 행위가 정당했다고 주장하였다. 그러나 긴급성이란 화재 등과 같이 당장 벌어지고 있는 사태에도 불구하고 공관장에게 신속한 연락이 되지 않는 예외적인 상황이다. 문제의 사안이 과연 그러한 성격이라고 할 수 있는가? 만약 당장 게릴라가 공격을 진행 중인 상황에서 이를 물리치기 위한 작전이었다면 긴급상황이라고 할 수 있을 것이다. 그러나 일단 점거되어 4개월이나 끈 사건이라면 페루로서는 작전 개시를 일본 정부측에 통보 · 협의할 수 있는 시간적 여유는 오히려 충분하였다고 판단된다. 공관의 불가침은 본래 국가의 권리이다. 그러면 페루로서는 그 시점에 긴급하게 작전을 해야 할만한 특별한 사정이 있었다는 점이 제시될 필요가 있다. 사실 사안에는 이 점에 관하여 별도로 제시된 내용은 없다. 그렇다면 이 경우 페루측 행동을 정당화하기 위한 다른 근거는 외교공관의 불가침의 기본 정신에서 찾을 수 있다. 즉 외교공관 불가침의 가장 근본적인 이유는 외교공관으로서의 기능을 보호하기 위함이다. 이 사건의 경우 4개월 동안 공관의 기능이 마비되었고, 점거가 계속되는 한 공관의 기능은 재개될 수 없다. 즉 페루로서는 현시점에서 본다면 당장 보호하여야 공관의 기능 자체가 없다고 주장할 수 있다. 외교공관은 물론 파견국의 영역은 아니다. 대사관 수리비용에 대하여는 사실 주어진 질문만으로는 정확한 사실판단이 어려울 것이다. 그렇지만 그것이 보상의 형태가 되었든 호의적 지불에 해당하든 지불함이 보통이다.
3. 헌장 제24조에 규정된 것처럼 안보리는 국제평화와 안전에 관한 제1차적 책임기관으로 규정되어 있지, 독점적 배타적 권한을 가진 기관은 아니다. 헌장 제10조, 제11조, 제12조를 종합적으로 해석하면 헌장 범위 내의 모든 사항을

토의할 수 있는 총회는 안보리가 제대로 역할을 수행하지 못하는 경우 제2차 적 책임기관으로서의 역할을 할 수 있다. 답의 서두에는 이상 2가지 점을 우선 지적할 필요가 있다. 그럼 이 상황이 안보리가 임무를 제대로 못한 경우에 해당한다고 볼 수 있는가? 총회가 조치를 필요로 하는 경우 토의 전 또는 후 안보리로 회부하라는 조항의 의미는 무엇인가? 헌장 제24조에서 회원국을 대신하여 라는 표현의 의미는 무엇인가? 총회는 반드시 당사국의 회부가 있어야만 사건을 다룰 수 있는가? 이 사건이 유엔이 다룰 수 있는 내용인가? 등등을 언급하면 된다. 대부분의 답안이 대체로 무난하게 작성된 편이었다.

4. 가, 나, 라에 대하여는 특별히 언급할만한 사항이 없다. 다 문제의 경우 200해리까지의 상부수역이 자동적으로 EEZ가 되는 것이 아니라, 연안국이 이를 선포한 경우에만 EEZ가 된다는 점을 구별하여 지적하면 좋다. 그리고 대륙붕이 200해리 이상 펼쳐질 때 그 상부수역이 공해가 된다는 점을 지적하지 않은 답안도 적지 않았다.

2009년

1학기 국제법 1 (중간)

문제 1(35%): 다음에 제시된 판결문을 읽고 조약의 국내적 효력에 관한 한국과 영국 양국 법원의 입장을 비교 설명하시오.

A. 한국: "청구인은 관세법위반죄를 범한 자에 대한 처벌을 가중하려면 관세법이나 특가법을 개정하여야 함에도 불구하고 단지 조약에 의하여 관세법위반자의 처벌을 가중하는 것은 중대한 기본권의 침해이며 죄형법정주의에 어긋나는 것이라고 주장한다.

그러나 헌법 제12조 후문 후단은 “누구든지 … 법률과 적법한 절차에 의하지 아니하고는 처벌 · 보안처분 또는 강제노역을 받지 아니한다”고 규정하여 법률과 적법절차에 의한 형사처벌을 규정하고 있고, 헌법 제13조 제1항 전단은 “모든 국민은 행위시의 법률에 의하여 범죄를 구성하지 아니하는 행위로 소추되지 아니하며”라고 규정하여 행위시의 법률에 의하지 아니한 형사처벌의 금지를 규정하고 있으며, 헌법 제6조 제1항은 “헌법에 의하여 체결 · 공포된 조약과 일반적으로 승인된 국제법규는 국내법과 같은 효력을 가진다”고 규정하여 적법하게 체결되어 공포된 조약은 국내법과 같은 효력을 가진다고 규정하고 있다. 마라케쉬협정도 적법하게 체결되어 공포된 조약이므로 국내법과 같은 효력을 갖는 것이어서 그로 인하여 새로운 범죄를 구성하거나 범죄자에 대한 처벌이 가중된다고 하더라도 이것은 국내법에 의하여 형사처벌을 가중한 것과 같은 효력을 갖게 되는 것이다. 따라서 마라케쉬협정에 의하여 관세법위반자의 처벌이 가중된다고 하더라도 이를 들어 법률에 의하지 아니한 형사처벌이라거나 행위시의 법률에 의하지 아니한 형사처벌이라고 할 수 없으므로, 마라케쉬협정에 의하여 가중된 처벌을 하게 된 구 특가법 제6조 제2항 제1호나 농안법 제10조의3이 죄형법정주의에 어긋나거나 청구인의 기본적 인권과 신체의 자유를 침해하는 것이라고 할 수 없다.”

B 영국: “It is axiomatic that municipal courts have not and cannot have the competence to adjudicate upon or to enforce the rights arising out of transactions entered into by independent sovereign states between themselves on the plane of international law. That was firmly established by this House. [···]

On the domestic plane, the power of the Crown to conclude treaties with other sovereign states is an exercise of the Royal Prerogative, the validity of which cannot be challenged in municipal law: [···] The Sovereign acts “throughout the making of the treaty and in relation to each and every of its stipulations in her sovereign character, and by her own inherent authority; and, as in making the treaty, so in performing the treaty, she is beyond the control of municipal law, and her acts are not to be examined in her own courts: […]

That is the first of the underlying principles. The second is that, as a matter of the constitutional law of the United Kingdom, the Royal Prerogative, whilst it embraces the making of treaties, does not extend to altering the law or conferring rights upon individuals or depriving individuals of rights which they enjoy in domestic law without the intervention of Parliament. Treaties, as it is sometimes expressed, are not self-executing. Quite simply, a treaty is not part of English law unless and until it has been incorporated into the law by legislation."

문제 2(35%): 다음 ICJ의 북해대륙붕 사건 판결문(1969)의 일부이다. 다음을 참고하여 국제관습법의 성립요건으로서의 "일반적 관행"을 설명하시오.

"Although the passage of only a short period of time is not necessarily, or of itself, a bar to the formation of a new rule of customary international law on the basis of what was originally a purely conventional rule, an indispensable requirement would be that within the period in question, short though it might be, State practice, including that of States whose interests are specially affected, should have been both extensive and virtually uniform in the sense of the provision invoked; – and should moreover have occurred in such a way as to show a general recognition that a rule of law or legal obligation is involved."

문제 3(30%): 국제법상 승인에 있어서 창설적 효과설을 설명하시오.

✎ 채점 소감

1. 좋은 점수를 받기 위하여 답안은 가급적 채점자가 보기 좋게 작성함이 바람직하다. 못 쓰는 글씨야 갑자기 어쩔 수 없겠지만, 최소한 문제와 문제 사이에 간격을 둔다거나 같은 문제에서도 단락이 바뀌는 경우 한 줄을 띠면 보기에 채점자가 읽기 좀 더 편하다. 전체를 수필식으로 소항목도 없이 작성하지 말고, 내용별로 소제목을 달아 작성하면 채점자로서도 내용 파악이 수월해진다. 읽기 편한 답안에 친근감이 가는 것은 물론이다.

   제한된 시간 속에 일정한 수준의 분량을 작성하기도 결국 각자의 능력의 반영이다. 시험지 답안 작성이 거의 유일한 글쓰기인 사람이 좋은 답안을 작성할 수 없음은 물론이다. 평소 늘 글 쓰는 훈련이 되어 있어야 빠른 시간 내에 좋은 글을 작성할 수 있다. 출제자는 보통의 수강생이라면 시간이 좀 빠듯할 것 같은 양의 출제를 한다. 공부가 많은 학생은 어려워도 제한된 시간에 소화를 하겠지만, 공부가 부족한 학생은 시간이 크게 부족하리라 생각하기 때문이다.
2. 문제 1의 기본적인 포인트는 한국에서는 조약이 국내법률과 같이 법원에 의하여 직접 적용될 수 있는데 반하여, 영국에서는 조약이 원칙적으로 의회의 입법이라는 변형과정을 거쳐야만 그 내용이 국내적으로 실행될 수 있다는 점에서 대비된다는 사실이다. 이러한 내용은 거의 모든 학생들이 알고 있었다. 그렇다면 관건은 다들 알고 있는 내용들을 어떻게 잘 구성하여 서술하느냐에 따라 점수가 좌우된다.

   "비교"하라는 질문에도 불구하고 상당수의 답안은 한국의 경우와 영국의 경우를 단순히 병렬적으로 나열, 설명하였다. 즉 한국에 있어서의 조약의 국내적 효력과 영국에 있어서의 조약의 국내적 효력이라는 두 개의 문제에 각각 답하고 단지 1번 문항이라는 한 장소에 합쳐만 놓은 답안을 구성하였다. 답안의 형식으로는 좋지 않은 구성이다. 이런 답안은 좋은 점수를 받을 수 없다. 두 개의 대립되는 내용을 제시하며 비교하라고 한다면 적어도 답안의 서론에서는 양자를 관통하는 일반적 설명을 먼저 할 필요가 있다. 예를 들어 국제법은 각국이 국제법을 어떻게 실현하느냐에는 관여하지 않으므로, 조약의 국내적 효력은 결국 각국의 헌법질서의 문제라든가 등등.

조약의 국내적 효력을 물었지만 관습국제법의 국내적 효력의 문제도 잠시 비교 설명했다면 더 좋았을 것이다. 여기에도 조약의 국내적 효력을 이해하는 데 도움이 될 내용이 있기 때문이다. 또한 한국에서는 국내적으로 직접 적용될 수 있다고 하였는데, 항상 모든 조약이 이른바 자기집행적으로 적용되는가에 대하여도 언급을 하였다면 더 좋았을 것이다.

비교적 쉬운 문제이고 대부분의 학생들이 제시된 지문만을 근거로 하여도 기본적인 답안을 작성할 수 있으리라 생각했지만, 의외로 깔끔하게 잘 서술된 답안은 별로 없었다.

3. 문제 2의 경우 거의 대부분 답안이 단순히 영어 제시문을 요약 · 번역하였거나, 제시문의 영어 문장을 그대로 답안에 옮겨 놓는 수준이었다는 점이 채점자로서는 놀라움이었다. 영어 시험이 아닌한 그런 요구를 하는 출제자가 있겠는가? 공부가 충분했다면 쓸 내용이 무척 많은 문제인데 도대체 어떻게 된 일인지 이해가 잘 가지 않았다. 제시문을 "참고"하여 일반적 관행을 설명하라는 질문에도 불구하고 제시문의 내용만을 설명한 답안, 일반적 관행을 설명하라고 요구하였는데 정작 내용의 대부분을 법적 확신 등과의 관계 등에 할애한 답안, 지속적 반대국에 관하여만 길게 설명한 답안 등이 좋은 점수를 받을 수 없음은 물론이다. 평범한 질문이므로 무엇을 쓰면 좋을지에 대하여는 별다른 설명이 필요 없으리라 본다.
4. 문제 3은 크게 어려운 질문은 아니었을 것으로 생각된다. 대체로 기본개념 자체는 이해하고 있었다. 그러나 남들도 다 아는 정도만 썼다면 점수는 중간 정도밖에 될 수 없을 것이다. 창설적 효과설의 개념, 선언적 효과설과의 비교, 이론적 근거, 역사적 의의, 현대 국제사회에서도 타당한가? 존속의 이유는 무엇인가? 외견상의 이론적 차이점과 달리 현실 세계에서는 그다지 커다란 차이가 없다는 사실 등등을 적으면 좋다. 같은 내용을 담아도 설명의 논리적 순서에 따라 점수는 달라진다.
5. 전체적으로 이번 답안의 수준은 기대에 크게 못 미쳤다. 문제 자체가 비교적 평범하였기 때문에 아주 맹탕의 답안은 많지 않았으나, 우수 답안은 극히 희

귀했다. 거의 모든 답안이 범작이었다. 중간고사만으로 절대평가를 한다면 90%의 답안은 Bo에서 Co 사이 수준이었다. 출제자로서는 그래도 10% 가까운 답안은 어느 정도의 수준을 갖춘 답안을 기대한다. 그러한 기대에 비하여 이번 중간고사의 결과는 실망스러웠다. 과거와 달리 근래 백지 수준의 답안은 거의 없어졌지만, 전반적으로 범작만이 풍년을 이루고 있다.

2009년

1학기 국제법 1 (기말)

문제 1(45%): 다음 제시문을 참조하며 답하시오.

"17. As indicated above, it is the Vienna Convention on the Law of Treaties that provides the definition of reservations and also the application of the object and purpose test in the absence of other specific provisions. But the Committee believes that its provisions on the role of State objections in relation to reservations are inappropriate to address the problem of reservations to human rights treaties. [⋯]

18. It necessarily falls to the Committee to determine whether a specific reservation is compatible with the object and purpose of the Covenant. This is in part because, as indicated above, it is an inappropriate task for States parties in relation to human rights treaties, and in part because it is a task that the Committee cannot avoid in the performance of its functions. In order to know the scope of its duty to examine a State's compliance under article 40 or a communication under

the first Optional Protocol, the Committee has necessarily to take a view on the compatibility of a reservation with the object and purpose of the Covenant and with general international law. Because of the special character of a human rights treaty, the compatibility of a reservation with the object and purpose of the Covenant must be established objectively, by reference to legal principles, and the Committee is particularly well placed to perform this task. The normal consequence of an unacceptable reservation is not that the Covenant will not be in effect at all for a reserving party. Rather, such a reservation will generally be severable, in the sense that the Covenant will be operative for the reserving party without benefit of the reservation." (Human Rights Committee, General Comment No. 24(1994))

(주: Covenant－시민적 및 정치적 권리에 관한 국제규약)

가. 인권조약에 대한 유보(reservation)의 특징을 설명하시오.

나. 조약(반드시 인권조약에 한정하지 않음)에 대하여 성격상 허용불가능한 유보를 첨부한 경우 그 법적 효과를 설명하시오.

문제 2(25%): 서울고등법원 1983년 12월 20일 선고, 83노2427 판결의 사안은 중국인에 의하여 중국 상공에서 중국국적의 항공기를 납치하여 한국 내에 착륙하였던 사건에 대한 것이다. 당시 법원은 "국가는 국가의 영토주권에 의해 영토 내에 있는 외국인이 외국에서 범한 범죄 중 어느 것을 처벌할 것인지의 여부를 법률로써 정할 수 있는 것이고, 그것을 타국의 내정에 간섭하는 것이라고 국제법상 인정되는 것은 아니라고 할 것이므로, 단순히 이 사건이 중국 내정의 문제로서 한국은 재판을 할 수 없다는 위 주장은 이유 없고"라고 판단하였다.

국가는 외국인의 신병을 자국 영토 내에서 확보하고 있는 한, 그가 외국에서 범한 범죄 중 무엇을 처벌할 수 있는지에 관한 결정에 있어서 국제법상 완전한 재량권을 갖는가?

문제 3(15%): 이중국적자를 위한 국가의 외교적 보호권 행사를 설명하시오.

문제 4(15%): 국제법상 국경조약의 승계를 설명하시오.

✎ 채점 소감

1. 1번은 이론적으로 쉽지 않은 문제이다. 다소 긴 영어 지문을 주었지만 수업자료집에서 이미 번역본을 읽었을 것이므로 큰 부담은 아니었으리라 생각한다. 번역본보다는 원문을 보아야 보다 정확한 느낌을 얻을 수 있기 때문에 영어 지문을 제시하였다.

   가.에 대하여는 상호주의의 적용이 현실적으로 어렵다는 점이 중요한 특징이다. 물론 이론적으로는 상호주의 적용이 가능할지 모르나, 실제적 적용은 사실상 어렵다. 또한 현재의 국제질서 속에서 통상적인 조약의 유보에 대하여는 결국 개별 당사국이 허용가능 여부를 판단할 수밖에 없는데 근래의 인권조약은 대부분 독립적 위원회가 설립되어 이에 대한 판단의 기회가 주어진다는 점 역시 특징이기도 하다. 위원회가 그 같은 권한을 행사할 수 있냐에 대해 이의가 제기됨을 잘 알고 있을 것이다. 현실의 세계에서 인권조약은 특히 유보가 많이 첨부되는 유형의 조약이다. 일반조약의 유보는 대체로 상대국의 권리를 제한하는 효과를 갖는데 비하여, 인권조약의 유보는 자국민의 권리를 제한하는 효과를 가져온다는 점에서도 독특한 모습을 보인다. 또한 대부분의 인권조약이 일정한 유보를 첨부하더라도 가급적 많은 당사국을 수용하는 편이 조약의 목적 달성에 도움이 된다는 점 역시 특징의 하나이다.

   허용 불가능한 유보의 법적 효과는 어떻게 되는가? 이 경우 유보만을 분리시킬 수 있을 때, 유보 없는 조약 가입으로 보아야 하는가? 아니면 유보 조항을 배제한 나머지 조항의 적용만을 받는다고 보아야 할 것인가? 또는 유보를 분리시킬 수 없으며 조약의 대상 및 목적과 양립 불가능하여 조약 가입 자체가 무효로 되는가? 수업자료집의 Belilos 판결은 스위스의 유보를 무효라고 보고 스위스는 조약 전체의 적용을 받는다고 판단하였다. HRC 역시 같은 판단을 하였다. 수업시간에 설명한 바와 같이 과연 이러한 결과가 조약의 유보에 항시 적용될 수 있는 법리인가에 대하여는 논란이 있다. 이 질문에 대하여는 여러 입장을 소개하고 자기의 견해를 밝히면 된다. 교과서 수준의 공부만으로는 이 질문에 좋은 답안을 작성하기 어렵다. 채점에서는 문제가 어렵다는 점을 충분히 감안하였다.

2. 이 문제는 중공 민항기 사건의 2심 판결을 예로 들었지만, 질문은 판결문의 구절을 계기로 하여 국가가 외국인의 외국에서의 범죄에 대하여 형사관할권을 행사할 수 있는 범위를 어떻게 보아야 하느냐를 일반적으로 물은 것이다. 그런데 상당수의 답안이 제시된 사건에 대한 설명을 중심으로 서술하였다(아마 1/3 이상). 즉 이 사건 범인에 대하여 한국 법원이 관할권을 행사할 수 있는 근거는 무엇인가만을 논한 답안은 문제를 정확히 읽지 않았기 때문이다. 또는 서울 고법의 판결이 보편주의에 입각한 관할권 행사라고 전제하고 다짜고짜 보편주의에 대한 설명을 하기도 하였다. 답안이 거기서 그친다면 기본적인 점수 이상을 주기 어렵다. 정작 질문에 대한 답은 별로 하지 않은 결과가 되었기 때문이다. 관할권 행사에 관한 각종 원칙을 일반적으로 설명하기만 한 답안 역시 기본 점수 이상 주기 어렵다. 사실 수험생의 입장에서 가장 중요시 하여야 할 것은 질문의 취지를 정확히 파악하는 것이다. 그럼에도 불구하고 질문을 빨리 읽고 아 그것! 하는 선입견에 따른 답을 하는 경우가 종종 있다. 답안지 작성에 사용하는 전체 시간 중 문제를 읽고 질문의 의도를 생각하는데 좀더 시간을 투자하여야 한다.

질문과 같은 경우 국가가 관할권을 행사할 수 있는 근거로는 통상 보편주의, 보호주의, 피해자 국적주의와 더불어 조약상의 근거하여 관할권을 행사할 수 있는 경우(단 이 경우는 1차적으로 조약 당사국 간이라는 제한이 적용될 수 있다) 등을 들 수 있다. 그리고 이에 대하여도 주권면제나 외교면제 등에 의한 제한이 가하여질 수 있다는 설명을 첨부하면 더 만족스러운 답이 된다. 이 모든 점을 아울러 작성한 답안은 희귀한 수준이었다.

질문의 초점을 파악하지 못한 답안이 많다 보니 이 문제를 통한 점수 차이도 큰 편이었다. 즉 다음 3번과 4번 질문에서는 대부분의 답안이 비슷 비슷한 수준이라 점수 편차가 그다지 크지 않았으나, 2번의 경우 제대로 논점을 잡고 작성된 답안과 논점을 못 잡고 있는 답안 간의 점수 차이가 크게 나왔다.

참고로 고법 판결을 보편주의에 입각한 판결이라고 해석한 학생이 무척 많은데, 실제 이 사건에서 서울고법이 보편주의에 입각한 관할권 성립을 주장한 것은 물론 아니었다. 사실 이 점은 질문의 대상이 아니므로 답안에서 굳이 논할 필요는 없는 항목이나, 이에 관하여 잘못된 해석을 한 답안이 워낙 많아 참고로 부기한다.

3. 이중국적자에 관한 외교적 보호라면 크게 두 가지를 설명하여야 한다. 이중국적국 상호간의 보호권 행사 여부와 제3국을 상대로 한 보호권의 행사. 그런데 상당수의 답안이 전자만을 설명하였다. 이중국적국 상호간의 보호권 행사는 불가함이 원칙이다, 단 실효적 국적을 확인할 수 있는 경우 실효적 국적국은 보호권을 행사할 수 있다고 보는 것이 오늘 날의 추세이다. 그런데 많은 답안이 위 원칙은 무시하고 실효적 국적국이 보호권을 행사하면 된다는 식의 설명만 하고 있다. 또한 거의 절반 이상의 답안은 조금씩이라도 무언가 잘못된 내용을 포함시키고 있었다. 아마도 대다수의 학생들은 별로 까다로운 문제가 아니었다고 생각하였겠지만 필요한 내용을 오류 없이 제대로 서술하고 있는 답안은 10%를 약간 상회하는 수준이었다. 평범한 질문이었으나, 정확한 지식이 부족한 상태에서 나온 어설픈 답안들이 많았다.

4. 무엇을 쓸지가 비교적 분명한 문제이다. 국가승계의 유형에 따라 조약의 승계는 다양한 모습으로 나타나나, 국경조약의 경우만은 계속성 원칙이 적용된다는 점이 요점이다. 그리고 이는 조약승계에 관한 비엔나 협약에 규정되어 있기도 하지만, 관습국제법으로서의 성격을 지닌다는 점을 지적할 필요가 있다. 이어서 왜 국경조약은 계속성의 원칙이 적용되는가에 관한 이유를 설명하고, 그리고 국경조약뿐 아니라 국경제도에 관한 권리의무에 대하여도 계속성 원칙이 인정되는 사실도 부기하면 좋다. 또한 조약법상 사정변경의 원칙에 있어서도 국경조약의 예외가 인정된다는 점도 지적하면 더욱 좋다. 혹시 모두 관심을 갖는 북한의 국경조약에 관한 문제까지 언급하면 완벽한 답안이 될 것이다. 그러나 대부분의 학생들이 이 주제를 어느 정도는 알고 있으나, 정

확한 지식을 구사한 답안이 많지는 않았다. 답안 중 국가승계의 개념을 정확히 서술한 경우도 매우 드물었다. 대체로 얼버무리는 수준이었다. 법률답안은 맨 앞에서 개념을 정확히 정의하는 일이 매우 중요하다. 사실 거기서 승부의 거의 절반은 난다. 국경조약이 국가승계에 의하여 영향받지 않는다는 의미는 조약 자체라기보다는 조약의 결과로서 획정된 "국경"이 계속된다는 것이라는 사실을 지적한 답안도 그다지 많지 않았다.

5. 요즘 학생들을 보면 10년 전, 20년 전 학생들보다 훨씬 더 열심히 공부한다. 교수들의 수업 역시 양과 질에서 충실해졌다. 그런데 답안의 질은 상승되지 않고 있다는 것이 적지 않은 교수들의 공통된 생각이다. 백지 가까운 답안은 현저히 줄었으나, 서울대에서 우수 답안도 사라지고 있다. 자료 접근환경은 좋아졌는데, 왜 좋은 결과는 잘 나오지 않는가? 도대체 그 이유가 무엇인가? 정확한 원인을 몰라 답답하다.

   이유 중의 하나는 한정된 자료상의 단편적 지식을 암기하는 방식으로만 공부하기 때문에 이런 결과가 발생하지 않나 싶다. 생각은 깊이 하지 않고 무작정 외우려고만 달려든다. 아마 서울대생이 다른 일은 몰라도 암기만은 자신이 있을 것이다. 이런 공부 자세는 고등학교 시절 고르기 또는 단답식 위주의 시험 공부의 폐해가 아닐까? 이런 방식의 공부로는 사고력이 죽죽 자라지 못한다. 한국 유학생을 많이 접한 외국 교수가 자주하는 말이 있다. 한국학생은 시키는대로는 잘 하고, 또 외워서 시험 보는 일도 아주 잘 하는데, 자기 생각을 바탕으로 하라고 하면 영 당황하기만 하고 제대로 된 결과물을 만들어 내지 못한다고.

   글 쓰는 능력을 배양하는 방법의 하나는 자기 글을 남에게 읽히고 평을 받는 것이다. 우선 자기 글에 대해 친구에게 평을 부탁해 봐라. 학교의 글쓰기 교실이라도 적극적으로 이용해 봐라. 국제법 강의에서는 항상 조별 숙제를 내주려고 한다. 그 이유는 작성과정에서의 학생들끼리 상호 토론이 교수의 수업 이상으로 중요하다고 생각하기 때문이다. 다만 그런 경험도 선용하려는 자에게는 유익할 것이고, 귀찮은 형식이라고 생각하는 자에게는 불편만이 남으리라.

제한된 시간에 많은 양의 글을 써낼 수 있으려면 그야말로 필력이 있어야 한다. 이는 운동연습과 같이 평소 자주 글을 써 보아야 는다. 그리고 글 쓰는 이의 머리가 평소 늘 사고의 훈련이 되어 있어야 많은 양의 글을 단시간에 토해 낼 수 있다. 평소 많이 읽고, 많이 생각하고, 많이 토론하고, 많이 써야만 그런 능력이 배양된다.

2009년

2학기 국제법 2 (중간)

문제 1(35%): 우리 사회에서 이중국적을 폭 넓게 인정하였을 때 예상되는 장단점을 설명하시오.

문제 2(35%): 다음의 Western Sahara 사건에서의 ICJ가 설시한 내용의 의미를 분석하여 논평하라.

"Whatever differences of opinion there may have been among jurists, the State practice of the relevant period indicates that territories inhabited by tribes or peoples having a social and political organization were not regarded as terrae nullius. It shows that in the case of such territories the acquisition of sovereignty was not generally considered as effected unilaterally through 'occupation' of terra nullius by original title but through agreements concluded with local rulers."

문제 3(30%): 국제형사재판소(ICC)는 어떠한 사태의 관련자에게 재판관할권을 행사할 수 있는가?

✎ 채점 소감

1. **이중국적에 관하여.**

솔직히 출제자로서 칭찬할만한 수준의 답안은 거의 없었다. 이런 문제라면 우선 서두에 현재 우리 국적법상 이중국적이 허용되는 범위에 대한 설명이 선행되어야 좋은데 그런 답안은 거의 없었다. 그러한 제도적 사실을 바탕으로 장단점을 제시하고, 주장하는 논점에 관한 설명을 곁들여야 법률적 설명이 잘 되었다는 평을 들을 것이다. 대부분의 답안이 상황을 어느 정도는 묘사하고 있으나, 특별한 근거 제시는 없이 수필 같이 작성된 경우가 많았다. 장단점을 제시하라고 하면 단순히 장점과 단점을 별개의 항목에서 나열하지만 말고, 결론으로 이에 대한 본인의 견해를 피력할 필요가 있다. 다수가 매우 평범한 답안이었고, 그러다 보니 많은 학생들이 거의 비슷한 점수를 받았다.

2. **서부 사하라 사건.**

상당수의 답안이 이 사건이 ICJ에 제기된 이유 자체를 오해하고 있었다. 서부 사하라 문제는 스페인이 지배하던 서부 사하라의 독립문제가 제기되자, 인접 모로코와 모리타니아가 역사적 연고를 주장하며 이 지역이 자국령이 되어야 한다고 주장한데서 비롯되었다. 이에 그럼 과연 서부 사하라가 스페인의 식민지가 되던 시점에 이 지역이 국제법상 무주지였는가 아니면 모로코 등의 주장이 타당성이 있는가 등을 확인하기 위해 ICJ에 권고적 의견이 요청되었다. 모두 알다시피 ICJ는 무주지설을 부인하고 스페인이 이 지역을 무주지 선점으로 취득한 것이 아니라, 현지 부족 지도자와의 합의를 통해 영토취득을 했다고 판단하였다. 그리고 추가하여 이 지역이 당시 모로코나 모리타니아의 영역의 일부 또한 아니었다고 판단하였다.

그런데 상당수의 답안이 이 사건에서 스페인이 무주지 선점을 주장했는데 ICJ가 이를 배척하였다/ 스페인과 모로코가 영유권을 다투었다/ 스페인의 영유권 취득이 법적 근거를 상실하게 되었다 등등의 설명을 하고 있었는데 이는 사실과 차이가 난다. 권고적 의견 요청의 목적은 스페인의 식민화 당시의 서부 사하라의 법적 지위를 묻기 위한 것이었지, 스페인 식민지배의 정당성 여부를 다투는 것은 아니었다.

수 많은 답안이 제시된 영문을 번역하는 수준의 동어반복적 설명을 하며 끝에 제국주의적 시각을 탈피했다는 점에 중요한 의의가 있다고 첨언하였다. 맞는 말이기는 하나 그 정도의 설명은 별달리 공부를 하지 않아도 누구나 쓸 수 있는 내용에 불과하다. 대부분 그만 그만한 답안이었으며 잘 쓴 답안은 사실 많지 않았다.

전체적으로 영토취득의 권원에 관한 전통 국제법의 이론상의 문제점이란 시각하에서 답안을 작성할 필요가 있으며, 지문으로 제시되지는 않았으나 과거 식민지배에 관련된 다른 국제판례에 관한 자신의 추가적 지식도 과시하면 더 좋았을 것이다.

3. ICC 관련

당초 출제의 취지는 ICC 관할대상 범죄를 물으려는 것이 아니고, ICC가 관할권을 행사할 수 있는 조건에 대하여 물으려는 의도였다. 그러나 다시 문제를 읽어 보니 전자로 해석하는 것도 충분히 가능하겠다고 판단되었다. 출제자의 실수였다. 그래서 여하간 어느 쪽을 중점적으로 작성했는가와 관계없이 동일한 평가를 하기로 했다. 이 전체를 아울러 쓴 답안도 물론 있었다. 결과적으로 대부분의 답안이 좋은 점수를 받을 수밖에 없게 되었다.

2009년

2학기 국제법 2 (기말)

문제 1(40%): 다음 제시된 자료를 참조하여 현재 연안국은 어떠한 범위까지의 대륙붕에 대하여 어떠한 권리를 향유하는가를 설명하시오. 특히, 가와 나의 입장이 동일한가? 다르다면 그 변화의 배경은 무엇인가? 그러한 변화가 한반도 주변 대륙붕에 대하여는 어떠한 영향을 미칠 수 있는가를 아울러 설명하시오.

(가) “ [···] namely that the rights of the coastal State in respect of the area of continental shelf that constitutes a natural prolongation of its land territory into and under the sea exist ipso facto and ab initio, by virtue of its sovereignty over the land, and as an extension of it in an exercise of sovereign rights for the purpose of exploring the seabed and exploiting its natural resources. In short, there is here an inherent right. In order to exercise it, no special legal process has to be gone through, nor have any special legal acts to be performed. Its existence can be declared (and many States have done this) but does not need to be constituted.” (1969년 ICJ 북해대륙붕 사건 판결 일부)

(나) “It follows that, for juridical and practical reasons, the distance criterion must now apply to the continental shelf as well as to the exclusive economic zone; and this quite apart from the provision as to distance in paragraph 1 of Article 76. This is not to suggest that the idea of natural prolongation is now superseded by that of distance. What it does mean is that where the continental margin does not extend as far as 200 miles from the shore, natural prolongation, which in spite of its physical origins has throughout its history become more and more a complex and juridical concept, is in part defined by distance from the shore, irrespective of the physical nature of the intervening sea−bed and subsoil. The concepts of natural prolongation and distance are therefore not opposed but complementary; and both remain essential elements in the juridical concept of the continental shelf.” (1985년 ICJ 리비아/말타 대륙붕 경계획정 판결 일부)

문제 2(30%): ICJ의 선택조항(제36조 2항) 수락시의 이른바 자동적 유보(automatic reservation)에 관하여 설명하시오.

문제 3(각 10%): 다음 항목을 약술하시오.

가. 외교사절의 특권과 면제가 인정되는 장소적 범위

나. 간출지(low−tide elevation)

다. ICJ 규정 제41조상의 잠정조치(provisional measure)

✎ 채점 소감

1. 대륙붕에 관하여

여러 가지 논점이 개재되어 있으므로 답안 구상이 쉽지 않았으리라 생각한다. 이렇게 다양한 논점이 포함된 문제는 비슷한 내용을 담고 있다고 하여도, 답안의 구성을 어떻게 하느냐에 점수가 적지 않게 좌우된다.

연안국은 어떠한 범위의 대륙붕을 갖느냐는 이 문제에 대한 답안의 출발점이다. 그러나 예상과 달리 이 점에 관해 해양법협약상의 기준을 언급한 답안은 거의 없었다. 이는 출발점에서부터 핵심을 누락시키고 답안을 진행하는 것이 된다. 그리고 200해리 이원의 대륙붕의 한계에 대하여 협약상의 자세한 기준을 모두 열거하기는 불가능하겠지만 그래도 간단한 기본원칙은 설명하는 편이 좋았겠는데, 200해리 이상은 자연적 연장까지 정도라고만 설명한 답만 많았다. 사실 그 정도도 지적하지 못한 답안이 더 많았다.

왜 EEZ 제도의 도입이 200해리까지의 대륙붕에 영향을 미치게 됐는가 역시 핵심적 논점이다. 그럼에도 불구하고 이 점에 대해 언급한 답안은 의외로 적었다.

연안국이 대륙붕에 대하여 어떠한 권리를 갖느냐 또한 질문의 하나였는데 이를 언급하지 않은 답도 많았다.

한국에 대한 영향은 북해대륙붕 판결 직후 발표된 한국의 대륙붕 선언이 현재의 해양법에 의하면 어떠한 영향을 받으리라 예상되느냐에 관한 질문이다. 의외로 제대로 답한 경우가 많지 않았다. 과거에는 자연연장설에 입각하여 한국이 일본 오키나와 해구 앞까지의 대륙붕을 주장했었는데, 현재는 연안

기선으로부터 200해리 이내의 대륙붕에 대하여는 거리가 기본 기준으로 등장하여 과거와 같은 권리 주장이 어렵게 되었다는 점을 지적하면 된다.

전반적으로 제시문을 적당히 번역하고 동어반복적 설명에서 크게 벗어나지 않는 답안이 무척 많았다. 쟁점도 배점도 많다 보니 이 문제에서 가장 큰 점수 차이가 났다.

2. 자동유보

선택조항에 대한 자동유보의 개념을 정확하게 파악하고 있는 답안과 자동유보 자체를 잘 모르고 선택조항에 대한 일반 유보를 중심으로 작성한 답안이 극명하게 갈리었다.

자동적 유보를 묻는 질문이므로 선택조항에 관한 일반적 설명을 길게 작성할 필요는 물론 없으며, 이에 관해 불균형적으로 긴 설명은 오히려 감점 요인이 된다. 선택조항에 대한 유보에 관하여 아무리 상세히 설명하였어도 정작 자동적 유보에 대하여는 설명을 못한 답안은 솔직히 줄 점수가 없게 된다. 자동유보의 개념과 이에 관한 이론적 논란, 그리고 ICJ의 입장을 차례로 설명하면 된다. 교재에도 충분히 설명되어 있다.

첨언: 이에 관한 문제가 실제 있었던 ICJ 판결이 프랑스-노르웨이 간 사건이었는데, 너무나 많은 답안이 프랑스-네덜란드 간 사건으로 설명을 했다. 혹시 교재가 잘못되었나 다시 한번 찾아 보기까지 했다.

3. **약술형 3제:** 대부분의 답안이 논점을 잘 지적하고 있었다. 특별한 설명은 필요없을 것이다. 다만 이런 쉬운 문제의 경우 작은 실수나 허점도 상대적으로 큰 마이너스가 된다는 사실을 유의하여야 한다.

(3) 2010~2019년

2010년

1학기 국제법 1 (중간)

문제 1(40%): 다음의 제시문을 참조하며 '국제법상 일방적 행위'를 설명하시오.

"43. It is well recognized that declarations made by way of unilateral acts, concerning legal or factual situations, may have the effect of creating legal obligations. Declarations of this kind may be, and often are, very specific. When it is the intention of the State making the declaration that it should become bound according to its terms, that intention confers on the declaration the character of a legal undertaking, the State being thenceforth legally required to follow a course of conduct consistent with the declaration. An undertaking of this kind, if given publicly, and with an intent to be bound, even though not made within the context of international negotiations, is binding. In these circumstances, nothing in the nature of a *quid pro quo*(무엇인가의 대가로) nor any subsequent acceptance of the declaration, nor even any reply or reaction from other States, is required for the declaration to take effect, since such a requirement would be inconsistent with the strictly unilateral nature of the juridical act by which the pronouncement by the State was made.

44. Of course, not all unilateral acts imply obligation; but a State may choose to take up a certain position in relation to a particular matter with

the intention of being bound – the intention is to be ascertained by interpretation of the act. When States make statements by which their freedom of action is to be limited, a restrictive interpretation is called for.

45. With regard to the question of form, it should be observed that this is not a domain in which international law imposes any special or strict requirements. Whether a statement is made orally or in writing makes no essential difference, for such statements made in particular circumstances may create commitments in international law, which does not require that they should be couched in written form. Thus the question of form is not decisive. [···]

46. One of the basic principles governing the creation and performance of legal obligations, whatever their source, is the principle of good faith. Trust and confidence are inherent in international co-operation, in particular in an age when this co-operation in many fields is becoming increasingly essential. Just as the very rule of pacta sunt servanda in the law of treaties is based on good faith, so also is the binding character of an international obligation assumed by unilateral declaration. Thus interested States may take cognizance of unilateral declarations and place confidence in them, and are entitled to require that the obligation thus created be respected."

문제 2(30%): 스위스와 같은 영세중립국이 UN 안보리가 결정한 특정 국가에 대한 경제제재에 동참한다면 이는 영세중립국의 지위와 모순되는가?

문제 3(30%): 갑국은 일정한 조건 하(양국 간 특정 국경의 인정)에 을국에 대하여 국가승인을 하였으나, 이후 을국은 당초의 약속과 달리 그 조건을 이행하지 않았다면 갑국은 을국 승인의 효과는 어떻게 되는가?

✎ 채점 소감

1. 긴 영어 지문이 있어서 언뜻 당황한 수험생도 있었을지 모르나, 수업시간 중 이미 다룬 사례라서 크게 어렵지는 않았으리라 생각한다. 또한 이 영어지문은 답안을 작성하는데 도움을 주기 위하여 제시된 것이므로 설사 일부 해석을 못한 부분이 있다 해도 답안 작성에 별다른 어려움은 없었으리라고 본다. 극단적으로는 영어 지문을 읽지 않아도 훌륭한 내용의 답안 작성이 불가능하지 않다. 다만 공부하면서 평소 이 판례를 학습하지 않은 수험생은 무슨 특별한 내용이 있는가 하고 이의 해석에 시간을 많이 빼앗겼을지 모르겠다. 출제자가 노린 부분은 바로 그 점이다. 평소 착실히 공부한 수험생은 별달리 당황하지 않았겠지만, 이 판례를 읽지 않은 수험생은 지문을 읽는데만 많은 시간을 소비했으리라 추측된다. 답안 내용에 대하여는 특별히 언급할 필요가 없다. 교재를 포함한 거의 모든 교과서에 국제법상 일방적 행위에 대한 설명이 충분히 있으니까.
2. 교재 검토 항목에 있는 문제이다. 영세중립은 근본적으로 무력사용에 관련된 개념이다. 즉 자위를 위한 무력사용 외에는 국제사회에서 무력사용을 하지 않으며, 타국의 무력분쟁에 휩쓸릴 수 있는 동맹조약도 맺지 않는다. 따라서 문제의 경제제재의 참여는 가능하다. 작년 신문에 안보리가 북한 핵실험에 대한 경제제재를 결정하자 스위스가 취한 조치가 보도된 사실을 읽은 사람도 있을 것이다. 즉 사치품 금수를 결정하자 스위스 역시 자국 고가제품 일부의 수출금지조치를 취하였다.

   질문은 영세중립국의 경제제재 참여가 법리상 가능하냐고 물었는데 정책적인 답변을 했다면 - 즉 참여가 바람직 또는 바람직하지 않음, 정의로운 제재에는 동참하여야 등등의 답안은 초점을 빗겨나가는 답안이다. 논점은 비교적 간단하나 적지 않은 답안이 자신의 견해를 애매하게 흐리는 설명을 하고 있었다. 예를 들어 경제제재의 참여는 가능하나 만약 경제제재가 무력사용에 해당할 정도의 위력을 발휘하는 경우는 금지된다거나, 영세중립국은 되도록 경제제재에도 참여하지 말아야 진정한 영세중립국이 될 수 있다거나, 영세중립국도 주권국가로서 스스로 참여 여부를 결정할 권리가 있다는 등은 별 필요 없는 사족들이다.

영세중립국도 유엔 회원국으로서 안보리 결정에 따라야 할 의무가 있다. 영세중립국이면 유엔 회원국이라도 경제제재에 참여를 회피할 수 있는 것이 아니라, 만약 영세중립국이라 경제제재에 참여할 수 없다면 유엔에 가입하지 말아야 한다. 또는 만약 영세중립국의 지위가 UN의 경제제재와 모순된다고 해석하여야 한다면 영세중립국의 UN 가입은 곧 영세중립의 포기라고 해석되어야 한다. 스위스의 UN 가입에는 아무 유보나 조건이 없었다. 그러한 조건을 내걸고 UN 가입은 물론 불가능하다. 이런 점들에 대한 각종 창작이 적지 않았다. 길지 않더라도 불필요하고 지저분한 서술을 배제한 깔끔한 답안이 더 좋은 점수를 받는다. 결론과 상관없이 중간 중간 설명 속에 틀린 서술, 불필요한 서술, 엉뚱한 서술, 무슨 소리인지 이해되지 않는 초점을 흐리는 서술 등이 있으면 감점이 될 수밖에 없다. 국제법을 묻는데 국제법과 국내법의 관계를 설명한다거나, 각국의 헌법 구조 속에서 답을 찾으려는 시도는 질문의 취지를 이해하지 못한 답들이다.

3. 질문은 조건부 승인의 법적 의미를 묻는 비교적 간단한 문제이다. 그럼에도 불구하고 승인의 개념과 역사, 종류, 방법 등등을 장황하게 적어 놓은 답안까지 있었다. 답안에는 필요한 내용을 담는 일과 함께 불필요한 내용은 쓰지 않는 요령이 필요하다. 채점자로서는 불필요한 이야기를 장황하게 적은 답안은 대체로 질문에 대한 답을 잘 몰라 다른 내용으로라도 지면을 채우려는 의도에서 작성되었다고 일단 해석하게 된다. 이런 답안은 불필요한 글의 홍수 속에서 혹시 질문과 관련되는 내용이 있는가 잘 찾아보라고 채점자에게 보물찾기를 시키는 결과가 된다.

   문제는 승인의 조건을 이행하지 않는다면 어떻게 되냐고 질문하였는데 적지 않은 답안이 곧 바로 승인을 취소할 수 있느냐 또는 승인 취소의 효과만을 설명하였다. 엉뚱한 답은 물론 아니지만 질문의 초점을 정확히 맞춘 내용은 아니다. 그리고 상당수 답안이 단순히 승인의 효과만을 설명하고 있었다. 물론 관계되는 내용이나 이 역시 정확히 초점을 맞춘 답안은 아니다. 결국 알고 있는 내용들은 비슷하나 질문의 초점을 정확히 맞춘 답안이 상대적으로 좋은 점수를 받을 수 있었다. 내용물은 비슷해도 포장에 따라 제품의 가격이 크게 차이가 날 수 있는 것과 같은 이치이다.

2010년

1학기 국제법 1 (기말)

문제 1(약 20%): 각국의 형사관할권 행사가 경합되는 경우의 해결책에 관하여는 국제법의 원칙이 명확치 않은 부분이 많다.

한국 형법 제7조: "범죄에 의하여 외국에서 형의 전부 또는 일부의 집행을 받은 자에 대하여는 형을 감경 또는 면제할 수 있다"고 규정하고 있다. 그런데 한국이 당사국인 시민적 및 정치적 권리에 관한 국제규약 제14조 7항은 "어느 누구도 각국의 법률 또는 형사절차에 따라 이미 확정적으로 유죄 또는 무죄선고를 받은 행위에 관하여는 다시 재판 또는 처벌을 받지 아니한다"고 규정하고 있다.

외국에서 이미 형사처벌을 받은 동일한 사람에 대하여 한국법원이 다시 유죄의 판결을 내리면 위 인권규약의 위반인가 여부를 설명하시오.

(참고: 형법 제7조는 2016년 개정 – 필자 주)

문제 2(약 30%): 다음은 "시민적 및 정치적 권리에 관한 국제규약"의 Human Rights Committee가 제시한 General Comment No. 24(1994)의 일부이다. 이를 참조하면서 다자조약에 대하여 허용불가능한 유보를 첨부한 경우의 법적 효과를 일반적으로 설명하시오.

"The normal consequence of an unacceptable reservation is not that the Covenant will not be in effect at all for a reserving party. Rather, such a reservation will generally be severable, in the sense that the Covenant will be operative for the reserving party without benefit of the reservation."

문제 3(약 50%): 갑국 국민인 A, B는 2년 전 을국에서 주식회사를 공동으로 설립해 운영 중이었다. 투자가의 대부분(약 3/4)도 갑국 국민이었다. 그런데 외국인 회사가 번창하자 을국 정부와 업계는 무언가 제재방법을 모색하였다. 결국 을국 정부가 이 회사에 대해 세무조사를 실시하여 이 업체가 거액을 탈세했다고 결론내리고 A, B 양인을 동일한 조세 포탈혐의로 기소하였다. A에 대한 재판은 비교적 신속히 진행되어 을국 최고법원에서 징역 3년형이 확정되었다. B는 중간에 질병으로 인하여 재판이 좀 지연되었는데 2심 재판에서 징역 3년형이 내려졌다. B는 A가 최고법원에서 3년형을 받는 것을 보고 자신도 을국 법원에서의 재판을 통하여는 별다른 희망이 없다고 생각하고 최고 법원에 대한 상고를 포기하였다. 그러는 사이 이 회사는 결국 망해 버렸으며 주식은 휴지조각이 되었다. 회사를 청산하고 보니 남는 재산이 하나도 없었다. 그러자 이 회사의 대주주인 갑국인 C가 을국 정부를 상대로 손해배상 청구소송을 제기하였으나 역시 전혀 성공하지 못하였다. A, B, C는 갑국 정부의 개입을 요청하였다.

갑국이 이 사건에 대하여 외교적 보호권을 행사하려 하자, 을국은 다음과 같은 반박을 하였다. 즉 A의 경우 을국 대통령에게 사면을 요청할 수 있는데 이를 행하지 않았으므로 국내적 구제절차를 다한 것이 아니다. 과거의 예를 보면 을국에서 외국인 범죄자는 형확정 후 사면을 받았던 예가 적지 않았기 때문이다. B 역시 2심 재판만 하고 최고법원에 대한 상고를 스스로 포기하였으므로 국내적 구제절차를 다하지 못하였다. 문제의 주식회사는 법적으로 을국 회사이므로 갑국이 이 회사의 주주인 C가 피해받았다는 이유로 을국을 상대로 외교적 보호를 행할 수 없다.

이러한 을국의 각 주장을 평가하시오.

✎ 채점 소감

문제 1: 이는 수업을 착실히 들은 학생들을 위한 보너스 문제이다. 교재에서는 취급되지 않았으나 수업 중 설명한 내용이다. 수업참여를 게을리 한 학생들은 문제에서 논점을 바로 찾아 제대로 작성하기가 어려웠으리라 생각한다. 이 문제에서 나쁜 점수를 받은 수강생이 무척 많았다.

실제로 한국이 인권규약을 가입할 때 문제의 2개 해당조항이 충돌된다고 판단하고 이 조항을 유보했었다. 그러나 규약 제14조 7항의 취지는 동일 국가에서의 이중처벌을 금지하는 의미이며, 관할권을 달리하는 복수국가에서의 2중 처벌을 금한다는 요구는 아니다. 한국 정부는 뒤늦게 이 조항에 관한 해석을 잘못하였음을 알고 유보를 철회하였다. 적지 않은 답안이 속지주의, 속인주의 등등을 설명하였으며, 국내법과 국제법의 관계를 설명한 답안도 있었다. 이런 언급은 물론 필요 없다. 규약 제14조 7항은 복수 국가에서의 이중 처벌을 금하는 취지는 아니라는 지적으로 형법 제7조와의 관계는 충분히 설명된다.

문제 2: 이 문제는 이론적으로는 매우 어려운 문제이다. 수업시간에도 취급한 바와 같이 일단 대개 3가지 방향으로 생각할 수 있다. 첫째, 허용불가능한 유보 첨부의 조약 가입은 조약 가입 자체가 무효로 되어 당사국으로 인정되지 않는다. 둘째, 허용불가능한 유보만 무효로 되어 유보 없는 가입국으로 취급된다. 셋째, 허용 불가능한 유보만 배제되고 나머지 조약 조항만 적용되는 일종의 유보부 가입국과 같이 취급된다.

교재 등에서 언급한 몇 건의 인권관련 사례에서는 유보를 무효로 보고 유보 없는 가입으로 취급되었다. 그러나 이에 대하여 이론적 반발이 적지 않음도 잘 알려져 있다. ICJ는 이 문제에 대하여 명시적으로 입장을 밝힌 바 없다. 결론적으로 이 문제에 대하여는 반드시 위에 제시된 방향 중 어느 것을 자신의 입장으로 주장하지 않아도 된다. 여러 입장을 소개하고 그 입장의 문제점을 잘 설명하여도 충분하다. 답안에서 유보에 관한 일반론을 장황히 설명할 필요는 물론 없다. (참

고: ILC의 유보에 관한 일반지침은 이 시험 실시 이후인 2011년 발표되었다.)

문제 3: 사례에 있어서 제기되는 논점을 출제자가 미리 제시하고 있으므로 일반적 사례문제에서 수험자가 논점을 스스로 찾아야 하는 문제보다는 쉬운 문제라고 할 수 있다. 첫째, A에 대하여. 국내적 구제완료의 요구는 현지국에서 개인이 권리로서 할 수 있는 모든 구제수단을 다하라는 요구이며, 사면 요청과 같이 시혜적 조치까지 다하여야만 완료되는 것은 아니다. 둘째, B에 대하여. A, B는 동일 사건에서 동일한 혐의로 기소되었다. 다만 B에 대하여는 개인적 사정으로 재판이 약간 지연되었을 뿐이다. 이런 상황에서 A에 대하여 B의 2심 형량과 동일한 최고심 결과가 나왔다면 B로서는 실효적인 구제 가능성은 더 이상 없다고 보여진다. 합리적 기대가능성이 이제는 없기 때문이다. 실제 유사한 국제사례가 있었다. B는 국내적 구제 완료 절차를 다 했다고 보아야 한다. 다만 반대로 작성한 답안이라도 내용에 따라 점수를 부여하였다. 셋째, 회사의 주주에 관하여. Barcelona Traction 판례에서 일반적으로 회사와는 별개의 주주의 국적국을 위한 외교적 보호권 행사는 부인되었다. 다만 당시에도 예외 가능성은 언급이 되었다. 사례에서와 같이 을국에 설립된 회사가 을국의 조치에 의하여 피해를 받았고, 을국에서 더 이상 존재하지 않게 된 경우가 전형적인 예외에 해당할 수 있을 것이다. 외교적 보호에 관한 ILC 초안의 입장도 동일하다. 이 경우는 주주의 국적국이 외교적 보호권을 행사할 수 있는 예라고 판단된다.
일부 답안은 외교적 보호 또는 국내적 구제절차 완료의 원칙, 심지어는 국가책임에 관하여 전반적으로 설명하였다. 이는 질문의 초점이 아니므로 장황하게 설명할 필요가 물론 없다.

4. 공통: 항상 논지를 명확히 제시하기 바란다. 적지 않은 답안이 도대체 수험생의 입장이 무엇인지 파악하기 어려울 정도로 논지를 흐리게 서술하고 있다. 물론 답안 내용 자체에 자신이 없으니까 애매한 서술을 했으리라 생각한다. 하여간 이런 답안은 좋은 점수를 받을 수 없다.

2010년

2학기 국제법 2 (중간)

문제 1(30%): 다음 제시문을 참고하며 국제법상 영토취득의 권원으로서 "선점"과 "시효"의 이동을 설명하시오.

"If a dispute arises as to the sovereignty over a portion of territory, it is customary to examine which of the States claiming sovereignty possesses a title – cession, conquest, occupation, etc. – superior to that which the other State might possibly bring forward against it. However, if the contestation is based on the fact that the other Party has actually displayed sovereignty, it cannot be sufficient to establish the title by which territorial sovereignty was validly acquired at a certain moment; it must also be shown that the territorial sovereignty has continued to exist and did exist at the moment which for the decision of the dispute must be considered as critical." (Island of Palmas case)

문제 2(35%): A국 선박 K는 인접국인 B국의 접속수역 외곽에 정박하고 있었다. 그러면 B국 소형 선박이 다가와 K로부터 고가의 명품을 구입하여 자국으로 가져다 팔았다. 고액의 수입관세를 회피하기 위한 밀수였다. 이러한 사실을 안 B국 해경은 밀거래의 현장을 적발하고 K에게 정선을 명하였다. K는 도주하여 자국 배타적경제수역(EEZ)으로 진입하였다. K를 계속 추적한 B국 해경은 마침내 A국 EEZ 내에서 K를 밀수혐의를 이유로 나포할 수 있었다. B국 해경이 K로 승선하자 K의 선장은 다음과 같은 주장을 하였다.

가. K는 자신은 B국 관할수역 외곽 공해에서 정상적인 거래를 하였을 뿐, 밀수행위를 한 것은 B국 선박들이므로 B국 관헌이 자신들을 나

포할 수 없다고 주장하였다. 이러한 주장을 평가하시오.

나. K의 현재의 위치는 기국인 A국 EEZ 내이므로 B국 해경이 K를 나포하거나 자신들을 체포할 수 없다고 주장하였다. 이러한 주장을 평가하시오.

문제 3(35%): 다음을 약술하시오.

가. 군함의 무해통항권

나. *persona non grata*

다. 외교공관에서 근무하는 행정, 기능, 노무 종사의 전직원을 본국 정부가 외교직원을 발령하고 이를 접수국에 통지한다면 접수국으로서는 이러한 파견국의 결정을 그대로 수용하여야 하는가?

✎ 채점 소감

1. 선점과 시효의 이동을 설명하라는 질문은 비교적 단순하다. 모든 교과서에 선점과 시효가 소항목으로 제시되어 설명되어 있으므로 굳이 선점과 시효의 요건을 이 자리에서까지 상세히 반복할 필요는 없을 것이다. 대부분의 답안이 기본적인 내용에 대하여는 대체로 잘 설명하고 있다. 그런 점에서 비교적 쉬운 문제라고 할 수 있다. 대신 쉬운 문제에 대한 평가 역시 상대적일 수밖에 없다. 즉 기본적인 내용에 대한 서술 이상 남보다 더 좋은 답안을 작성하여야 좋은 점수를 받을 수 있다.

답안 작성 시에는 출제자가 왜 이런 질문을 하였을까를 한 번 생각해 보라. 선점과 시효는 대상이 무주지냐 여부에 큰 차이가 있다. 법적으로는 매우 중요한 차이이다. 그럼에도 불구하고 현실에서 양자는 잘 구별이 되지 않는다는 설명은 누누이 했었다. 민법상의 선점 개념과 달리 국제법상의 선점은 제시된 판례에서도 지적한 바와 같이 지속적 점유를 요구한다. 그런 점에서 시효취득과 마찬가지로 된다. 그리고 실제 영토 분쟁에서는 대상지가 무주지였느냐 여부를 다투는 경우가 많으므로 양자를 구별하여 적용하기가 쉽지 않다.

따라서 양자는 법리적으로는 명확히 구별되나 실제 적용에 있어서는 구별이 쉽지 않고, 판례에서도 무엇을 근거로 결론을 내렸는지를 언급하지 않으려는 경향이다. 이러한 내용을 중심으로 서술하면 되나, 실제로 이런 정도의 내용을 반영하지 못한 답안이 더 많았다. 그리고 제시문을 참고하라고 하였으니 그 내용에서 부분적으로 그 요구를 살릴 필요가 있다. 또한 제시문을 참조하라고 하였지, 이를 요약하거나 분석하라고는 요구하지 않았다는 점도 유의하여야 한다. 소감을 말한다면 대부분의 학생이 기본적인 내용은 서술하고 있으나 잘 작성된 답안은 사실 많지 않았다. 이 문제에서는 전체적으로 학생별 점수 차이가 크게 나지 않았다.

2. 답안 중에서 가장 횡설수설이 많았다. 이런 질문에는 묻는 취지에 정확히 맞는 답만 하지, 공연히 접속수역·EEZ 등의 일반개념과 연혁까지 설명하는 등 장황히 서술할 필요는 없다. 아마도 답답하니까 그런 서술로라도 답안지를 채웠을리라 짐작된다.

   가), 나) 질문과 관련하여 둘 다 협약에 직접적인 조항은 없다. 접속수역과 추적권에 관한 일반적 조항을 해석을 통하여 적용하는 것이다. 답안 중에는 해양법협약에 없는 내용을 상상으로 만들어 낸 다음, 협약에 따르면 이런 저런 규정이 있다고 한 답안이 적지 않았다. 없는 조항을 머리 속에서 만들어 적용한 답안이 감점 요인임은 물론이다.

   질문을 곡해한 답도 많았다. 특히 밀수지점이 EEZ인지 여부는 지문에 없는데 EEZ 내에서의 밀수 행위라고 단정한 답안이 많았다. 또는 EEZ라고 추정하고 답하겠다는 답안도 많았다. 지문에는 EEZ 선포 여부에 관하여 아무 소리도 없으므로 이를 전제로 하여 답하여야 한다. EEZ를 언급하려 한다면 연안국이 선포한 경우와 선포하지 않은 경우 모두를 상정하고 답하여야 한다.

   가)에 대하여는 선박이 접속수역 외곽에 있으니 일단 이것만으로는 연안국이 단속할 수 없다. EEZ 내에 있으니 연안국이 밀수선으로 단속할 수 있다고 간단히 결론 내릴 수는 없다. 과거 실제 이와 유사한 사례가 많았다. 모선은 접속수역 외곽에 정박하고 자선에 밀수품을 싣고 밀수를 하는 경우 모선도 단속할 수 있는가? 이 경우는 모선이 연안에 접촉한 행위와 동일한 효과를 발생시킨다. 모선을 단속할 수 없다면 접속수역의 설치 의의가 사라질 것이다. 반대로 질문과 같이 외국선박은 접속수역 외곽에 있고, 연안국의 소형 선박이 이에 접근하여 밀수품을 인수하는 경우는 같이 취급하여야 할 것인가? 외국선박이 밀수의 의도로 정박하고 사전에 연락된 밀수선이 접촉하여 밀수행위를 한 경우는 위의 사례와 결과에 있어서 차이가 없다. 이 역시 외국 선박이 연안과 접촉한 행위와 같은 효과를 가져온다고 볼 수 있으며, 연안국의 접속수역 단속권이 확대 적용될 수 있다고 볼 수 있다(단 반대의 판례도 있다). 다만 단순히 공해상 어디에서라도 외국선박으로부터 밀수품을 구입하면 모든 경우를 다 단속할 수는 없다. 접속수역 바로 외곽에서 사전에 모의된 선박과의 접촉이라는 사실이 연안국의 단속의 근거가 될 수 있다.

가) 질문의 초점을 공해에서의 임검권의 문제로 접근했다면 정확한 답안이 아니다. 공해상에서 타국인에게 물건을 파는 행위가 국제법상 금지되어 있지 않으므로 공해에서의 위법행위라고 전제하고 임검권을 행사할 수 있다는 답안은 초점이 잘못된 것이다. 접속수역에서의 단속권을 확대할 수 있냐의 문제이다.

가) 질문에서 문제의 선박은 단순히 밀수에 종사하였으니 연안국이 관할권을 행사할 수 있다고 단답형 답만 한다면 좋은 점수를 받을 수 없다. 그 법적 근거를 설명하여야 한다. 나) 질문의 경우도 마찬가지이다. 왜 나포할 수 있는가? 또는 왜 나포할 수 없는가를 법률적으로 설명하여야 한다. 객관식 문제가 아니므로 legal reasoning이 중요하다. 따라서 둘 다 결론은 맞추었어도 분석이 충분치 못하면 결론이 다른 답안보다도 좋지 못한 점수를 받을 수 있다.

나) 질문의 경우는 대체로 답을 잘 하였다. 추적권의 행사는 대상선박이 타국 영해로 들어가야 종료된다. 즉 타국 EEZ 내까지 추적할 수 있다. EEZ에서 연안국은 해양법 협약상 인정되는 권한 이상은 행사할 수 없음이 원칙이다. 공해의 법리가 적용되기 때문이다.

가) 질문에서 나포할 수 없다고 답하면, 나) 질문은 당연히 추적권을 행사할 수 없다고 답하여야 논리적으로 일관성이 있다. 그러나 가) 질문에는 나포할 수 없다고 하고, 나) 질문에 대하여는 추적권을 행사할 수 있다는 전제 하에 답한 답안도 있었다. 그렇지만 이를 논리적으로 일관되지 않은 답안으로 보지 않고, 가) 나)를 분리시켜 각각 별개로 채점하였다.

이 질문에는 잘 답한 답안과 제대로 답하지 못한 답안 간의 격차가 컸으며, 자연 중간고사 문제 중에서는 이 항목에서 점수 차이가 가장 많이 났다.

3. 가. 군함의 무해통항권에 관하여는 대부분의 교과서에 기본 내용이 설명되어 있어서 별달리 덧붙일 사항은 없다. 그대로 설명하면 된다. 다만 이런 국제법적 문제를 서술하는 경우에도 관련 국내 영해 및 접속수역법 해당조항의 내용을 같이 덧붙이기를 바란다.

   나. 상식적인 문제였다. 특별한 설명이 필요 없을 것이다.

   다. 이 문제는 과거 국내에서 유사한 실제 사례가 있었던 경우였다. 외교공관에 근무하는 하위직까지 외교직원으로 발령한다면 무슨 차이가 발생하는가? 특권면제의 부여 범위가 차이가 날 것이다. 비엔나 협약이 외교직원과 하위기능직 등의 특권면제에 있어서 차등을 두었다면 그렇게 한 의미가 있을 것이다. 하위 기능직까지도 외교직원의 자격으로 발령을 한다면 비엔나 협약이 이러한 구별을 하는 취지에 반하는 결과가 된다. 또한 비엔나 협약상 접수국은 합리적이고 정상적인 범위 내로 공관의 규모를 유지하도록 요구할 수도 있다. 따라서 질문과 같은 요구를 접수국이 반드시 수락할 의무는 없다. 그리고 이 질문은 아그레망의 부여와 직접 관련되지 않음에도 너무나 많은 답안이 아그레망의 문제로 오인하였다. 아그레망은 원칙적으로 사절단의 장의 부임 시에게만 요구되지 하위직에는 적용되는 제도가 아니다.

4. 항상 배점에 유의하여야 한다. 점수는 문제별 배점에 따라 주어지므로 어느 한 문제를 아주 잘 쓰고, 어느 한 문제는 아주 잘못한 경우 평가가 나빠질 수밖에 없다. 아주 잘 쓴 답에서 남보다 더 얻을 수 있는 점수보다, 못한 답안에서 잃어버리는 점수가 상대적으로 더 많게 되기 때문이다. 아무리 요약하여 잘 쓴다 하여도 너무 짧은 답안은 좋은 점수를 얻기가 어렵다. 결국은 공부의 양과 필력이 답안의 길이를 좌우하는 경향이 있다. 단 너무 장황하게 작성하여 틀린 소리가 들어가면 감점을 당할 수박에 없다.

   과거에는 법대생과 비법대생의 법률답안의 질에 크게 차이가 났다. 법대생이 전공과목 시험에서 타과생보다 더 좋은 답안을 작성하는 것은 매우 당연한 결과였다. 개인적으로 어느 학기에는 채점 후 비법대생 전원의 성적을 한 단계 올려 준 적도 있었다. 애당초 대등한 경쟁이 아니며, 비법대생은 노력에 따른 대가를 제대로 평가받지 못한다는 생각이 들었기 때문이었다. 그런데 언제부터인지 법대생과 타과생의 답안의 수준이 평준화되었다. 종종 최우수 답안은 비법대생이 차지하였다. 이상과 같은 결과는 법대에 오래 계셨던 다른 선생님들도 공통적으로 느끼고 있다. 예를 들어 법대생이 특히 열심히 공부하는 민법 교수도 같은 소리를 한다. 구체적인 집계를 해 보지는 않았으나, 이번 중간고사에서는 법대생의 성적이 타과생에 비하여 더 뒤쳐지고 있음을 느끼게 되었다. 결과를 상중하로 나누어 보았을 때 상위 그룹에 속하는 비율은 법대생이 더 적다는 사실을 확연히 느낄 수 있었다. 중간고사를 만족스럽게 보지 못한 학생들은 기말에서 좋은 성과를 이루기 바란다.

2010년

2학기 국제법 2 (기말)

문제 1(25%): 다음 판결문에 제시되어 있는 "sustainable deve lopment"를 설명하시오.

"Throughout the ages, mankind has, for economic and other reasons, constantly interfered with nature. In the past, this was often done without consideration of the effects upon the environment. Owing to new scientific insights and to a growing awareness of the risks for mankind – for present and future generations – of pursuit of such interventions at an unconsidered and unabated pace, new norms and standards have been developed, set forth in a great number of instruments during the last two decades. Such new norms have to be taken into consideration, and such new standards given proper weight, not only when States contemplate new activities but also when continuing with activities begun in the past. This need to reconcile economic development with protection of the environment is aptly expressed in the concept of sustainable development." (Gabcikovo–Nagymaros Project, ICJ 1997)

문제 2(30%): 다음 제시문은 Human Rights Committee에서의 Broeks v. Netherlands(1987) 결정문의 일부이다. 이를 참조하며 아래 결정문에서 제기된 핵심 쟁점과 이에 대한 Human Rights Committee의 입장, 그리고 그에 대한 귀하의 견해를 피력하시오.

"12.4. Although article 26 requires that legislation should prohibit discrimination, it does not of itself contain any obligation with respect to the matters that may be provided for by legislation. Thus it does not, for example, require any State to enact legislation to provide for social security. However, when such legislation is adopted in the exercise of a State's sovereign power, then such legislation must comply with article 26 of the Covenant.

12.5. The Committee observes in this connection that what is at issue is not whether or not social security should be progressively established in the Netherlands, but whether the legislation providing for social security violates the prohibition against discrimination contained in article 26 of the International Covenant on Civil and Political Rights and the guarantee given therein to all persons regarding equal and effective protection against discrimination."

참고: 규약 제26조 "모든 사람은 법 앞에 평등하고 어떠한 차별도 없이 법의 평등한 보호를 받을 권리를 가진다. 이를 위하여 법률은 모든 차별

을 금지하고, 인종, 피부색, 성, 언어, 종교, 정치적, 또는 기타의 의견, 민족적 또는 사회적 출신, 재산, 출생 또는 기타의 신분 등의 어떠한 이유에 의한 차별에 대하여도 평등하고 효과적인 보호를 모든 사람에게 보장한다."

문제 3(20%): UN 헌장 제5조는 아래와 같이 회원국의 권리와 특권의 행사를 정지시킬 수 있다고 규정하고 있다. 이에 따라 권리와 특권이 정지된 회원국은 UN의 다른 전문기구(예를 들어 WHO, ILO 등)의 회원국으로서의 권리와 특권의 행사도 자동적으로 정지된다고 보아야 하는가? 그리고 다른 지역별 대표로서 선출된 지위(예: 경제사회이사회의 이사국으로서의 지위) 상의 권리와 특권의 행사도 자동적으로 정지된다고 보아야 할 것인가?

참고: UN 헌장 제5조 "안전보장이사회에 의하여 취하여지는 방지조치 또는 강제조치의 대상이 되는 국제연합회원국에 대하여는 총회가 안전보장이사회의 권고에 따라 회원국으로서의 권리와 특권의 행사를 정지시킬 수 있다. 이러한 권리와 특권의 행사는 안전보장이사회에 의하여 회복될 수 있다."

문제 4: 다음을 약술하시오.

가. ICJ 규정 제36조 2항(선택조항)에 의한 관할권 수락에 있어서 이른바 자동유보(automatic reservation)를 설명하시오. (15%)

나. 범죄인 인도제도상 특정성의 원칙 (10%)

✎ 채점 소감

문제 1: 지속가능한 발전은 국제환경법뿐만 아니라 이제는 국제법의 다른 여러 분야에서도 논의되는 개념이다. 제시문은 참고로 준 것이며, 교재 등에 여러 내용이 있으니 특별히 어떻게 써야 할지를 설명할 필요는 없다고 본다. 많이 들어

본 단어이므로 제시문을 참고하면 다들 어느 정도는 답안을 작성할 수 있었을리라 생각한다. 그러나 아무래도 공부를 좀 게을리 한 사람의 경우 상대적으로 정확한 답안 작성이 어려웠을 것이다. 일반인의 상식만을 가지고 작성한 답안도 상당히 많았는데, 그런 답안이 좋은 점수를 받지 못함은 물론이다. 이 답안 속에 국제환경법에 관한 아무 말이나 다 적어 낸 답안도 적지 않았다. 그런대로 아주 관련성이 없는 내용은 아니겠으나, 아무래도 공부가 부족한 경우에 나타나는 현상이라고 생각되었다.

문제 2: 바로 얼마 전 과제물로 다루어 보았기 때문에 익숙한 지문이라 반가웠을지 모르겠다. 이 질문을 제기한 이유는 다음과 같다. 이 사건 진정인은 시민적 및 정치적 권리에 관한 국제규약상의 개인통보제도를 이용하고 있지만, 진정인의 실제 요구사항은 이 국제규약의 직접 보호대상이 아닌 사회경제적 권리를 규정하고 있는 자국 국내법이 차별적이라고 주장하고 있다는 점이다. 따라서 핵심쟁점은 이런 경우에도 제시된 규약 제26조 법 앞의 평등 조항이 적용되느냐의 문제이다. 이는 다르게 표현하면 규약 제26조가 제2조에 규정되어 있는 일반적 의미의 평등조항 외에 별도의 독자적 의미를 갖는 조항인가의 문제이다. 더욱 간략히 설명하면 규약 제26조의 적용범위에 관한 문제이다.

이 사건은 과제물로도 내주었을 만큼 규약상의 개인통보제도의 적용범위를 결정하는 매우 중요한 의미를 갖는 결정이었다. 숙제를 하면서 이 결정의 의미를 잘 되새긴 사람은 매우 쉬운 문제였으리라 생각되며, 수업에서 직접 취급을 하지 않았기 때문에 교과서의 한글 설명에만 치중하며 깊은 생각 없이 과제를 한 사람은 묻는 쟁점을 제대로 파악하지 못하였을 수 있다. 이 문제의 채점은 바로 위 쟁점을 이해하고 있느냐 여부에서 크게 갈렸다.

다음으로 HRC는 이 결정에서 시민적 및 정치적 권리에 관한 국제규약이 비록 사회보장과 같은 사회경제적 권리의 평등 보호를 요구하고 있지는 않을지라도, 만약 당사국이 관련 입법을 하는 경우에는 언제나 규약 제26조 법 앞의 평등 조항에 합당한 입법을 하여야 한다는 결론을 내렸다는 점이 매우 중요하다. 이 점은 제시문에도 다 나와 있다. 하여간 이 결정을 통하여 시민적 및 정치적 권리에 관한 국제규약 선택의정서의 적용범위를 원 규약상의 권리 이상으로 확대시키는 효과를 가져 오게 되었다. 자연 이 결정은 적지 않은 논란을 불러일으켰다는 사실은 교재에도 설명되어 있다.

시험장에서 잠시 언급하였듯이 이 문제에 대한 답안에서 더 이상의 다른 설명은 필요 없다. 결국 수험자가 이 같은 쟁점을 쉽게 찾느냐 여부가 이른바 legal mind가 잘 형성되어 있느냐를 표시하는 징표라고 할 수 있다. 즉 답안에서 국제인권법에 관한 일반적 소개를 한 서술은 시간과 종이 낭비이다. 개인통보제도에 대한 일반적 설명을 길게 서술하거나, 이 사건의 실제내용(예를 들어 네덜란드 법제와 이 여자는 왜 적용에서 배제되었는지를 설명하고, 그래서 차별이다라고 결론내리는 서술)만을 중심으로 하는 답안은 높은 점수를 받을 수 없다. 외견상 비슷하게 답한 듯 하지만 핵심을 제대로 찌르지 못한 답안이 매우 많았다. 그래서 혹시 본인은 잘 썼다고 생각했는데 평가에서 좋은 점수를 못 얻은 답안도 많을 것이다. 사회보장에 대한 권리를 중심으로 설명하거나 여성차별을 중심으로 설명한 답안도 핵심을 비껴난 것이다. 지문에 주어진 내용만 어느 정도 요약해도 반은 맞고 들어가는데도 불구하고, 그 내용조차 제대로 설명하지 못한 답안이 태반이었다. 이런 답안을 채점하면서 답답함을 많이 느끼게 된다.

신기한 사실은 법대생들, 특히 고학년생의 답안이 대체로 타과생들의 답안보다 핵심쟁점을 찾지 못하고 있었다. 답안지를 학과별로 구분하고, 학년별로 다시 구분하여 철한 다음 채점하기 때문에 이런 사실을 쉽게 발견할 수 있다. 법대생들이 답안에서는 주권국가의 입법권이 어떻고 하는 식의 설명을 하는 경우가 자주 눈에 뜨였는데, 이 문제에서 별 필요 없는 설명들이다. 심지어 이미 숙제를 한 지문임에도 social security를 잘못 해석한 답안도 여러 건 있었다.

문제 3: 강의에서 직접 다루지 않은 주제로서 학생들의 분석력을 측정하는 시험이다. 교재에 이 문제와 유사한 질문이 있어서 아주 생소하지는 않았을 것이다. 그런 질문을 무심결에 넘기는 학생도 있고, 평소 나름대로 유의해 보는 학생도 있을 것이다. 이 같이 법률적 쟁점에 대하여 평소 늘 생각해 보는 사람에 대한 보너스 문제라고 여겨도 좋다. 아마 이를 특별히 설명하고 있는 책자를 접하기는 어려웠을 것이다. 학생들은 국내 다른 교과서에서라도 적절한 답을 바로 찾을 수 없으면 스스로 생각해 보기보다는 나로서는 알 수 없는 문제라고 포기하는 경향이 있다. 그러지 말고 평소 나름대로 논리 구축의 두뇌훈련을 하기 바란다. 우선 전문기구의 경우를 본다. UN의 전문기구는 UN의 내부기관이 아니다. UN과는 별도의 조약에 의하여 설립되고, 회원국도 UN 회원국과 반드시 일치하지 않는다. 별도의 법인격을 가진다. 따라서 UN 회원국으로서의 권리 정지가 전문기구의 회원으로서의 지위에 영향을 미칠리 없다. 물론 전문기구 자체의 헌장에 따라 UN 회원국으로서의 권리와 특권이 정지되면 자동적으로 해당 전문기구의 지위에도 영향을 미치도록 규정할 수는 있다. 이런 경우에도 전문기구 회원국의 지위를 결정하는 것은 자체 헌장일 뿐이다. 혹시라도 혼동하는 학생이 많을까 우려하여 WHO, ILO 등과 같이 전문기구를 예시까지 하였는데도 너무나 많은 답안이 자동적으로 역시 정지된다고 답하였다.
그 다음 예를 들어 경제사회이사회 이사국으로서의 지위는 어떻게 되는가? 물론 헌장에 경제사회이사회 이사국을 지역대표라고 규정하고 있지는 않으나, 유엔에서 내부기관의 위원국을 선정하는데는 항상 대륙별 할당을 정해 그 범위에서 선출하므로 지역별 대표라고 불러도 틀리는 말은 아니다. 이해의 편의를 위하여 질문에서도 그렇게 표현하였다. 다시 제5조로 돌아간다. 모든 권리와 특권을 정지한다고 하였다. 권리와 특권이란 과연 무엇일까? 권리는 아마도 모든 회원국에게 공통된 지위라고 볼 수 있다. 예를 들어 회원국으로서의 투표권 등. 그럼 회원국으로서의 특권이란 무엇이 있을까? 경제사회이사회 이사국 같은 자리는 모든 회원국이 하는 것이 아니라, 54개 회원국만이 선임될 수 있다. 이런 것은 특권이라고 볼 수 있다. 제5조가 특권도 정지된다고 하였으면 UN 내부기관의 이사국 지위 같은 것은 정지대상으로 보아야 한다. 물론 이에 대하여는 반론도 가능하다. 경제사회이사회의 이사국으로서의 지위는 개별 국가의 특권이기도 하지만 지역 대표성도 지니므로 특정국가의 이사국 지위가 정지되면 그 국가를 선출한 해당대륙국가 전체가 불이익을 받는 결과가 되어 불합리하다고도 볼 수 있다. 이는 일리 있는 반론이다. 그러나 이사국이 지역대표의 자격으로 지역의 이익을 위하여 일하는 자리는 아니라고 볼 때, 이사국 지위도 정지된다고 보는 것이 타당하다고 생각한다. 다만 결론이 다르더라도 논리적인 설명을 하면 채점에 감안을 함은 물론이다. 다만 된다 안된다는 결론과 무관하게 논리적으로 깊이 있는 설명을 제시한 답안은 만나기 매우 어려웠다.

그 다음 추가적인 이야기. 헌장 제5조가 규정한 내용은 회비 연체에 따른 총회에서의 투표권 제한(제19조), 제6조에 의한 제명 등과는 다른 제도인데 이를 뒤섞어 설명한 답안이 많았다.

법률적 견해를 묻는 질문에는 법률적 답변을 하여야 한다. 예를 들어 바람직하지 않다, 우려된다는 등과 같은 답변은 정책적 답변이지 법률적 답변이 아니다. 사람이 최종적 결정을 내리는 데는 법률적 관점뿐만 아니라, 사태의 모든 측면을 종합하여 결론을 내린다. 그러나 법률공부는 그중 법률적 판단은 어떻게 할 것인가를 훈련하는 과정이다. 이 경우 바람직하지 않다라는 식의 답변은 별 가치 없는 답이다.

물어 보는 질문과 상관없는 장황한 답변도 감점 요인이 될 뿐이다. 답안에는 묻는 것만 정확히 답하는 것이 좋다. 어떤 답안은 유엔이 192개 회원국으로 구성된 운운 하며 정작 답안지 속에는 질문에 대한 답보다 상관없는 소리가 더 많은 경우도 종종 있었다.

문제 4: 가) 나) 모두 전형적인 제목에 해당하므로 특별히 설명할 점은 없다. 어느 교과서를 보아도 이에 관한 기본 설명은 있다. 자동유보란 ICJ 선택조항 수락시 국내관할사항에 대하여는 ICJ의 관할권을 배제하며, 국내관할 사항인가 여부는 자국이 판단하겠다는 것이 핵심이다. 그 다음에 이의 유효성 여부에 대한 이론적 논란이 있는 사실을 간략히 지적하면 된다. 특정성의 원칙은 그 내용을 설명하고, 인도 이후 어떠한 경우에 이의 적용이 배제되는가를 지적하면 된다. 그러나 이러한 점들을 제대로 적어낸 답안은 생각만큼 많지 않았다. 아마 많은 학생들이 스스로 생각하는 것보다 정작 자신의 실제 답안 내용은 더 빈약한 경우가 많다.

적은 배점에도 불구하고 많은 시간과 지면을 이 문제에 투여한 학생도 있는데, 그래도 배점 이상의 점수를 받을 수는 없다. 그리고 많은 지면을 할애한 학생의 경우가 반드시 잘 작성된 답안도 아니었다. ICJ가 무엇이고, 관할권 성립이 어떻고 등등의 장황한 설명들은 필요 없다. 약술형이므로 기본적인 설명만 정확히 하는 것으로도 충분하다.

5. 이번 시험성적은 법대교수로서는 매우 이례적인 경험이었다. 최종 수강생은

법대생이 54%, 타과생이 46%이므로 대략 반반이라고 할 수 있다. 국제법의 경우 성적평가는 시험만 아니라 레포트, 참관기 등의 활동보고서 등 여러 종류의 요소를 합하여 평가하므로 절대 평가는 불가능하고, 항상 상대평가를 할 수밖에 없다. 전체 각 요소의 점수를 합하여 상위 몇%까지는 A, 그 다음 몇 %까지는 B 하는 식으로 평가한다. 학교의 권장기준은 A 25-30%, B 30-35%, C 이하 40-45% 정도이다. 대체로 성적은 학교 권장 기준보다 항상 좀 후하게 주었다. 이번 학기 역시 A와 B가 학교 권장기준보다 대략 10% 정도 많았다. 기준보다 성적을 후하게 평가한 이유는 이 과목의 경우 시험 외에 보고서를 몇 건, 기타 참관기 및 서평 등 여러 과제를 더 부과하므로 이를 잘 따라 오는 학생에게는 보상을 준다고 생각했기 때문이다.

이례적인 경험이라는 이유는 이번 학기 성적에 있어서는 법대생이 타과생에 비하여 형편 없이 저조한 점수들을 받았기 때문이다. 합산하여 전체 성적을 순서대로 놓고 상대평가를 하다 보니, A의 대부분이 타과생이었다. 타과생은 절반이 넘는 학생이 A를 받았으나, 법대생은 A가 드물 정도였다. 수강생 1인당 비율을 산출하여 보니 타과생은 법대생에 배하여 A의 비율의 3.2배나 되었다. C 이하는 주로 법대생의 차지였다. 이 역시 1인당 비율을 보면 법대생이 타과생의 2배 이상을 기록하였다. 타과생이 A가 많은 이유는 잘 했다는 이유로도 설명될 수 있겠지만, 상대평가를 함에 있어서 법대생이 워낙 저조한 성적만을 얻기에 자연적으로 올라간 결과라고도 할 수 있다. 법학과목에서 전공생이 비전공생보다 이렇게 저조한 성적을 받다니... 정말 이례적인 경험이 아닐 수 없다. 교수 생활에서 이런 일은 처음이다. 언제부터인가 법대생이 법학과목에서 전공생으로서의 우위를 상실하였다. 아하! 기가 차서 말도 않나올 지경이다.

2011년

1학기 국제법 1 (중간)

문제 1(40%): 조약과 관습국제법의 상호 관계를 설명하시오.

문제 2(40%): 다음 제시문도 참조하며 영국 내에서 관습국제법의 일반적 효력을 설명하시오.

"I approach this proposition assuming the correctness of the conclusions already reached, that crime in section 3 means a crime in the domestic law of England and Wales and that a crime recognised as such in customary international law (such as the crime of aggression) may, but need not, become part of the domestic law of England and Wales without the need for any domestic statute or judicial decision.

The lack of any statutory incorporation is not, however, a neutral factor, for two main reasons. The first is that there now exists no power in the courts to create new criminal offenses, [· · ·] While old common law offenses survive until abolished or superseded by statute, new ones are not created. Statute is now the sole source of new criminal offenses. The second reason is that when it is sought to give domestic effect to crimes established in customary international law, the practice is to legislate." (Regina v Jones(Margaret) and Others)

문제 3(20%): 국가승계시 조약경계 이동의 원칙(moving treaty－ frontier rule)이란 무엇인가?

✎ 채점 소감

문제 1: 출제할 때는 매우 평범한 문제라고 생각하여, 대부분이 무난하게 좋은 답안을 작성하리라고 기대했다. 채점을 하고 보니 정말 의외라고 할 정도로 수준 있는 답안은 많지 않았다.

조약과 관습국제법은 국제법의 양대 법원으로 양자관계는 중요한 공부대상의 하나이다. 문제는 상호관계를 설명하라는 요구이다. 그러면 크게 2가지 측면에서 논할 점이 있을 것이다. 첫째, 법형식적인 위계관계. 양자는 상호 누가 우월한 법원인가의 문제이다. 양자는 대등한 관계로서 충돌시에는 후법, 특별법 우선이 적용된다 정도는 많은 답안이 지적하고 있으나, 좀 더 좋은 점수를 받으려면 왜 양자를 대등한 규범으로 생각해야 하는지를 구체적으로 설명할 필요가 있다. 이에 관한 설명이 없는 답안이 대부분이었다. 그 다음으로는 실제 양자 간의 충돌이 발생한 경우 어떻게 처리되는지에 관해서 예를 들며 설명할 필요가 있다. 조약이 특별법이나 후법으로 우선하는 예는 흔히 발견될 수 있으므로, 특히 관습국제법이 후법의 자격으로 선 조약법에 우선하는 예를 들 수 있으면 좋다. 적지 않은 답안이 그냥 대등하다고만 서술하는 수준에서 크게 벗어나지 못하고 있었다.

이와 관련하여 ICJ 규정 제38조 1항에 대한 설명도 잊지 말아야 한다. 이 조항은 국제법의 법원을 설명할 때는 출발점을 제공하는 조항이며, 조약과 관습국제법을 각각 재판의 준칙으로 제시하고 있으므로 이 조항의 의미에 대한 설명 역시 빼 놓지 말아야 한다.

둘째, 조약과 관습국제법의 사실적인 상호 영향관계를 설명할 필요가 있다. 자세한 내용은 시중 교과서에 다 나와 있으므로 이 자리에서 무엇을 쓰면 좋은지를 다시 반복할 필요는 없다고 본다. 적지 않은 답안이 첫째 논점은 빼고 이 부분만을 설명하고 있었는데, 그렇다면 답안의 핵심이 빠진 결과가 된다.

이상한 점의 하나는 적지 않은 답안이 북해대륙붕 사건에서 ICJ가 등거리선 원칙의 적용을 부인한 판결을 후 관습법이 선 조약을 개폐한 예로 들고 있었다는 사실이었다. 처음에는 한 두 학생의 착각이려니 생각하였는데, 의외로 여러 답안이 이런 주장을 펴고 있어서 이는 잘못된 이해임을 지적하여 둔다.

그리고 조약과 관습국제법의 "관계"를 설명하라고 하였는데, 일부 답안은 조약과 관습국제법을 각각 병렬적으로 설명한다거나, 양자를 비교하는데 중점을 두었다. 이는 출제의 의도에서 빗나간 답안이다. 조약과 관습법에 대한 일반적 설명에 큰 지면을 할애하였다면 오히려 감점요인이다.

문제 2: 영국에서 관습국제법의 효력.

이는 추가 자료로 etl에서 제시한 영어 판결문을 출제하였다. 추가 자료까지 꼼꼼히 본 수강생은 누구보다 착실히 공부한 학생이리라 생각하였다. 다만 제시된 영어 지문은 답안내용의 일부를 구성할 뿐, 이의 번역을 중심으로 하라는 요구는 아니다.

영국에서의 관습국제법의 효력에 대하여는 교과서에 잘 설명되어 있으므로 여기서 별다른 추가가 필요 없으리라 생각한다. 다만 제시된 판결문에서 지적된 바와 같이 관습국제법은 이제 새로운 형사처벌의 근거는 될 수 없다는 점을 설명하면 된다.

지문을 제시하고 이를 참조하라고 하였음에도 관습국제법에 근거한 새로운 형사범죄의 인정이 가능한가 여부에 대하여는 아무런 언급을 하지 않은 답안도 여럿 있었다. 무슨 이유인지 몰라도 좋은 점수는 받을 수 없다. 영국에서의 관습국제법의 효력을 물었으므로 국제법의 국내적 효력 전반을 설명하거나, 조약의 국내적 효력까지 자세히 설명할 필요는 없다.

문제 3: 조약경계이동의 원칙

특별히 무엇을 써야 할지 설명하지 않아도 교과서만 보면 누구나 다 알 수 있는 문제이다. 그런데 일부 답안이 국가승계시 국경조약의 효력 지속으로 착각하여 엉뚱한 소리를 해 놓았다. 순간적인 착각을 일으킨 것 같았다. 상당수가 무난하게 답하였기 때문에, 이 문제를 제대로 못 쓴 답안의 경우 점수 차이가 의외로 크게 된 결과가 초래되었다.

2011년

1학기 국제법 1 (기말)

문제 1(35%): 다음의 판결문을 참조하며 자국민의 피해에 대한 외교적 보호권 행사와 관련하여 국적국은 어떠한 법적 지위에 있는가를 설명하시오.

(1) "The State must be viewed as the sole judge to decide whether its protection will be granted, to what extent it is granted, and when it will cease. It retains in this respect a discretionary power the exercise of which may be determined by considerations of a political or other nature, unrelated to the particular case. Since the claim of the State is not identical with that of the individual or corporate person whose cause is espoused, the State enjoys complete freedom of action." (Case concerning the Barcelona Traction, Light and Power Company, Limited (2nd Phase), ICJ 1962)

(2) "There may be a duty on government, consistent with its obligations under international law, to take action to protect one of its citizens against a gross abuse of international human rights norms. A request to government for assistance in such circumstances where the evidence is clear would be difficult, and in extreme cases possibly impossible to refuse. It is unlikely that such a request would ever be refused by government, but if it were, the decision would be justiciable and a court would order the government to take appropriate action." (Kaunda and Others v. President of the Republic of South Africa, Constitutional Court of the Republic of South Africa)

문제 2(35%): 3년여를 끌어오던 협상 끝에 A국과 B국 외교장관은 2011년 1월 양국 간 자유무역협정에 서명하고, 3월에는 양국이 비준서도 교환하여 2011년 8월 1일자로 발효가 예정되었다. 그런데 B국에서는 이 협정에 대한 반대운동이 거세게 벌어졌고, 곧 이어 B국에서는 2011년 5월 말 정권 교체가 이루어졌다. 신 정부는 다음과 같은 이유에서 이 협정의 무효를 주장하였다. 다음의 주장을 평가하시오.

가. B국은 강대국인 A국이 협상과정에서 조속한 자유무역협정 타결이 이루어지지 않으면 B국으로부터 수산물 수입을 대폭 감축할 수 있다고 위협하였다. 수산물 수출이 주요 외화 획득원인 B국으로서는 불리한 협정에 합의할 수밖에 없었다. 이런 경과로 인하여 B국 입장에서는 이 협정이 강박조약으로 무효라고 주장하였다.

나. 협정의 내용을 보면 체결 당시 B국 외교장관이 제시하였던 전권위임장에 기재된 권한 내용보다 훨씬 초과된 항목을 포함하는 자유무역협정이 타결되었다. 이에 B국은 이 협정이 권한초과의 협정이며, 그 초과사실은 전권위임장의 제시를 통하여 A국에도 이미 전달되었다고 주장하며 협정의 무효를 주장하였다.

문제 3(30%): 다음을 간략히 설명하시오.

가. 침몰된 외국군함도 주권면제를 향유하는가?

나. 조약에 대한 "해석선언"

✎ 채점 소감

문제 1: 문제가 너무 어려웠는가? 상당수의 답안이 한 마디로 헤매고 있었다. 지문 1은 교과서에 수록되어 있으며, 지문 2는 etl에 추가 자료로 제시한 내용이다. 외교적 보호에 관하여 지문 1이 순수한 국제법적 관점의 설명이라면, 지문 2는 국내법의 입장에서 검토한 결과이다. 따라서 양자는 논리적으로 대립되는 내용이라거나, 더욱이 어느 한 입장을 선택하여야 하는 관계라고 보는 시각은 적절하지 않다. 국제법은 종래에도 국가가 자국민을 위해 외교적 보호권을 행사할 의무가 있는지 여부는 상관하지 않았기 때문이다.

그럼에도 불구하고 외교적 보호의 본질과 관련하여 양자는 늘 같이 생각할 문제이다. 지문 1의 입장을 전연 도외시 하고 지문 2와 같은 판단을 관철하기는 사실 어렵기 때문이다. 이에 아직 각국의 법원이 외교적 보호권의 행사를 자국민에 대한 국가의 의무로 파악하는 데는 극히 신중한 입장을 취하고 있다. 한 개인의 사정으로 국가 전체의 외교가 손상된다면 더 큰 피해나 문제가 발생할 수 있기 때문이다. 그럼에도 지문 2와 같은 판단이 나온다거나 ILC초안의 내용과 같은 제안이 나오는 점은 지문 1의 입장에 대한 문제제기적 성격을 지님은 물론이다. 이 문제는 외교적 보호란 국가가 개인의 피해를 기초하여 행사하지만 이를 국가 자신의 권리로 보는 이른바 Vattel의 의제의 본질에서 연유되는 문제점을 설명하라는 요구이다. 종래의 이론이 탄생하게 된 불가피한 배경에도 불구하고, 이론적으로는 문제점을 내포하고 있고, 특히 현대로 올수록 개인의 인권보호가 고양되고 있는 마당에 국가의 권리와 개인의 보호를 어떻게 조화시키느냐에 관한 고민을 피력하면 된다.

그러나 적지 않은 답안이 과거 외교적 보호권의 행사는 국가의 권리라고 보았으나, 이제는 이의 행사를 국가의 의무로 보아야 한다고 지문 1과 2의 내용을 단순히 합산하여 서술하였다. 지문 2의 남아공 판결은 기본적으로 국내법의 관점에서 국가와 자국민 간의 관계를 논하고 있으므로 여기서 바로 국제법적 권리의무가 도출되지 않음에도 불구하고, 이 점을 유의하지 않은 답안이 많았다. 국가의 의무라고 한다면 그것이 국제법상의 의무인가, 국내법상의 의무인가는 설명하지 않았다. 이런 점에 대한 설명이 부족한 답안은 쟁점에 대한 이해 부족의 소산이라고밖에 달리 생각할 수 없었다.

적지 않은 답안이 지문 1에서는 외교적 보호권의 행사를 국가의 재량이라고 하였으나, 지문 2의 판결에서는 국가의 의무라고 판단하였다고만 서술하고 있다. 이는 사실 영어지문을 번역하였을 뿐, 질문을 단순히 반복한 것과 별다른 차이가 없다는 점에서 내용 없는 답안이나 마찬가지이다. 왜 이런 입장을 질문자가 제시하였는가에 대한 분석이 있어야 한다.

지문 1은 Barcelona 사건이지만 여기서는 주주의 국적국 문제와는 관계없는 내용만이 제시되었다. 그럼에도 제시된 지문과 관계없이 주주 국적국의 외교적 보호권 행사가능 여부 문제를 크게 다루었다면 방향을 잘못 잡은 답안이다. 이 질문에 답하기 위해서 외교적 보호제도 전반을 다 설명할 필요는 전혀 없다. 오히려 지나친 사족을 붙이는 결과만 된다. 이 질문을 국가의 관할권 행사의 문제로 서술한 답안이 하나가 아닌 여럿 있었다는 점도 놀라웠다.
이 문제에 관하여는 제대로 쓰지 못한 답안이 많다 보니 어느 정도 내용을 갖춘 답안과는 점수 차이가 크게 났다.

문제 2: 강박조약이 무효라는 점은 모두 잘 인식하고 있었다. 지문에서의 강박은 국가대표에 대한 강박인지, 국가에 대한 강박인지 다소 불분명한 점은 있으나, 전반적인 취지로 보아 국가에 대한 강박을 주장한다고 보인다.
이 때 강박이란 구체적으로 무엇을 의미하는가에 대하여 논란이 있었으나, 비엔나 협약은 UN 헌장 원칙에 위반되는 “힘(force)”을 사용하는 경우를 의미한다고 규정했고, 이 때의 힘은 현재로서는 일단 무력을 의미한다고 이해함이 통설이다. 그렇다면 본문과 같은 경제적 위협만으로는 이에 해당하지 않는다고 볼 수밖에 없다.
한편 국가대표에 대한 강박을 주장한다고 가정하더라도 무효가 되기는 어렵다. 왜냐하면 외교장관을 강박하여 조약의 서명에는 이를 수 있으나, 추후에 비준절차까지 거쳤다면 더 이상 국가대표에 대한 강박을 통해 조약이 성립되었다는 주장을 펼 수 없기 때문이다.
결론적으로 강박조약으로 무효라는 주장은 수락될 수 없다.
다음 권한 초과조약이라는 주장. 통상 외교장관의 경우 전권위임장을 제시하지 않아도 조약에 관한 모든 행위를 할 수 있지만, 전권위임장을 상호 교환하기로 합의함도 얼마든지 가능하다. 그렇다면 협상시 제시된 전권위임장에 표시된 권한의 초과로서 무효라는 주장도 가능할 것이다. 그러나 서명만으로 발효하는 조약이 아니고, 이후 비준절차까지 거친 조약이라면 권한초과로서 무효라는 주장은 불가능하다. 권한초과였다면 비준을 하지 않았어야 하기 때문이다. 이에 비준절차를 거쳤다면 권한초과라는 하자는 치유된 것이다.

한편 질문과 같은 이유가 아니고 B국은 그냥 싫다는 이유만으로도 조약 폐기를 주장할 수 있는가? 이 점은 직접 질문에서 요구한 내용은 아니다. 하여간 양국간 자유무역협정은 아직 발효되지 않은 조약이므로 B국은 조약 당사국으로서의 구속을 받지는 않는다. 이러한 경우 비준까지 마친 국가가 미발효 조약에 대한 비준을 철회할 수 있는가에 대하여는 비엔나 협약에 특별한 조항이 없다. 그러나 아직 조약의 법적 구속을 받지 않고 있다는 이유에서 비준 이후에도 이의 철회가 가능하다고 해석되고 있다. 이러한 국제사례도 실제 있다. 다만 상호 비준까지 마치고 단지 발효 일자만을 기다리는 상태라면 B국의 갑작스러운 비준 철회는 조약의 발효를 합법적으로 기대하고 있던 A국에 피해를 발생시킬 수 있다. 실제 그런 피해가 발생했다면 그 부분에 대하여는 국가책임이 발생할 수 있다. 이러한 사항들은 질문에서 직접 요구한 내용은 아니었으므로, 학생들이 이러한 부분까지 언급하기를 기대하지는 않았다. 그래도 혹시 이 점까지 언급한 답안이 있으면 가산점을 주려고 했으나, 실제 그런 답안은 하나도 없었다. 이 점을 언급하지 않아도 감점은 물론 하지 않았다.
대체로 기본적인 이해는 한 상태에서 답안을 작성했다고 보여진다. 특히 질문 가에 대한 답안의 방향은 거의 비슷하였다. 그렇다고 세세한 부분까지 잘 작성된 답안이 많지는 않았다. 비준절차를 거쳤으니 국회 동의까지 받은 조약이라는 설명을 한 답안이 많은데, 이는 근거 없는 주장이다. 우리나라의 예를 보더라도 비준대상인 조약이라 해 모두 국회 동의를 받아야 하는 것은 아니다.

문제 3: 가. 침몰군함이 주권면제를 향유하느냐는 교과서에 설명되어 있고, 수업시간 중에도 국내 관련 동향을 다루었으므로 수업에 참여한 수강생은 누구나 기본 개념을 알았을 것이다. 다만 이에 관하여는 찬반 논란이 있으므로, 향유 여부에 대하여 예, 아니오 식 답만 하지 말고 관련 국제동향과 찬반 각각의 입장의 법적 근거를 설명해야 한다. 제한적 주권면제론과는 관계없는 문제이니 그 점에 대한 일반적 설명을 할 필요는 없다. 결론적으로는 의외일 정도로 필요한 사항을 골고루 잘 언급한 답안은 만나기 어려웠다. 돈스코이호 사건의 에피소드 설명만을 중심으로 답안을 작성하면 좋은 점수는 받기 어렵다. 실제로는 존재하지도 않는 조약 조항을 제시하며 조약에 이렇게 규정되어 있다고 답한 답안지도 종종 있었다.

나. 해석선언에 대하여는 특별한 설명이 없어도 교과서를 보면 무엇을 써야 할지 잘 알 수 있다. 특히 유보와의 관계나 비교에 대한 언급은 빠뜨리지 말아야 한다. 현실에서는 왜 해석선언이 활용되는가를 언급하면 더욱 좋다. 간단한 문제라고 생각했으나 이 역시 만족스러운 답안은 많지 않았다.

2011년

2학기 국제법 2 (중간)

문제 1(40%): 다음에 제시된 판결문을 참조하면서 인접국 간 해양경계 획정에 관한 근래 ICJ의 판례의 경향을 설명하시오.

가. "39. The Court however considers that since the development of the law enables a State to claim that the continental shelf appertaining to it extends up to as far as 200 miles from its coast, whatever the geological characteristics of the corresponding sea-bed and subsoil, there is no reason to ascribe any role to geological or geophysical factors within that distance either in verifying the legal title of the States concerned or in proceeding to a delimitation as between their claims. This is especially clear where verification of the validity of title is concerned, since, at least in so far as those areas are situated at a distance of under 200 miles from the coasts in question, title depends solely on the distance from the coasts of the claimant States of any areas of sea—bed claimed by way of continental shelf, and the geological or geomorphological characteristics of those areas are completely immaterial. It follows that, since the distance between the coasts of the Parties is less that 400 miles, so that no geophysical feature can lie more than 200 miles from each coast, the feature referred to as the 'rift zone' cannot constitute a fundamental discontinuity terminating the southward extension of the Maltese shelf and the northward extension of the Libyan as if it were some natural boundary." (Case concerning the Continental Shelf, Libyan Arab Jamahiriya/ Malta, ICJ 1985)

나. "118. In keeping with its settled jurisprudence on maritime delimitation, the first stage of the Court"s approach is to establish the provisional equidistance line. At this initial stage of the construction of the provisional equidistance line the Court is not yet concerned with any relevant circumstances that may obtain and the line is plotted on strictly geometrical criteria on the basis of objective data. [···]

120. The course of the final line should result in an equitable solution ([···]). Therefore, the Court will at the next, second stage consider whether there are factors calling for the adjustment or shifting of the provisional equidistance line in order to achieve an equitable result [···].

121. This is the second part of the delimitation exercise to which the Court will turn, having first established the provisional equidistance line.

122. Finally, and at a third stage, the Court will verify that the line (a provisional equidistance line which may or may not have been

adjusted by taking into account the relevant circumstances) does not, as it stands, lead to an inequitable result by reason of any marked disproportion between the ratio of the respective coastal lengths and the ratio between the relevant maritime area of each State by reference to the delimitation line [···]. A final check for an equitable outcome entails a confirmation that no great disproportionality of maritime areas is evident by comparison to the ratio of coastal lengths. [···].
185. In determining the maritime boundary line, [···], the Court may, should relevant circumstances so suggest, adjust the provisional equidistance line to ensure an equitable result. In this phase, the Court may be called upon to decide whether this line should be adjusted because of the presence of small islands in its vicinity. As the jurisprudence has indicated, the Court may on occasion decide not to take account of very small islands or decide not to give them their full potential entitlement to maritime zones, should such an approach have a disproportionate effect on the delimitation line under consideration." (Maritime Delimitation in the Black Sea, Romania v. Ukraine, ICJ 2009)

문제 2(30%): A국과 B국에 걸쳐 거주하고 있는 소수민족 갑족과 관련하여 소요사태가 발생하였다. 특히 A국에서의 탄압이 심하자 A국내의 많은 갑족이 B국으로 월경하였다. B국은 이 사태를 UN 총회와 안보리 모두에 제기하여 해결책을 호소하였다. 안보리는 이 사태를 논의하였으나, 상임이사국들의 이해관계가 얽혀 구체적 결정이 쉽게 나지 못하고 토의만 계속하였다. 이 때 총회는 A국의 갑족 탄압을 중지하라고 요구하는 한편, B국의 동의를 얻어 A－B국 국경지대 B국 내에 현지질서 유지와 구호를 담당하기 위한 평화유지군을 파견하기로 결정하는 결의를 채택하였다. 평소 A국과 우호 관계에 있는 안보리 상임이사국 K국은 총회의 이 결의가 다음의 UN 헌장 제11조 2항과 제12조 1항 위반이라고 주장하였다. 이 주장을 평가하시오.

참고: 헌장 제11조 제2항: 총회는 국제연합회원국이나 안전보장이사회 또는 제35조 제2항에 따라 국제연합회원국이 아닌 국가에 의하여 총회에 회부된 국제평화와 안전의 유지에 관한 어떠한 문제도 토의할 수 있으며, 제12조에 규정된 경우를 제외하고는 그러한 문제와 관련하여 1 또는 그 이상의 관계국이나 안전보장이사회 또는 이 양자에 대하여 권고할 수 있다. 그러한 문제로서 조치를 필요로 하는 것은 토의의 전 또는 후에 총회에 의하여 안전보장이사회에 회부된다.
제12조 제1항: 안전보장이사회가 어떠한 분쟁 또는 사태와 관련하여 이 헌장에서 부여된 임무를 수행하고 있는 동안에는 총회는 이 분쟁 또는 사태에 관하여 안전보장이사회가 요청하지 아니하는 한 어떠한 권고도 하지 아니한다.

문제 3(30%): 다음을 간단히 설명하세요.
가. 오염자 부담의 원칙(polluter－pays principle)
나. 외교사절의 특권면제가 인정되는 장소적 범위
다. 추적권(right of hot pursuit)

✎ 채점 소감

문제 1: 이 질문에 대한 답은 제시된 판결문에 이미 다 나와 있는 셈이다. 그렇다면 답안의 평가의 차이는 판결문에서 제시된 내용을 제대로 소화하여 설명하고 있는가와 이 판결문에는 없어도 달리 추가해서 관련된 문제를 언급한 내용이 있는가에 영향을 받게 된다. 영어지문은 길었지만, 전형적인 내용을 담고 있는 판례이므로 평소 착실히 공부한 사람에게는 별달리 어려움을 주지 않았을 것이다. 핵심쟁점이 판결문에 이미 제시되어 있어 사전에 공부가 없었던 학생도 제시문만 번역해도 대충 어느 정도의 답안을 꾸릴 수 있었을 것이다. 그래서 터무니 없는 답안은 별로 없었다.

기본적 논점은 다음과 같다.

o 먼저 해양경계에 관한 최근 추세를 설명하기 전에 배경지식으로

- 1958년 대륙붕협약은 중간선, 등거리선 원칙을 경계획정원칙으로 제시했으나, 북해대륙붕 사건에서 이는 관습국제법이 아니고, 대륙붕에 대한 연안국의 권원은 육지의 자연적 연장에 있다고 판결한 이래 타격을 받았다. 특히 대륙붕에서는 자연적 연장이 중요한 개념으로 존중되었다.
- 해양법협약의 시대에 200해리 EEZ 제도가 일반화 되면서 200해리까지는 대륙붕에서도 거리 개념이 우선시 될 수밖에 없었다(판례 가).

o 해양법협약은 EEZ와 대륙붕 모두 해양경계획정을 공평한 해결을 위하여 국제법에 따라 결정하라고 제시하고 있다. 단 영해는 중간선, 등거리선 기준.

- 형평한 해결이란 과연 무엇인가?

o 현재 ICJ는 판례 나에서와 같은 3단계 접근방법을 통해 해양경계를 획정하고 있다. 즉 1) 잠정 등거리선 획정 2) 이를 변경할만한 고려요소가 있는가를 검토하여 필요하면 반영 3) 이어 그 결과가 형평한가를 검토. 이 3단계 접근방법은 반드시 언급하여야 한다.

- 특히 멀리 떨어진 소도의 역할은 무시 또는 제한적으로만 인정되는 경우가 많다.
- 이러한 ICJ의 태도는 동해 EEZ 경계획정시 독도의 역할이 있는가를 판단하는데 중요한 고려요소가 될 수밖에 없다.

o 판례 [가]는 대륙붕 경계에 관한 내용이고, 판례 [나]는 종합 해양경계 획정에 관한 것이라는 차이를 지적한 답안은 거의 없었다. EEZ와 대륙붕의 경계가 단일하여야 하는가의 문제까지 지적하면 더욱 좋다.

답안이 제시된 두 개의 판례의 지문을 각각 소개하는 방식이 되어서는 아니되나, 사실 이런 답안이 무척 많았다. 판결문은 어디까지나 참조대상이며, 문제는 인접국 간 해양경계획정에 관한 근래 ICJ 판례의 경향을 설명하라는 요구이

다. 판례 [나]를 주로 경계획정시 소도의 역할에만 치중하여 설명한 답안은 핵심 포인트를 잘못 잡았다.

문제 2: 비교적 까다롭지 않고 무난한 문제이다. 교재나 수업시간에도 관련 내용이 다루어졌다. 대체로 다음과 같은 논점에서 서술하면 된다.

- 총회와 안보리 권한 관계에 관한 문제이다.
- 국제평화와 안전에 관한한 안보리가 제1차적 책임기관으로 예정되어 있으나, 그렇다고 하여 배타적 권한을 갖지는 않는다. 안보리가 적절히 기능을 하지 못하는 경우 총회 역시 이에 관한 역할을 할 수 있다.
- 안보리가 임무 수행 중 총회는 요청이 없는 한 어떠한 권고도 행하지 않는다는 것의 의미는? 안보리가 거부권으로 교착상태에 빠지면 적절히 임무수행을 하지 못하게 된다. 또한 실제로 안보리가 의제로 토의중인 경우 총회가 독자적 권고를 한 사례가 무수히 많다.
- 질문에서는 사태 진전에도 불구하고 안보리가 결정을 내리지 못하여 총회가 나선 상황이다. 총회는 조치를 필요로 하는 사항에 관하여는 토의의 전 또는 후 안보리에 회부해야 하는데, 이 때의 "조치"란 안보리만이 행사할 수 있는 권한인 강제조치를 의미한다(ICJ Certain expenses 사건의 권고적 의견을 인용할 필요).
- PKO는 당사국의 동의를 바탕으로 파견되므로 원칙적으로 강제조치가 아니다. 따라서 총회 역시 독자적으로 취할 수 있다.

  많은 답안이 위에서 언급된 논점을 대충은 언급하고 있었다. 이럴 경우 체계적으로 차근차근 설명하는 답안이 돋보이게 된다. 답안을 작성하기 전에 구상하는 시간을 충분히 갖고 준비해 너무 난삽하고 두서없이 이 이야기 저 이야기 늘어놓지 말기 바란다. 그리기에는 시간이 부족하다고요? 바로 그 점에서 수험준비를 충분히 한 사람과 부족한 사람의 차이가 난다. 내용을 충분히 잘 알고 있는 사람은 구상도 신속히 된다. 이런 구별을 위해 일부러 시간이 부족한 정도로 문제 출제를 하고 있다.

문제 3: 약술형이므로 교재를 다시 찾아 보면 무슨 내용을 써야 할지 쉽게 알 수 있다. 다만 가. 오염자 부담의 원칙에 있어서는 오염을 유발한 자가 이에 대한 책임을 져야 한다는 식의 설명만으로는 부족함은 물론이다. 나. 장소적 범위에 관해서는 제3국에서 어떠한 지위에 처하는가를 빠뜨리지 말아야 한다. 일부 답안은 외교사절의 특권면제를 거의 전체적으로 서술했는데, 이는 원하는 답안이 아니다. 그렇게 긴 답안을 쓰면 다른 문제 작성할 시간이 없게 된다. 추적권의 경우 어떠한 경우에 추적을 시작할 수 있고, 어디까지 추적을 할 수 있는가는 빼 먹지 말아야 한다. 착실히 공부한 학생에게는 별로 어려운 문제가 아니었을 것이다. 필요 논점을 제대로 지적한 답안이 많았다. 전체 배점은 크지 않은 편이나 필요 논점을 거의 다 지적한 답안과 엉뚱한 소리를 많이 한 답안 간의 점수 차이는 적지 않았다.

추가: 채점자로서는 글씨에 영향을 받지 않으려고 노력하지만 사실 일정한 심리적 영향은 부인할 수 없다. 본인으로서는 단시일 내 고치기도 어려운 사항이지만, 하여간 각자 노력도 좀 하세요.

2011년

2학기 국제법 2 (기말)

문제 1(45%): 갑은 A국에서 지하철역에서 폭탄테러를 저지르고 인접국인 B국으로 도주하였다. 이 사건으로 약 30여명의 사상자가 났다. 평소 민중혁명을 꿈꾸는 그는 사회불안을 야기하기 위하여 이런 사건을 저질렀다고 한다.

- A－B 간에는 1년 이상의 징역형에 해당하는 범죄자에 대한 범죄인인도 조약이 체결되어 있었다.
- A국에서 폭탄테러범은 사형, 무기 또는 7년 이상의 징역형에 해당한다.

- B국은 사형 폐지국이며, 폭탄테러범은 15년 이하의 징역형에 해당한다.
- A국과 B국은 모두 「시민적 및 정치적 권리에 관한 국제규약」 당사국이다. 사형 폐지국인 B국은 "사형폐지에 관한 선택의정서"도 가입하고 있다.
- 「시민적 및 정치적 권리에 관한 국제규약」에는 다음과 같은 조항이 있다.

  제6조 ① 모든 인간은 고유한 생명권을 가진다. 이 권리는 법률에 의하여 보호된다. 어느 누구도 자의적으로 자신의 생명을 박탈당하지 아니한다.

  ② 사형을 폐지하지 아니하고 있는 국가에 있어서 사형은 범죄 당시의 현행법에 따라서 또한 이 규약의 규정과 집단살해죄의 방지 및 처벌에 관한 협약에 저촉되지 아니하는 법률에 의하여 가장 중한 범죄에 대해서만 선고될 수 있다. 이 형벌은 권한 있는 법원이 내린 최종판결에 의하여서만 집행될 수 있다. […]

  ⑥ 이 규약의 어떠한 규정도 이 규약의 당사국에 의하여 사형의 폐지를 지연시키거나 또는 방해하기 위하여 원용되어서는 아니된다.
- 「사형폐지에 관한 선택의정서」 제1조는 다음과 같다.

  ① 이 선택의정서의 당사국의 관할내에 있는 사람은 누구라도 사형을 집행당하지 아니한다.

  ② 각 당사국은 그 관할내에서 사형폐지를 위한 모든 필요한 조치를 하여야 한다.

이상을 바탕으로 다음 질문에 답하시오.

가. A국은 양국 간 범죄인인도 조약을 근거로 갑의 인도를 B국에 요청하였다. 그러자 갑의 변호인은 인도에 관한 재판에서 1) B국에서 갑은 1년 미만의 형을 받을 수도 있으므로 범죄인인도의 대상에 포함되지 않는다. 2) 갑은 정치범이므로 인도하여서는 아니된다. 3) 사

형폐지국인 B국이 사형존치국으로 갑을 인도하는 것은 B국이 당사국인 위 인권규약과 사형폐지에 관한 선택의정서 위반이므로 인도하여서는 아니된다.

이 재판을 담당하는 B국 법관인 귀하는 이 같은 주장에 대하여 어떻게 판단할 것인가?

나. 인도재판이 지연되자 A국 군부 강경파는 폭탄테러범에게 무슨 인도주의냐며 B국 내의 갑을 몰래 납치하여 A국으로 잡아 왔다. A국 검찰은 그를 폭탄테러범으로 기소하였다. 그러자 법정에서 갑은 자신은 위법하게 납치되어 왔으므로, A국 법원은 자신에 대한 재판관할권이 없다고 주장하였다. 이 재판을 담당하는 A국 법관인 귀하는 이 주장을 어떻게 판단할 것인가?

문제 2(30%): ICJ의 재판에서의 "소송참가"를 설명하시오. 필요한 경우 다음 제시문을 참고하시오.

"100. It thus follows also from the juridical nature and from the purposes of intervention that the existence of a valid link of jurisdiction between the would-be intervener and the parties is not a requirement for the success of the application. On the contrary, the procedure of intervention is to ensure that a State with possibly affected interests may be permitted to intervene even though there is no jurisdictional link and it therefore cannot become a party. […]

101. The Chamber therefore concludes that the absence of a jurisdictional link between Nicaragua and the Parties to this case is no bar to permission being given for intervention.

102. Since this is the first case in the history of the two Courts in which a State will have been accorded permission to intervene under Article 62 of the Statute, it appears appropriate to give some indication of

the extent of the procedural rights acquired by the intervening State as a result of that permission. This is particularly desirable since the intervention permitted relates only to certain issues of the many submitted to the Chamber. In the first place, as has been explained above, the intervening State does not become party to the proceedings, and does not acquire the rights, or become subject to the obligations, which attach to the status of a party, under the Statute and Rules of Court, or the general principles of procedural law." (Land, Island and Maritime Frontier Dispute. El Salvador/Honduras, Application to intervene (Nicaragua). 1990 ICJ Reports 92)

문제 3(25%): 다음에 관하여 약술하시오.

가. 국제인권조약에서의 "국가 간 통보제도"

나. 국제범죄를 저지른 범인이 국제형사재판소에서의 재판에 회부되는 방법에는 어떠한 것들이 있는가(제소장치)?

✎ 채점 소감

문제 1, 가: ① 범죄인인도 대상으로 1년 이상의 형이라 할 때 "1년"이란 처벌가능한 법정형을 의미한다. 인도대상의 형기 기준은 실제 재판에서 받을 형을 예상하여 말하는 것이 아니다. 따라서 15년 이하의 형이란 바로 1년 이상이 가능함을 의미하므로 인도 대상에 포함된다. 적지 않은 답안이 죄질로 보아 1년 이하의 형을 받을 가능성이 없다는 점을 강조하고 있는데, 이 문제의 답에서 이러한 점까지 지적할 필요가 없다. 범죄인인도를 함에 있어서 일일이 상대국 법원에서의 양형까지 예상하여 그에 따라 인도 여부가 결정되지는 않기 때문이다. 사실 이 점을 간단 명료하게 지적한 답안은 그리 많지 않았다. 결론은 같지만 무언가 에둘러 애매하게 설명하는 답안이 많았다.

② 정치범이 무엇이냐를 정의내리기는 쉽지 않다. 어느 국가도 정치범이란 죄

목을 만들어 놓고 있지 않다. 그러나 사안의 설명과 같이 무고한 다중의 생명, 신체를 침해하는 범죄는 오늘날 정치범으로 보지 않는다. 그 의도가 아무리 정치적이었다고 할지라도, 결과는 결코 정치적이 아니다. 단순히 사회불안을 야기시키기 위한 테러범은 오늘날 어느 나라에서도 정치범으로 간주되지 않는다.
③ 별다른 이론적 근거를 제시하지 않고 사형폐지국은 존치국으로 인도하지 말아야 한다는 결론만 제시한 답이 많았다. 이 문제에서 인도 여부에 관한 결론 이상 중요한 점은 왜 그런 주장을 하는가에 관한 근거를 제시하는 일이다.
이와 관련된 사건은 과거 HRC에서 여러 건 있었다. 초기에는 결정의 방향이 혼란스럽기도 하였으나, 근래에는 인도불가로 결론나고 있다. 그것이 인권의 국제적 보호의 방향과도 일치한다. 사실 사형존치국에서의 사형집행은 무방하고, 사형폐지국이 사형의 집행도 아니고 단순히 범죄인인도만 하는 것을 조약 위반이라고 결론내린다면 불균형적 해석이라는 비판도 가능하다. 그러나 사형 폐지국이 존치국으로의 인도는 간접적으로 사형을 부활시키는 효과를 가져올 수 있기 때문에 금지된다고 해석하고 있다. 이는 일반 국제법상의 의무라기보다 어디까지나 국제인권규약과 사형폐지의정서 당사국의 조약상의 의무이다.
이 문제를 설명하면서 Söring 판결을 예로 들으며 인도 불가를 주장한 답안이 많았다. 그런데 Söring 판결에서는 쟁점이 본 문제와 좀 달랐다. 그 판결에서는 대상자를 미국으로 인도 한 후의 사형 자체를 문제삼은 것이 아니라, 미국 교도소에서의 사형 대기 중의 여러 열악한 환경 등을 문제삼았다. 즉 사형폐지에 관한 조항이 아니라, 유럽인권협약 제3조 고문 · 비인도적 또는 굴욕적 처우나 처벌금지 조항 위반이라고 판단했다. 이러한 차이를 구별하지 않고 단순히 사형에만 주목하여 이를 질문에 대한 직접적인 예로 들었다면 적절한 설명이라고 하기 어렵다. 또한 질문과 관련된 ICJ에서의 사건은 없는데 ICJ의 판례라고 주장한 답도 여럿 있었다.
나: 거의 모든 답안이 관할권 행사 불가라고 답했다. 그러면서 교재에 있는 미국과 남아공 판례를 비교했다. 사실 이 문제는 근본적으로 해당국이 국제법을 어떻게 수용하느냐와 관계된다. 납치행위가 국제법 위반으로 해당국이 위법행위를 저질렀다는 점에는 아무도 이의가 없을 것이다. 그렇다면 국가가 법위반을 통해 확보한 범인에 대한 재판권 행사를 국내법원이 어떻게 다룰까의 문제이

다. 교재의 2건의 사례와 참고자료로 준 영국의 사례 등을 보면 결국 국가의 형벌권 행사는 어떻게 되어야 하는가에 대하여 각자 결론을 내릴 수 있으리라 보인다. 출제자의 생각 역시 이런 경우는 국가가 재판권을 행사할 수 없다고 본다.
사실 문제 1에 대한 결론은 거의 모든 답안이 동일하였다. 즉 1) 인도대상에 포함된다, 2) 정치범 불인도 대상이 아니다, 3) 사형폐지국은 존치국으로 그냥 인도해서는 아니된다, 4) 납치국은 재판관할권을 행사할 수 없다. 그러나 왜 그러한 결론을 내렸는가에 대한 설명에는 차이가 적지 않았다. 점수의 차이는 결론이 아닌 바로 그 설명에서 나왔다. 아마 많은 학생들이 대충 잘 작성했다고 생각할지 모르나, 전체적인 논점을 제대로 쓴 답안은 거의 없었다. 본인의 기대보다 기말 성적이 나빴다면 이 문제에 대한 평가에서 차이가 날 것 같다. 별달리 뚜렷한 논리 제시를 못하고 그냥 결론을 제시한 답안, 애매한 설명을 하고 있는 답안, 이것 저것 불필요한 설명을 추가하고 있는 답안 등등은 좋은 점수를 받을 수 없다. 모든 문제에 공통된 내용이지만 답안을 작성할 때는 항상 분명한 논리로 적도록 노력하라. 답안을 여러 차례 읽어보면 무슨 취지인지 대강 짐작하겠으나, 언뜻 보기에는 무슨 말인지 애매한 답이 적지 않다. 왜 그런 답안이 나오는가? 아마 자신의 논리에 자신이 없기 때문에 이리 저리 애매한 답이 나올 것이다. 또 불필요한 내용은 추가하지 마라. 예를 들어 첫 번째 문제에서 30여명의 사상자가 난 테러라면 1년 미만의 형이 내려질리 없다는 "가능성"의 지적과 같은 것이 바로 불필요한 내용이다. 그리고 법률문제는 법률적으로 대답하도록 노력해라. 법관으로서 어떻게 결정할지를 물었는데 정책결정자의 입장에서 답해서는 아니된다. 이런 방향이 바람직하다, 가능할 것이다, 비인도적이다, 무리하다, 설득력이 있다 또는 없다, 적절하지 못하다 등등으로 대답하지 말기 바란다. 정책적 판단과 법률적 판단을 뒤섞어 쓴 답안이 무척 많았다.

문제 2: 소송참가라는 제도가 왜 필요한가에 대한 설명이 답안의 서두에 제시되어야 바람직한데 이 부분을 언급하지 않은 답안이 다수였다.
내용에 있어서 소송참가는 ICJ 규정 제62조에 의한 참가와 제63조에 의한 참가가 있다는 사실을 먼저 구별하고, 그 각각에 대해 설명해야 한다. 양자는 소송참가의 법적 효과도 서로 다르다. 제63조에 의한 소송참가의 경우 판결은 소송참가국에도 구속력을 지닌다는 점을 지적한 답은 매우 드물었다. 그래서 반드시 양자를 구별해서 작성해야 제대로 된 답안이 될 수 있다. 제시된 예문은 제62조에 해당하는 내용인데, 이에 관하여만 썼다면 절반의 답이 된다. 사실 많은 답안이 이에 해당했다.

물론 주로 이론적으로 다툼이 있는 부분은 제62조에 의한 소송참가이므로 전체적인 내용상 제62조 소송참가에 대한 설명이 많은 부분을 차지해야 당연하다. 제62조와 관련하여서는 소송 참가국과 원 소송당사국 간에 재판관할권이 성립되어야 하는가와 소송참가국의 법적 지위를 어떻게 이해해야 할 것인가에 대하여는 제시문에 나와 있어 그것만 제대로 설명하면 된다. 그리고 ICJ가 소송참가에 대하여 왜 소극적 입장을 보이는가에 대한 평가도 곁들이면 좋다.

그리고 제시된 영어 예문은 어디까지나 참고하라고 문제에 분명히 적었는데, 이의 단순해석을 중심으로 답을 쓴 경우가 있었다. 영어 해석 문제가 아니므로 제시문을 해석만 해서야 좋은 점수를 받을 수 없다. 제시문만을 중심으로 답안을 작성한 경우는 공부한 내용이 별로 없어 그랬나 보다 하고 생각할 수밖에 없다.

시간도 충분치 않은데 직접 관계없는 이야기는 삼가는 편이 좋다. 소송참가에 대한 질문에서 어떤 답안은 PCIJ 이래 ICJ의 창설 경과부터 설명하고 있었다. 잘 쓴 답안이 되기 위해서는 직접 필요 없는 내용을 담지 않는 것도 중요하다.

문제 3: 교과서에 설명되어 있는 내용을 약술하면 되니 특별히 첨가할 말은 없다.

추가: 때로 학생들로부터 가장 잘 된 답안을 공부의 모델로 삼기 위해 공개해 달라는 요구를 받는다. 이는 답안 작성자의 동의 없이 곤란한 일이기도 하지만, 사실 더 중요한 점은 모든 문제를 다 제대로 이해하고 작성한 답안을 만나기 어려워 보여줄만한 답안이 드물다는 점도 무시할 수 없다. A+의 답안도 상대적으로 남보다 잘 되었다는 정도의 의미이지 남들에게 모범답안으로 보여줄 수준까지 되는 경우는 대체로 아니다.

2013년

2학기 국제법 2 (중간)

문제 1(30%): 갑국 선박 K호는 종종 부유한 인접 을국을 대상으로 한 여러 불법행위에 관여한다는 소문이 있었다. 실제로 K호는 유람선으로 위장하여 을국으로 밀입국하려는 사람들을 태우고 기회를 노리고 있었다. 을국 EEZ로 진입한 K호는 먼저 을국 어선들을 상대로 자국에서 구입한 저렴한 선박기름에 상당한 이윤을 붙여 판매하였다. 가난한 갑국에서는 기름에 대한 세율이 을국보다 매우 낮아 양국 간에는 가격차가 컸기 때문에 이런 장사가 가능했다. 이어 감시가 느슨해진 심야에 을국 접속수역까지 은밀히 진입하였다. 평소 K호의 움직임을 주목하던 을국 해경은 K호가 밀입국자 수송을 시도하고 있다고 판단하고 자국의 접속수역에서 이 배를 나포하였다. 과연 K호에는 밀입국을 하려던 용의자가 여러 명 발견되었다. 또한 을국 EEZ 내에서 선박용 기름을 을국 어선에게 판매한 증거도 발견되었다. 이에 을국 검찰은 K호의 선장이 자국 EEZ 내에서 선박용 기름을 판매한 행위는 관세법 위반, 밀입국자 수송 시도는 출입국관리법 위반 혐의로 형사처벌을 위해 기소하였다. 갑을 양국은 모두 유엔 해양법협약 당사국이다. 이 사건을 담당하는 판사는 국제법 전문가인 귀하에게 이 사건의 국제법적 쟁점을 분석해 달라고 요청하였다. 귀하는 어떻게 답할 것인가?

참조: 유엔해양법협약 제33조 ① 연안국은 영해에 접속해 있는 수역으로서 접속수역이라고 불리는 수역에서 다음을 위하여 필요한 통제를 할 수 있다.

(a) 연안국의 영토나 영해에서의 관세 · 재정 · 출입국관리 또는 위생에 관한 법령의 위반방지

(b) 연안국의 영토나 영해에서 발생한 위의 법령 위반에 대한 처벌

문제 2(30%): 유엔 안전보장이사회의 강제제재조치 제도를 설명하시오.

문제 3(20%): 다음 제시된 판결문을 참조하며 환경영향평가제도의 국제법적 지위를 설명하시오.

"204. It is the opinion of the Court that in order for the Parties properly to comply with their obligations under Article 41 (a) and (b) of the 1975 Statute, they must, for the purposes of protecting and preserving the aquatic environment with respect to activities which may be liable to cause transboundary harm, carry out an environmental impact assessment. [⋯]

In this sense, the obligation to protect and preserve, under Article 41 (a) of the Statute, has to be interpreted in accordance with a practice, which in recent years has gained so much acceptance among States that it may now be considered a requirement under general international law to undertake an environmental impact assessment where there is a risk that the proposed industrial activity may have a significant adverse impact in a transboundary context, in particular, on a shared resource. Moreover, due diligence, and the duty of vigilance and prevention which it implies, would not be considered to have been exercised, if a party planning works liable to affect the régime of the river or the quality of its waters did not undertake an environmental impact assessment on the potential effects of such works.

205. The Court observes that neither the 1975 Statute nor general international law specify the scope and content of an environmental impact assessment. [⋯] Consequently, it is the view of the Court that it is for each State to determine in its domestic legislation or in the authorization process for the project, the specific content of the

environmental impact assessment required in each case, having regard to the nature and magnitude of the proposed development and its likely adverse impact on the environment as well as to the need to exercise due diligence in conducting such an assessment. The Court also considers that an environmental impact assessment must be conducted prior to the implementation of a project. Moreover, once operations have started and, where necessary, throughout the life of the project, continuous monitoring of its effects on the environment shall be undertaken." (2010 ICJ Reports)

문제 4(20%): 다음을 간략히 설명하시오.

가. 유엔의 옵저버(observer) 제도

나. 간출지(low−tide elevation)는 연안국의 영토의 일부인가? 간출지와 일반 섬 간의 법적 지위의 차이점은?

✎ 채점 소감

문제 1: 수험생은 묻는 사항에 모두 답해야 하고 묻지 않은 것에 대해서는 쓸 필요가 없다. 간단한 원칙이지만 이것을 잘 지키지 못하는 답안이 의외로 많다. 이 문제의 쟁점은 다음과 같이 나누어 볼 수 있다.

첫째, 배타적 경제수역에서의 기름판매 행위에 대한 질문에는 대체로 결론은 잘 제시했다. 교재의 M/V SAIGA 판결의 내용과 완전히 동일한 문제라 어렵게 느끼지 않았을 것이다. 즉 경제수역 내에서 연안국은 해양법협약이 부여한 권한만을 행사할 수 있고, 그렇지 않은 분야라면 공해의 법질서가 적용된다. 외국 선박의 기름판매를 자국 관세법으로 규제할 수 있는 권한은 연안국에 부여되지 않았으므로 이 점을 이유로 을국 법원이 형사처벌은 할 수 없다가 SAIGA 판결의 내용이었다. 공부를 착실히 한 수강생은 SAIGA 판결에서 제시된 내용을 보다 상세히 소개했다. 이 질문과 관련하여 묻지도 않았는데 SAIGA 판결에서 문제되었던 무력행사의 한계나 추적권 행사 등은 답안에 적을 필요가 없다. 불필요한 설명은 오히려 감점요소이다. 사건의 쟁점을 정확히 파악하지 못한 답안이 되기 때문이다.

둘째, 접속수역에서의 밀입국 시도 혐의로 형사처벌이 가능한가? 수강생으로서는 조문상의 미묘한 차이를 다 기억하기 어렵기 때문에 협약 제33조를 제시했다. 조문을 통해 보면 알겠지만 접속수역에서 연안국은 출입국관리를 위한 법령의 위반을 방지하기 위해 "통제"를 할 수 있지만, "처벌"은 영토나 영해에서 발생한 법령 위반에 대해서만 가능하다. 이 경우 K호는 아직 영토나 영해에 진입한 바 없다. 즉 연안국이 통제는 할 수 있지만, 처벌대상으로는 되지 않는다. 이 점을 구별하지 못한 답안이 매우 많았다.

다음 몇 가지 간단한 사항들을 추가로 지적한다.

- M/V SAIGA 판결은 ICJ 판결이 아니다. 국제해양법재판소 판결이다.
- 형사처벌할 수 없으니 벌금 정도를 부과하라는 주장? 벌금도 형사처벌의 일종이다.
- 해양법협약상 이들 국가가 어떤 분쟁해결절차를 수락했는지 모르겠다? 문제는 당장 을국 법원이 처벌할 수 있느냐를 묻고 있으므로 위와 같은 의문은 불필요한 것.
- 추적권의 행사? - 이 역시 관계없는 내용이다.

결론은 같아도 답안의 분량, 설명 체계, 설명의 방식 등등에 따라 점수가 달라질 수 있다는 사실은 잘 알 것이다. 그리고 법률답안은 입장을 분명하게 설명해야 한다. 단순히 문제가 있다, 의문이다 등등의 표현으로 답안을 작성하면 이 학생은 자신이 없거나, 잘 모르고 있구나라고 생각하게 된다. 결론은 형사처벌을 할 수 "있다", "없다"로 분명히 쓰기 바란다.

두 개의 질문 중 하나만 답한 답안이 여럿 있었다. 한 문제는 전혀 언급을 하지 않았다. 왜 그랬는지 참 궁금하다. 아무리 잘 써도 절반 이상의 득점은 불가능하다.

문제 2: 수강생들이 대강의 개념은 다 아는 문제였을 것이다. 그러면 쉬운 문제라고 생각되나 실상 기대한 논점을 모두 지적한 답안은 거의 없었다. 우선 기본적으로 다음의 논점이 지적되어야 한다.

안보리 제7장의 제재결정을 위해서는 헌장 제39조에 따라 평화에 대한 위협, 평화의 파괴 또는 침략행위의 존재를 결정해야 한다. 안보리는 국제평화와 안전의 유지나 회복을 위해 제재를 결정한다.

제재 결정과정에는 물론 상임이사국의 거부권이 적용된다. 이 점을 언급한 답안이 의외로 적었다.

제재에는 비군사적 제재와 군사적 제재 2종류가 있으며, 비군사적 제재가 군사적 제재에 선행해야 하는 것은 아니다.

제재 결의는 모든 회원국에 구속력이 있다.

비군사적 제재의 내용에 대한 간단한 내용설명이 필요하다. 경제제재가 비군사적 제재의 전부는 아니다. 최근에는 smart sanction이 자주 활용된다. 그 이유도 설명하라. 잠정조치까지 언급한 답안은 거의 없었다.

원래 헌장 구상상 직접적인 군사제재의 작동을 위해서는 제43조의 특별협정이 필요한데 실제로 체결된 사례는 없다. 그 대신 회원국의 무력사용을 허가하는 방식으로 적응해 왔다.

제재 결정의 실제까지 좀 더 부연 설명하면 더욱 좋다. 냉전 종식 이후 자주 발동된 사실도 추가.

기타 안보리에 관한 장황한 일반적 설명은 오히려 감점 요인이다. 그런 답안은 곁가지를 그리느라 정작 본론 설명은 매우 소략해진다. 또한 PKO 파견은 일반적으로 제재조치가 아니다.

이런 답안을 작성할 때에는 신문기사 같이 이런 저런 이야기를 늘어놓기보다 헌장 체제 속에서 헌장상의 근거를 대며 설명해야 좋은 점수를 받는다. 의외로 너무나 많은 답안이 두서없이 서술된 형태였다. 마치 온갖 음식재료를 커다란 냄비에 한꺼번에 다 넣고 나는 좋은 재료를 많이 사용했으니 맛있는 요리가 나오리라 기대하는 것과 같다. 각 재료를 어떻게 썰고, 다듬고, 어떤 순서로 넣고, 각기 어느 정도의 열을 가하느냐에 따라 결과는 전혀 달라질 수 있다. 양념도 중요하다. 본인은 필요한 논점을 대강 적었다고 생각할지 모르나, 두서없는 서술과 체계적인 서술의 결과는 크다.

문제 3: 긴 영어 지문에도 불구하고 점수 배점은 20%밖에 되지 않은데서 느낄 수 있듯이 이 질문에 대한 답은 교재에 한글로 다 나와 있다. 영어 판결문을 평소 준비할 때 찬찬히 읽어 본 학생이라면 쉽게 답을 작성했을 것이다. 그 속에 답이 다 들어 있으니까.
타국에 악영향을 미칠지 모르는 산업활동에 관해서는 환경영향 평가의 실시가 국제법상의 요구인데, 단 평가의 범위와 내용에 관해서는 국제법상 확립된 기준이 없으니 결국 현재로서는 개별국가의 국내법을 통해 실시할 사항이다라는 점을 설명하면 요점은 쓴 답안이 된다. 그 이상 관련내용을 더 설명하면 답안을 풍성하게 만든다. 그러나 문제는 제시문에 나와 있는 내용도 제대로 쓰지 못한 답안이 많았다는 사실이다. 평소 찬찬히 공부하지 않은 학생이라고 생각될 수 밖에 없다.

문제 4: 간단히 설명하라는 질문이 2개다. 점수 배점도 적은 편이므로 골격만 간단히 작성하는 것이 요령이다. 잘 안다고 하여 이 문제에 많은 시간과 지면을 투입함은 효과적이지 못한 전략이다. 기본사항은 알고 있는 답안이 대부분이라 이런 경우는 점수차가 많이 나지 않는다.
옵저버에 관하여 다들 대강은 알 것이다. 한국은 오랫동안 옵저버국이었다. 핵심 사항은 헌장상의 제도가 아닌 관행상의 제도라는 점, 옵저버 국가와 옵저버 기구가 있다는 점, 유엔 전문기구에 가입하면 옵저버 국가의 자격을 인정했다는 점, 사무총장에 대한 통고로써 옵저버 대표부를 설치했다는 점, 출석과 토론은 가능해도 표결은 불가하다는 점 등이다.
간출지에 관해서는 만조시 수면 이하로 잠기고 간조시만 수면 위로 나오는 지형물이라는 점, 국제법상 섬이나 영토가 아니라는 점, 따라서 섬으로서의 법적 지위를 전혀 갖지 못한다는 점, 영해 폭 이내 위치시 영해 기선으로 될 수 있으나 영해 외곽에 위치한 간출지는 그렇지 못하다는 점, 간출지는 그 수역이 속한 국가에 귀속된다는 점 등이 요점이다. 간출지가 질문의 초점이므로 섬의 지위를 중심으로 답안을 작성하면 안된다. 단 간출지는 해양법협약 제121조 3항의 rocks이 아니다. 이어도는 간조시에도 수면 이하에 있으므로 간출지조차 아니다.

2013년

2학기 국제법 2 (기말)

문제 1(25%): 갑국과 을국은 평소 관계가 좋지 않았다. 을국의 한 지방에서 반란이 생기자 갑국은 을국내 반군에게 무기와 자금지원을 했다. 이를 안 을국은 갑국에게 침략행위를 중지하라고 요구했다. 그래도 갑국의 은밀한 반군지원행위는 지속되었고, 반군의 세력은 날로 커졌다. 평소 을국과 긴밀한 경제교류를 하며 우호관계를 유지하던 인접 병국은 이 같은 갑국의 행위는 무력공격에 해당한다며 이를 응징하는 의미에서 갑국의 군수시설을 대규모로 폭격했다. 병국은 자신의 행위가 우호국인 을국을 위한 집단적 자위권의 행사라고 주장하였다. 다음 판결문을 참조하며 이 사안에서 병국의 주장을 국제법적으로 평가하시오.

"195. […] It is also clear that it is the State which is the victim of an armed attack which must form and declare the view that it has been so attacked. There is no rule in customary international law permitting another State to exercise the right of collective self-defence on the basis of its own assessment of the situation. Where collective self-defence is invoked, it is to be expected that the State for whose benefit this right is used will have declared itself to be the victim of an armed attack. […]

199. At all events, the Court finds that in customary international law, whether of a general kind or that particular to the inter-American legal system, there is no rule permitting the exercise of collective self-defence in the absence of a request by the State which regards itself as the victim of an armed attack. The Court concludes that the requirement of a request by the State which is the victim of the alleged attack is

additional to the requirement that such a State should have declared itself to have been attacked." (Military and Paramilitary Activities in and against Nicaragua, ICJ 1986)

문제 2(35%): 다음에 제시된 판결문을 참조하며, ICJ 재판에서의 소송 참가를 설명하시오.

"27. The Court observes that neither Article 62 of the Statute nor Article 81 of the Rules of Court specifies the capacity in which a State may seek to intervene. However, in its Judgment of 13 September 1990 on Nicaragua's Application for permission to intervene in the case concerning Land, Island and Maritime Frontier Dispute(El Salvador/Honduras), the Chamber of the Court considered the status of a State seeking to intervene and accepted that a State may be permitted to intervene under Article 62 of the Statute either as a non-party or as a party: […]

28. In the opinion of the Court, the status of intervener as a party requires, in any event, the existence of a basis of jurisdiction as between the States concerned, the validity of which is established by the Court at the time when it permits intervention. However, even though Article 81 of the Rules of Court provides that the application must specify any basis of jurisdiction claimed to exist as between the State seeking to intervene and the parties to the main case, such a basis of jurisdiction is not a condition for intervention as a non-party.

29. If it is permitted by the Court to become a party to the proceedings, the intervening State may ask for rights of its own to be recognized by the Court in its future decision, which would be binding for that State in respect of those aspects for which intervention was granted, pursuant to Article 59 of the Statute. A contrario, as the

Chamber of the Court formed to deal with the case concerning the Land, Island and Maritime Frontier Dispute (El Salvador/Honduras) has pointed out, a State permitted to intervene in the proceedings as a non-party "does not acquire the rights, or become subject to the obligations, which attach to the status of a party, under the Statute and Rules of Court, or the general principles of procedural law"(Application to Intervene, Judgment, I.C.J. Reports 1990, p.136, para.102).

30. The fact remains that, whatever the capacity in which a State is seeking to intervene, it must fulfil the condition laid down by Article 62 of the Statute and demonstrate that it has an interest of a legal nature which may be affected by the future decision of the Court. Since Article 62 of the Statute and Article 81 of the Rules of Court provide the legal framework for a request to intervene and define its constituent elements, those elements are essential, whatever the capacity in which a State is seeking to intervene; that State is required in all cases to establish its interest of a legal nature which may be affected by the decision in the main case, and the precise object of the requested intervention." (Territorial and Maritime Dispute, Nicaragua v. Colombia(Application to Intervene by Honduras), 2011 ICJ)

문제 3(25%): 자유주제 – 본인의 국제법적 식견을 가장 잘 과시할 수 있는 제목을 하나 자유로이 선택하여 답안을 작성하시오. 단 전형적인 주제에 대한 암기내용을 옮기기만 한다면 좋은 점수를 받기 어려우며, 본인이 국제법을 공부하여 교과서 이상의 나름대로 오래 숙고한 흔적을 보일 수 있는 답안일수록 좋은 점수를 받을 것임. 주제는 2학기 수업 진도내용과 관련되어야 함. 국제법적 분석을 하는 답안이어야 하며, 정치학적 · 사회학적 답안을 작성하지 말 것. 답안의 제목을 제시하고, 왜 이 주제를 택했는지를 설명하고, 이어서 그 주제에 대한 본인의 생각을 피력하시오.

문제 4(15%): 다음을 약술하시오.
가. 범죄인인도에 있어서 특정성의 원칙
나. 제노사이드 범죄

✎ 채점 소감

문제 1: 내용 구성에 있어서 우선 서두에서 자위권의 개념과 추가로 집단적 자위권이 왜 인정되는지에 대한 설명을 하고 특히 유엔 헌장은 집단적 자위권을 국가의 고유의 권리라고 규정하고 있는 점을 지적하면 좋다(최근 일본의 집단적 자위권 논란과 관련하여 일본은 집단적 자위권을 가질 수 없다는 주장은 성립될 수 없다. 이는 주권국가의 고유의 권리이다). 자위권 행사의 요건으로 헌장은 무력공격의 발생을 규정하고 있음은 다 알고 있을 것이다. 그러면 사안의 내용이 무력공격에 해당하는가를 평가해야 한다. ICJ는 반군에 대한 무기나 병참지원 정도는 무력공격에 해당하지 않는다고 판단했다.
그렇다고 병의 집단적 자위권은 행사요건이 갖추어지지 않았다고 바로 결론만 제시하면 좋은 점수를 받을 수 없다. 집단적 자위권의 요건도 검토해야 한다. 제시문은 무력공격의 희생국의 피침 선언과 집단적 자위권을 통한 지원요청이 있어야 한다고 설명하고 있다. 이러한 요건이 사안에서 충족되고 있는가? 을이 침략행위를 중지하라고 요청했으므로 피침선언이 있다고 볼 수도 있으나, 병국에 대한 요청이 없었다는 점은 명백하다. 따라서 병국의 집단적 자위권 행사의 요건은 성립되지 않는다.
이 문제는 제시문에 기본적인 내용이 설명되어 있기 때문에 그것만 해석하면 어느 정도의 답안을 작성할 수 있다. 사실 대부분의 답안이 일정 수준의 설명을 하고 있었다. 반면 특출나게 보이는 답안은 없었다. 그러다 보니 거의 대부분의 답안에서 점수차가 별로 나지 않았다. 이런 경우 같은 내용을 담고 있더라도 남보다 좀더 체계적으로 설명하고, 제시문 이상의 내용을 약간이라도 추가한 경우 좋은 점수를 얻게 된다. 제시문의 내용조차 제대로 소화하지 못한 답안의 경우 당연히 큰 실점을 하게 된다.

문제 2: 쉬운 주제는 아니나, 제시된 판결문에 이 개념에 대한 대강의 설명이 나와 있어 평소 공부한 부분에 대한 기억과 합하면 작성이 그다지 어려운 문제는 아니라고 생각하였다. 다만 제시문이 원래의 교과서에는 포함되어 있지 않는 수업시 추가제공 자료였고, 이를 공부해야 제대로 쓸 수 있는 문제였다. 이 문제는 평소 교수가 제공한 자료까지 충실히 읽은 수강생에게 유리하도록 의도된 바 있다. 별도 자료를 무시했던 학생은 좋은 답안을 쓰기 어려웠을 것이다.
소송참가를 설명하려면 서두에서 소송참가가 무엇인지 그 의의에 대한 기본설명을 먼저 하고 나서 구체적인 내용설명에 들어가야 하는데, 대부분의 답안이 다짜고짜 소송참가에는 규정 제62조에 의한 소송참가와 제63조에 의한 소송참가가 있다고 하며 바로 양자의 설명으로 들어가고 있었다.
답은 대체로 우선 1) 소송참가 제도의 의의를 설명하고, 2) 제62조와 제63조의 소송참가의 구별을 설명하고 3) 내용은 주로 제62조의 소송참가를 설명하면 된다. 4) 제62조의 소송참가에서는 당사자 참가와 비당사자 참가를 구별하여 그 각각의 특징과 차이점을 설명한다. 5) 마지막으로 그간 ICJ가 소송참가 제도를 어떻게 운영해 왔는가를 설명한다.
그러나 대부분의 답안이 의외일 정도로 좋은 수준이 못되었다. 사실 위에서 지적한 기본사항을 다 지적한 학생은 거의 없었다. 답안 중에는 제시문의 내용을 읽지도 않고 교과서에 나온 설명에만 의존하여 작성된 것이 있었는데, 이런 경우는 물론 좋은 점수를 기대하지 말아야 한다.
기타 기억되는 문제점으로는 다음과 같은 것들이 있었다. 적지 않은 답안이 제시문에 나온 제62조의 소송참가만을 설명하였다. 적지 않은 답안은 제63조의 소송참가를 다자조약의 해석에 관한 문제가 아닌 모든 조약관계에 관한 문제로 설명하였다. ICJ Rule과 Statute를 구별하지 못해 제시문을 엉뚱하게 해석한 답안도 있었다. 한글은 몇 자 없이 영어 지문만 잔뜩 옮겨 논 답안도 있었다.

문제 3: 아마 이런 문제를 처음 접하는 학생이 대부분일 것이다. 이런 문제를 낸 취지는 다음과 같다. 여러 해 전 일본에서 왜 동경대생은 바보가 되었는가라는 책이 나와 국내에도 번역 소개되었다. 책에서의 동경대생은 주로 법대생을 가리켰다. 동경대생이 바보가 된 이유는 서울대생에게도 거의 그대로 적용될 수 있는 내용이었다. 본 교수로서도 아주 공감이 갔다. 오래 전에 읽은 책이라 기억이 정확하지 않을지 모르겠으나 그중 이런 내용이 있었다. 그 책의 필자가 동경대에서 강의를 하며 수강생에게 각자 자신이 가장 잘 할 수 있는 주제를 택하여 보고서를 작성하라는 숙제를 내 주었는데 여러 학생이 찾아와 그런데 무슨 주제를 선택하면 좋겠냐고 물었다고 한다. 책의 필자는 이 바보 같은 녀석들 – 본인이 제일 잘 할 수 있는 것을 선택하라는데 그것도 스스로 결정하지 못하고 선생한테 와서 묻다니! 자신이 제일 잘 할 수 있는 것을 아는 사람은 바로 자기 자신 아닌가? 스스로 생각할 능력이 없는 한심한 녀석들! 책 내용은 대체로 요즘 세대의 서울대생에게도 그대로 들어맞는 평가라고 생각되었다. 여기서 힌트를 얻어 여러 해 전에도 한번 이와 동일한 문제를 낸 적이 있다. 평소 국제법에 흥미를 가져 수업 이상의 공부를 한 학생이 있으면 그 같은 자신의 성취를 과시해 보라는 취지였다. 사실 교수로서는 그런 학생에게 좋은 학점을 주고 싶다. 이런 문제도 자주 내면 소문이 나서 학생들이 대비를 할까봐 오래 전 한번 시도해 보았고, 이번에 다시 출제해 보았다.

문제의 특성상 어떤 주제를 왜 선택했느냐가 점수에 크게 반영될 것이다. 교과서에 나오는 전형적인 주제를 암기해서 쓴 학생은 좋은 점수를 받을 수 없다. 다소 미숙하더라도 자신만의 특별한 공부가 반영된 답안을 기대했다. 물론 대부분의 답안은 이런 기대와는 거리가 멀었다. 특별히 소개해줄 만한 눈에 띄는 주제의 답안은 없었다.

문제 4: 특별히 어려운 문제가 아니라 그런지 대부분의 답안이 기본적인 개념은 잘 서술하였다. 쉽다고 생각해선지 4번 문제임에도 불구하고 가장 먼저 답을 작성한 경우가 많았다. 대부분이 유사한 답안을 작성했으므로 작은 포인트를 노친 경우에도 차별화를 위해 그에 따른 감점이 불가피하다. 특정성의 원칙에 관해서는 왜 이런 원칙이 필요한가에 대한 구체적 설명을 한 답안은 많지 않았다. 기타 내용에 대해서는 특별히 설명할 필요가 없을 것이다.

전반: 이제까지의 교수생활 경험에 따르면 서울대학생의 답안 중 주어진 문제의 논점을 이해하고 전반적인 맥을 노치지 않고 쓴 답안은 5-10% 정도이다. 아

마 그 정도가 A학점에 해당하는 답안일 것이다. 과거 강의자의 국제법 은사 중에는 법대 국제법 수업에서 5% 정도만 최고점으로 A-를 주고, 나머지는 모두 B 이하로 주신 분이 있었다. 솔직히 필자 역시 학생시절에는 그 분의 학점이 너무 박하다고 생각했다. 나중에 그 분이 한번 필자에게 네가 직접 한 번 채점해 보라 하셨다. 직접 채점해 보니 정말 A를 줄만한 답안, 즉 전반적인 이해가 어느 정도 된 답안은 그 정도 수준이었다. 그래도 요새 출제자는 학교의 권장사항대로 A를 25-30% 수준에서 주고 있다. 과거에 비해 서울대 학점은 크게 인플레 되었다. 20년 전의 C는 요즘 B가 되고 있고, 과거의 B는 요즘 A가 되고 있다. 그렇다고 요즘 학생들이 공부를 하지 않는가? 그렇지는 않다. 아마 2-3배는 공부할 것 같다. 교수 역시 2-3배 이상 가르친다. 그런데 왜 답안의 수준은 오르지 않는가? 나름의 생각은 있지만 이 지면이 그 문제를 논할 자리는 아닌 것 같다.
답안의 양이 많은 것이 좋은가도 종종 질문한다. 무조건 많아야 된다고는 말할 수 없지만, 양이 적은 경우 좋은 점수를 사실 받기 어렵다. 그런 답안은 내용을 체계적으로 설명하고 못하고 요약지 같은 경우가 많고, 내용도 부실할 가능성이 높기 때문이다. 75분 시험에 앞뒤 2쪽 정도밖에 작성하지 못했다면 너무 양이 적은 편이다. 그건 아마 공부가 충분치 못해 답안 구상에 많은 시간을 쓴 탓일 수도 있다. 교수 생각에는 4쪽은 채울 필력이 있어야 정상이라고 생각한다.

2014년

1학기 국제법 1 (중간)

문제 1(40%): 유엔 총회 결의는 국제법적으로 어떠한 효력을 지닌다고 평가할 수 있는가? 다음 제시문들을 참조하면서 답하시오.

가. "The Court notes that General Assembly resolutions, even if they are not binding, may sometimes have normative value. They can, in certain circumstances, provide evidence important for establishing the existence of a rule or the emergence of an *opinio juris*. To establish whether this is true of a given General Assembly resolution, it is necessary to look at its content and the conditions of its adoption; it is also necessary to see whether an *opinio juris* exists as to its normative character. Or a series of resolutions may show the gradual evolution of the *opinio juris* required for the establishment of a new rule." (Legality of the Threat or Use of Nuclear Weapons, ICJ, 1996)

나. "국제연합의 '인권에 관한 세계선언'에 관하여 보면, 이는 그 전문에 나타나 있듯이 '인권 및 기본적 자유의 보편적인 존중과 준수의 촉진을 위하여 […] 사회의 각 개인과 사회 각 기관이 국제연합 가맹국 자신의 국민 사이에 또 가맹국 관할하에 지역에 있는 인민들 사이에 기본적인 인권과 자유의 존중을 지도 교육함으로써 촉진하고 또한 그러한 보편적, 효과적인 승인과 준수를 국내적, 국제적인 점진적 조치에 따라 확보할 것을 노력하도록, 모든 국민과 모든 나라가 달성하여야 할 공통의 기준'으로 보편적인 법적 구속력을 가지거나 국내법적 효력을 갖는 것으로 볼 것은 아니다." (헌법재판소 1991년 7월 22일 선고, 89헌가106 결정)

문제 2(30%): 다음의 제시문을 참조하며 사인(私人)의 권리의무와 관련하여 승인의 효력을 설명하시오.

"However, non-recognition should not result in depriving the people of Namibia of any advantages derived from international co-operation. In particular, the illegality or invalidity of acts performed by the Government of South Africa on behalf of or concerning Namibia after the termination of the Mandate cannot be extended to such acts as the registration of births, deaths and marriages." (Legal Consequences for States of the Continued Presence of South Africa in Namibia (South West Africa) notwithstanding Security Council Resolution 276(1970), ICJ, 1971)

문제 3(30%): 다음의 용어를 약술하시오.
가. 피해자 국적주의(passive nationality principle)
나. *jus gentium*

✎ 채점 소감

문제 1: 유엔 총회 결의는 그 자체로 국제법으로서의 구속력이 없으나, 이는 내용과 상황에 따라서 관습국제법을 형성하는 계기가 되거나 관습국제법의 증거로서의 가치를 지닌다는 사실은 거의 모든 수강생이 잘 알고 있었다. 그런 정도로만 대답하면 잘 쓴 답안일까? 제시문 [나]는 총회 결의의 하나인 세계인권선언을 총회 결의이기 때문에 보편적 법적 구속력을 갖거나 국내법적 효력을 지니지 못한다고 판단하고 있다. 이는 제시문 [가]가 총회 결의가 비록 그 자체로는 구속력이 없다 하여도 규범적 가치를 지니고 국제관습법의 일부가 될 수 있다는 기조에서 설명하고 있는 것과 차이가 나지 않는가? 출제자의 의도는 이 양자를 결합하는 설명을 기대한 것이다. [가]의 관점에서 [나]를 평하는 내용도 기대했다.

그러나 다수의 답안이 양자를 결합시켜 설명할 생각은 하지 못하고 단순히 평면적인 나열에 그치고 있었다. 양자의 취지를 그냥 요약 제시하는 수준. 절반 이상의 답안이 [나]에 관하여 별다른 평가를 하지 않았고, 적지 않은 답안이 제시문 [나]는 별달리 언급조차 하지 않았다. 만약 이 문제 하나만의 채점을 절대평가로 한다면 A학점 수준의 답안은 2할 내외 정도이고 대부분은 답안은 B 내지 그 이하의 수준이었다.

기타 총회 결의의 효력 중 기관 내부운영에 관한 결의의 구속력은 언급하지 않아도 무방하다. 총회 결의는 조약이 아닌데 자기집행적/ 비자기집행적 조약의 효력과 연결시켜 설명하려는 시도는 부적절하다. 논점을 파악하지 못하고 유엔 총회의 결의와 관련된 여러 가지 이야기를 서술한 경우는 설사 내용상 맞는 이야기일지라도 별 의미 없는 답안이 되기 쉽다.

문제 2: 승인의 국제법적 효력에 있어서는 선언적 효과설이 다수설임은 잘 알고 있을 것이다. 그러나 국내법적 효력에 있어서는 모든 국가가 항상 일관된 태도를 보이지는 않으며, 미승인국에 대해서는 국내법원에서의 제소능력이나 주권면제 등 국가로서의 기본적 권리의무 능력을 인정하지 않는 경우가 많다. 적어도 미승인국에 대해 이러한 권리를 인정하지 않아도 국제법 위반이라고는 하지 않는다. 그러나 개인의 권리의무에 관한 분야에서는 대체로 미승인국 국민이라 하여도 본국법상의 권리의무의 효력이 인정되고 있다. 미승인국 국민 개인의 제소권이 부인되지도 않는다. 제시문은 그런 점을 표시하고 있다. 제시문도 있고 어려운 논점도 아니라 그런지 대부분의 학생이 질문의 취지를 잘 이해하고 답안을 작성했다. 다만 승인의 국내법상 효력에서 사인의 권리의무에 관한 부분과 국가 자체의 권리의무에 관한 부분이 차이가 난다는 사실은 적시해야 좋다. 대체적으로 이 문제에 있어서는 점수 차이가 크지 않았다.

문제 3: 약술형이므로 별도의 평은 하지 않음.

공통: 수업시간에도 말한 바와 같이 법학은 다른 학문분야보다 특히 초기 진입장벽이 높다. 단순한 암기만으로도 충분치 않다. 비전공자가 좋은 법학답안을 쓰기까지에는 시간이 좀 걸린다. 그렇다고 법학 초심자를 위한 무슨 특별한 비법이 있는 것은 아니다. 시간을 갖고 내공을 쌓아야 된다. 그리고 요즘 학생들은 답안지의 양이 매우 적어서 채점하기 참 편하다. 너무 간단히만 쓴다면 고득점에는 통상 불리하다.

2014년

1학기 국제법 1 (기말)

문제 1(35%): 발효 중인 조약의 당사국은 다른 당사국이 조약의무를 위반한 경우 어떠한 대응을 할 수 있는가? 단 단순 항의나 국제기구에 대한 호소와 같은 정치적 대응방법이나 무력사용 등의 방법은 포함하지 말고, 조약법과 국가책임법의 테두리 내에서의 대응방법만 제시하시오.

문제 2(30%): 다음 제시된 판결문을 읽고 답하시오.

"265. The Court will now address Nigeria's argument that its constitutional rules regarding the conclusion of treaties were not complied with. [···] The rules concerning the authority to sign treaties for a State are constitutional rules of fundamental importance. However, a limitation of a Head of State's capacity in this respect is not manifest in the sense of Article 46, paragraph 2, unless at least properly publicized. This is particularly so because Heads of State belong to the group of persons who, in accordance with Article 7, paragraph 2, of the Convention "[i]n virtue of their functions and without having to produce full powers" are considered as representing their State.

The Court cannot accept Nigeria's argument that Article 7, paragraph 2, of the Vienna Convention on the Law of Treaties is solely concerned with the way in which a person's function as a state's representative is established, but does not deal with the extent of that person's powers when exercising that representative function. The Court notes that the commentary of the International Law Commission on Article 7, paragraph 2, expressly states that "Heads of State … are considered as representing their State for the purpose of performing all acts relating to the conclusion of a treaty" ([…]).

266. Nigeria further argues that Cameroon knew, or ought to have known, that the Head of State of Nigeria had no power legally to bind Nigeria without consulting the Nigerian Government. In this regard the Court notes that there is no general legal obligation for States to keep themselves informed of legislative and constitutional developments in other States which are or may become important for the international relations of these States." (Land and Maritime Boundary between Cameroon and Nigeria, ICJ, 2002)

가. 이 사건에서 나이지리아가 문제의 합의가 법적 효력이 없다고 주장한 이유는 무엇이었고, 이에 대해 재판부는 어떻게 판단하였는가?

나. 국내법을 위반하여 조약이 무효라는 주장을 국내법 위반의 해당국이 아닌 국내법 위반과 무관한 상대국도 주장할 수 있을까?

참고: 비엔나 조약법 협약 제7조 2항 "다음의 자는 그의 직무상 또한 전권 위임장을 제시하지 않아도 자국을 대표하는 것으로 간주된다.
(a) 조약의 체결에 관련된 모든 행위를 수행할 목적으로서는 국가원수·정부수반 및 외무부장관"
제46조 2항 "통상의 관행에 의거하고 또한 성실하게 행동하는 어느 국가에 대해서도 위반이 객관적으로 분명한 경우에는 그 위반은 명백한 것이 된다."

문제 3(25%): 한국은 대한제국 시절 설치되어 광복 이후 방치되었던된 러시아 공사관 부지를 1960년대 일방적으로 국유 재산화하였다. 후일 한국과 소련(러시아)이 수교하자 소련(러시아)은 이에 대한 배상(또는 보상)을 요구하였다. 한국이 미수교 상태인 소련의 동의 없이 일방적으로 구 공사관 부지를 수용한 것은 국제법상 어떻게 평가될 수 있는가? 한국은 수용에 대한 대가를 소련(러시아)에 지불할 국제법상의 의무가 있는가?

문제 4(10%): 국가책임법상 "위난(distress)"을 간단히 설명하라.

✎ 채점 소감

문제 1: 이는 교과서의 어느 한 부분을 잘 숙지하면 작성할 수 있다기보다 조약법과 국가책임법에 대한 전반적인 이해를 바탕으로 종합적으로 설명할 필요가 있는 문제이다. 진짜 실력이 발휘될 수 있는 문제이며, 가장 배점도 많이 했다. 별 생각 없이 무심코 지나친 수강생들도 있었겠지만 사실 수업시간 중 이 논점에 대해 간단히 지적을 했었다. 그리고 주의 깊은 수강생이라면 교과서 p.334의 판례 공부를 통해서도 논점을 파악할 수 있었을 것이다. 사실 이 문제에서는 따지고 들면 조약법과 국가책임법의 상당부분(또는 거의 전반)이 다 조금씩이라도 관련된다고 할 수 있겠지만, 출제자는 답안의 골격으로 대체로 다음과 같은 점이 중점적으로 지적되기를 기대했다.

우선 문제의 조약 자체의 위반에 대한 대처방법이 미리 정해져 있으면, 그에 따른 조치가 취해질 수 있다. 예를 들면 중재재판의 제소가 규정되어 있으면 이러한 방법을 취할 수 있다.

조약법상으로 조약의 중대한 위반이 있으면 다른 당사국은 조약을 정지 또는 종료시킬 수 있다. 단 이 경우는 "중대한" 의무 위반이 있어야 하며, 위반된 해당 조약만을 종료, 정지시킬 수 있다는 점에서 다음의 대응조치와 구별된다.

상대방의 조약 위반이 있으면 국가책임법에 따른 책임을 추궁할 수도 있다. 일단 대응조치를 취할 수 있다. 이 경우는 반드시 동일한 조약상의 의무만을 거부할 수 있지 않으며, 당해 조약과 직접 관계없는 다른 국제법상의 의무를 거부할 수도 있다는 점에서 위 조약법상의 대응방법과 차이가 난다. 또한 중대한 의무 위반이 아닌 경우에도 취할 수 있다는 점에서 역시 차이가 난다.

또한 조약위반에 따른 국가책임법상의 배상책임을 추궁할 수도 있다. 구체적인 내용은 생략한다.
대략 이런 골격에서 세세한 내용을 좀 더 첨가하였다면 좋은 답안이다. 보복을 추가해도 물론 좋다. 중대한 위반으로 인한 조약 종료와 대응조치의 차이를 비교 설명했으면 매우 좋았을 것이나 그 점까지 언급한 답안은 하나도 없었다.
적지 않은 답안이 개념의 혼선 속에서 작성되었다. 조약법과 국가책임법의 성격을 혼동한 답안이 많았다. 특히 국가책임제도 전반 내지 상당 부분을 교과서 서브노트식으로 요약 설명하기만 한 답안도 여럿 있었다. 답답한 답안이었다.

문제 2: 제시문이 길지만 교과서를 사전에 잘 공부한 수강생은 내용 파악에 어려움이 없었을 것이다. 나이지리아는 서명된 합의가 국가원수 단독으로 할 수 있는 권한을 넘는 주제라는 지적과 함께 상대국 카메룬은 이 같은 자국의 헌법상의 제한을 알았거나 알았어야 한다고 주장했다. 즉 국내법 위반을 이유로 조약의 무효를 주장할 수 있느냐가 논점이다. 비교적 어렵지 않은 논점이라 대부분 이 내용을 잘 알고 있었다. 교과서에도 설명이 잘 나와 있기에 특별한 설명을 덧붙일 필요 없으리라 생각한다.
두 번째 질문은 비엔나 협약에 명문의 규정은 없고, 수업시간에도 별달리 취급하지 않은 주제이다. 검토에 제시되어 있던 문제임을 기억하는 학생이 있을 것이다. 사실 이와 관한 국제적 선례도 없다. 비엔나 협약은 국내법 위반을 이유로 조약의 무효를 주장할 수 없음이 원칙이나 국내법 위반이 명백하고 근본적으로 중요한 것이라면 무효를 주장할 수 있다고 규정하고 있다. 다만 중대한 국내법 위반의 경우라도 해당국이 이의를 제기하지 않으면 문제되지 않는다. 따라서 상대방이 이 같은 주장을 할 수는 없다고 일반적으로 해석된다. 그런 의미에서 조약의 절대적 무효사유와는 다르다. 이 두 번째 질문에 대하여는 논점과 관계없는 엉뚱한 내용의 답안이 적지 않았다.
대부분의 수강생이 기본 논점은 파악하고 있었는데, 비슷한 내용이라도 어떤 순서에 의하여, 정확한 법률용어를 사용하면서, 어떻게 체계적으로 설명하고 있느냐라는 관점에서 보면 답안 간의 차이도 적지 않았다.
법률답안을 그럼 어떻게 써야 하느냐고 묻는 학생들이 있다. 사실 이런 질문은 답하기도 어렵고 솔직히 어리석은 질문이다. 정확한 내용을 정확한 용어를 통해 체계적으로 잘 작성하면 되기 때문이다. 그런 답안을 작성하기 위해서는 내용을 충분히 이해해야 되고, 법률적 사고방식을 잘 갖추어야 한다.
이상은 하나 마나 한 답변으로 들리겠지만 공부에 별다른 왕도는 없다. 그저 꾸준히 공부하고 많이 생각해 보는 수밖에 없다. legal mind는 오랜 시간의 공부를 거쳐 천천히 형성된다. 자기 스스로 습득해야지 남이 전달해 줄 수 있는 것도 아니다. 이를 빨리 얻기 위한 요령도 따로 없다. 배우는 과정의 학생은 부족한대로 끊임없이 노력하는 수밖에 없다. 많은 사례를 공부하는 것이 중요하다.

문제 3: 외교공관의 부지를 접수국이 수용할 수 있는가? 비엔나 협약이나 관습법상으로 해당국의 동의 없이는 수용할 수 없다고 해석된다. 그 근거는 공관의 불가침에서 유래한다. 공관의 불가침은 왜 인정되는가? 무엇보다도 공관의 기능을 보호하기 위함이다. 그런데 문제의 러시아 공관은 광복 이후 공관으로서의 기능을 수행한 적이 없다. 한국과 소련은 장기간 외교관계 자체가 없었다. 따라서 이 경우는 보호할 공관의 기능 자체가 없는 상황이었다. 이의 수용이 국제법상 위법은 아니라고 판단된다. 국제법상 수용할 수 있다고 하여도, 그 원 소유권 자체가 부인된 것은 아니므로 한국으로서는 수용에 따른 보상의무가 있다.
이상의 설명과정에서 국내의 러시아 공관이 본래 외교공관으로서의 지위였는가, 아니면 영사관의 지위였는가가 문제될 수 있다. 러시아 공관은 외교공관으로 개설되었지만, 일제 통치로 인하여 영사관으로 지위가 변경되었다. 실제로 일반적인 상황에서 접수국이 수용할 수 있는가에 대해 양자의 법적 지위는 차이가 난다. 그러나 이 문제에서는 러시아 공관이 기능을 하지 못하고 있었기 때문에 외교공관이든 영사관이든 법적 결과에 차이는 없다.
수용이 합법적이면 이는 이로 인해 국가책임은 발생하지 않는다. 국가책임은 위법한 행위로부터 발생하기 때문이다. 이 점을 혼동한 답안이 많았다. 물론 한국은 배상책임이 없다. 보상의무가 있을 뿐이다.
구 러시아가 한국과 수교한 소련과 동일 국가였는가도 문제될 수 있다. 국제법적으로 양자의 국가로서의 동일성이 인정된다는 점에 별다른 이견이 없다. 실제로 한 · 러 양국이 이 문제를 어떻게 해결했는가까지 답안에서 설명할 필요는 물론 없다. 질문의 대상이 아니기 때문이다.

특이한 답안 설명 몇 가지: 6.25가 1960년 발발했다고 설명한 답안이 있었다. 한국과 소련이 1950년 6.25를 계기로 단교하였다고 설명한 답안도 있었다. 주권면제나 국가행위이론에 의해 설명하려는 답안도 있었는데 이 점이 문제될 사안은 물론 아니다.

추가: 전체적으로 문제 수가 많아 시간이 넉넉하지 않았을 것이다. 의도적으로 이렇게 출제를 했다. 많은 공부를 한 수강생일수록 빠르게 논점을 파악하여 빠르게 답안을 구성할 수 있기 때문이다. 중간고사에서는 전반적으로 편차가 그다지 크기 않았는데, 기말고사에서는 편차가 크게 난 편이 되었다. 그 결과 성적에서 기말고사가 더 큰 영향을 미치게 되었다.

2014년

2학기 국제법 2 (중간)

문제 1(25%): 다음의 판결문에 나타난 "automatic succession"의 개념을 설명하시오.

"111. [···] The Appeals Chamber is of the view that irrespective of any findings as to formal succession, Bosnia and Herzegovina would in any event have succeeded to the Geneva Conventions under customary law, as this type of convention entails automatic succession, i.e., without the need for any formal confirmation of adherence by the successor State. It may be now considered in international law that there is automatic State succession to multilateral humanitarian treaties in the broad sense, i.e., treaties of universal character which express fundamental human rights." (Prosecutor v. Delacic et al. [2001] ICTY Case No IT－96－21－A)

문제 2(25%): 다음의 판결문에 제시되고 있는 "*effectivités*"의 의미를 설명하시오.

"136. The Court finally observes that it can only consider those acts as constituting a relevant display of authority which leave no doubt as to their specific reference to the islands in dispute as such. Regulations or administrative acts of a general nature can therefore be taken as *effectivités* with regard to Ligitan and Sipadan only if it is clear from their terms or their effects that they pertained to these two islands. [⋯]

140. Finally, Indonesia states that the waters around Ligitan and Sipadan have traditionally been used by Indonesian fishermen. The Court observes, however, that activities by private persons cannot be seen as *effectivités* if they do not take place on the basis of official regulations or under governmental authority." (Case concerning Sovereignty over Pulau Ligitan and Pulau Sipadan , Indonesia/Malaysia, 2002 ICJ Reports 625)

문제 3(30%): 갑국 선적의 민간 화물선 A호가 다음의 수역을 통과하다가 항해사의 과실로 을국 선적의 민간 어선 B호와 충돌하였다. 이 사고로 B호 선원 2명이 사망하였고, 선박은 대파되었다. 사고 직후 A호가 을국 항구로 입항하자, 을국은 일단 A호의 출항을 금지시켰다. 을국 관헌은 이 사고의 책임이 있는 A호의 항해사(갑국인)를 과실치사 혐의로 을국 법원의 재판에 회부하여 처벌을 하려 하였다. 한편 B호의 선주는 이 사고로 인한 민사적 손해를 을국 법원에서의 소송을 통해 배상받기 원하였다.

사고 지점을 각각 다음과 같이 가정하였을 때 위 형사 및 민사 사건에 대하여 을국 법원이 재판관할권을 행사할 수 있는가를 설명하시오.

가. A호가 을국 내수를 통과하던 중

나. A호가 을국 영해를 통과하던 중
다. A호가 을국 배타적 경제수역(EEZ)을 통과하던 중
라. A호가 공해를 통과하던 중

문제 4(20%): 1982년 해양법협약상의 심해저 개발체제의 골격을 설명하시오.

✎ 채점 소감

문제 1: 이 판결문은 교과서에는 없고, 수업게시판을 통해 보충한 내용이다. 이 문제는 평상시 수강생들이 이렇게 제공된 자료도 유의하고 있는가를 테스트하는 의미도 있었다. 인권조약의 자동승계에 대해서는 교과서에서도 독립된 항목으로 설명을 하고 있으니 상세한 내용은 그것을 보면 된다. 이를 지지하는 입장의 핵심은 조약상의 권리가 주민의 권리라고 생각하는 점이다. 이러한 개념이 관습국제법에 해당하는지는 아직 분명치 않다.
그런데 의외로 많은 답안이 ICJ가 이 자동승계 개념을 지지하는 판결을 내렸다고 설명하고 있었다. 교과서에 제시된 판결문은 판사의 개별의견일 뿐이며, ICJ 다수의견이 이 문제에 대해 의견을 표명한 적은 없었다. 적지 않은 답안이 제시된 판결문을 ICJ 판결로 설명하고 있었다. 지문 속에도 표시되어 있지만 이는 ICTY 판결문이다. 이 문제를 답하기 위해 영토주권 이전에 따른 조약승계를 전반적으로 상세 설명할 필요는 없다.

문제 2: *effectivités*는 사실 설명하기 쉽지 않은 개념이다. ICJ 판결문에서 이 개념은 1986년 부르키나 파소 – 말리 국경분쟁 사건 판결에서 처음 등장했다. 이는 영토의 실효적 지배(effective control)와는 다른 개념이라 이를 구별하기 위해 이의 표기도 번역을 하지 않고 그냥 원어를 사용하고 있다. 국제판례에서도 영어 단어로는 정확히 표시할 수 없다고 보아 이 용어를 쓰고 있다.
그런데 의외로 많은 답안이 이를 실효적 지배와 동일시하여, 단순히 실효적 지배 자체를 설명했다. 이는 방향을 좀 잘못 잡은 답안이다. 통상 실효적 지배는 선

점이나 시효취득 같은 권원 확립을 위한 성립요건 중의 하나이다. 그러나 제시문에서의 *effectivités*는 권원의 성립요건이 아니라, 권원의 존재에 대한 증거로서 활용되고 있다는 점에서 양자는 같지 않다. 이미 명백히 확인될 수 있는 권원이 성립되어 있다고 인정되는 경우 *effectivités*는 별다른 대항력을 발휘할 수 없으나, 권원의 확인이 모호하고 불확실한 경우 *effectivités*가 영유권 판정에 있어서 중요한 역할을 하게 된다. 양자는 외부로 들어나는 태양이 유사하거나 중복적인 경우가 많지만 개념상으로 동일하지 않다는 점을 전제로 설명을 해야 좋은 점수를 받을 수 있다.

문제 3: 이 사건은 사고를 일으킨 선박 A호가 자발적으로 을국 항구로 입항을 하였기 때문에 현재는 을국 내수 안에 소재하고 있다는 점에 비교적 간단한 문제가 되었다. 외국 선박의 타국의 내수로에 입항은 국제법상 특별히 예외가 인정되지 않는 한(예, 군함의 주권면제) 자신을 그 국가의 민형사 관할권에 완전히 맡기는 결과가 된다. 따라서 만약 A호가 사고를 일으킨 해역에 그대로 소재하고 아직 을국 항구로 입항하지 않고 있다고 하면 사건 내용에 따라 처리방향이 달라졌을 것이다. 그런데 이 점을 혼동한 답안이 적지 않았다. 예를 들어 1) 외국의 영해를 통과 중인 선박이 관련된 사건과 2) 외국의 영해를 통항중 사고가 발생했어도 본 문제의 경우와 같이 바로 그 나라 항구로 입항한 선박의 경우는 사건에 따라 연안국의 관할권 행사에 있어서 당연히 차이가 난다. 해양법 협약의 내용은 주로 현재 항해중인 선박을 전제로 하고 있어서 본 문제와는 사정이 다른 경우가 많다. 그런데 많은 답안이 배가 현재 내수인 항구에 이미 입항했다는 사실을 전제하지 않고 답하여 좀 엉뚱한 설명을 장황히 늘어놓았다.

그리고 문제는 형사사건과 민사사건의 재판관할권 행사 가능 여부를 별개로 물었는데, 너무나 많은 답안이 양자를 구별하지 않고 동일하게 답하였다. 특히 공해의 경우 선박충돌로 인한 사고로 인해 선장 등에 대한 형사책임이 발생하는 경우 그에 대한 형사절차는 기국이나 국적국에서만 진행할 수 있다는 해양법협약 제97조는 어디까지나 “형사책임”에 한한 내용인데, 수많은 답안이 당연히 민사관할권 행사도 동일한 것으로 설명하였다.

위 2가지 핵심 쟁점에서 혼선을 일으킨 답안이 너무 많아 답안의 질은 대체로 좋지 않았다. 이에 정리한다면 민사관할권은 사고의 위치와 관계없이 항만국이 관할권을 행사할 수 있다. 형사관할권은 해양법협약 제97조에 따라 공해상의 사고에 대해 일반 항만국이 재판관할권을 행사할 수 없을 뿐이다.

문제 4: 심해저개발체제를 설명하라는 문제에 대해서는 의외로 제대로 된 답안이 없었다. 점수 배점도 가장 적은데다 맨 뒤에 있어서 나중에 하다 보니 시간이 부족했는가? 구체적인 설명은 교과서를 보면 다 알 수 있는 내용이다. 인류 공동의 유산, 병행개발체제, 선행투자가 보호, 광구유보제도 등이 핵심 키워드인데 이 4개의 용어를 모두 포함한 답안이 극히 드물었다. 대부분의 답안이 기본 점수도 얻기 어려운 수준 이하의 내용이었다. 그래서 배점이 적었음에도 불구하고 간혹 발견된 제대로 쓴 답안과는 의외로 큰 점수 차가 났다.

2014년

2학기 국제법 2 (기말)

문제 1(40%): 유엔 회원국인 갑국과 을국은 국경지대의 작은 마을인 A 지역을 서로 역사적으로 자국령이라고 주장하며 대립하고 있었다. 현재 A 지역은 갑국이 통제하고 있다. 2014년 11월 1일 완전무장한 을국 병력 약 20명이 예고 없이 A 지역에 진입하자, 양국 병력 간에는 총격전이 벌어졌다. 이 충돌로 갑국 병사 약 6명이 사망하였다. 을국 병력은 미미한 피해만을 입고 일단 A 지역으로부터 철수하였다. 약 1주일 뒤인 11월 8일 갑국은 공군기를 포함한 대규모 병력을 동원하여 11월 1일자 충돌시 참여한 을국 병력의 기지를 보복 공격하여 적지 않은 인명 피해를 입히고 약 3일 간 그 일대를 점령하며 군사시설을 파괴한 후 철수하였다.

11월 12일 을국은 이 사건을 유엔 안전보장이사회에 제기하며 갑국에 대한 제재를 요청하였다. 안보리는 논의 끝에 11월 17일 무력분쟁을 개탄하며 모든 유엔 회원국은 갑을 양국에 무기공급을 즉시 중단할 것과 갑을 양국은 안보리 의장의 알선 하에 분쟁해결을 도모하라고 결의하였다.

한편 11월 15일 을국은 갑국을 상대로 ICJ에 이 충돌로 인한 손해배상 청구 소송을 제기하였다.

가. 안보리 상임이사국 T국은 갑국과 우호관계이다. T국은 분쟁의 원인을 따지지 않고 갑을 양국을 동등하게 취급하는 결의에는 찬성을 할 수 없다며, 11월 17일자 안보리 표결에 불참하였다. 이후 이 결의는 유엔 헌장 제27조 위반이라고 주장하였다. 이를 평가하시오.

나. 유엔 비회원국인 K국은 안보리 결의에도 불구하고 을국에 대한 기존의 무기공급조약은 약속대로 이행하겠다고 발표했다. K국의 이 같은 입장을 평가하시오.

다. 갑국은 아무런 조건없이 ICJ 규정 제36조 2항 선택조항을 수락하고 있었으며, 을국은 영토분쟁은 ICJ 재판관할권을 배제한다는 조건 하에 선택조항을 수락하고 있었다. 피소된 갑국은 현재 이 사건 제소가 안보리 결의 위반으로 ICJ는 관할권을 행사할 수 없다고 주장하였다. 또한 이 사건은 근본적으로 영토분쟁이므로 을국의 유보를 근거로 자신은 소송에 임하지 않겠다고 발표하였다. 갑국 주장의 타당성을 검토하시오.

라. 갑국은 12월 8일의 자국의 행동을 헌장 제51조에 따른 자위권의 행사라고 주장하였다. 이 주장을 평가하시오.

참고: 유엔 헌장 제27조 1. 안전보장이사회의 각 이사국은 1개의 투표권을 가진다.

2. 절차사항에 관한 안전보장이사회의 결정은 9개 이사국의 찬성투표로써 한다.

3. 그 외 모든 사항에 관한 안전보장이사회의 결정은 상임이사국의 동의 투표를 포함한 9개 이사국의 찬성투표로써 한다. 다만, 제6장 및 제52조 제3항에 의한 결정에 있어서는 분쟁당사국은 투표를 기권한다.

제51조 이 헌장의 어떠한 규정도 국제연합회원국에 대하여 무력공격이 발생한 경우, 안전보장이사회가 국제평화와 안전을 유지하기 위하여 필요한 조치를 취할 때까지 개별적 또는 집단적 지위의 고유한 권리를 침해하지 아니한다. 자위권을 행사함에 있어 회원국이 취한 조치는 즉시 안전보장이사회에 보고된다. 또한 이 조치는, 안전보장이사회가 국제평화와 안전의 유지 또는 회복을 위하여 필요하다고 인정하는 조치를 언제든지 취한다는, 이 헌장에 의한 안전보장 이사회의 권한과 책임에 어떠한 영향도 미치지 아니한다.

문제 2(30%): 다음에 제시된 판결문을 참조하면서 국제법상 "인도에 반하는 죄"를 설명하시오.

"579. The Chamber considers that it is a prerequisite that the act must be committed as part of a wide spread or systematic attack and not just a random act of violence. The act can be part of a widespread or systematic attack and need not be a part of both.

580. The concept of 'widespread' may be defined as massive, frequent, large scale action, carried out collectively with considerable seriousness and directed against a multiplicity of victims. The concept of 'systematic' may be defined as thoroughly organised and following a regular pattern on the basis of a common policy involving substantial public or private resources. There is no requirement that this policy must be adopted formally as the policy of a state. There must however be some kind of preconceived plan or policy.

581. The concept of 'attack' maybe defined as a unlawful act of the

kind enumerated in Article 3(a) to (I) of the Statute, like murder, extermination, enslavement etc. An attack may also be non violent in nature, like imposing a system of apartheid, which is declared a crime against humanity in Article 1 of the Apartheid Convention of 1973, or exerting pressure on the population to act in a particular manner, may come under the purview of an attack, if orchestrated on a massive scale or in a systematic manner.

582. The Chamber considers that an act must be directed against the civilian population if it is to constitute a crime against humanity. Members of the civilian population are people who are not taking any active part in the hostilities, including members of the armed forces who laid down their arms and those persons placed hors de combat by sickness, wounds, detention or any other cause. Where there are certain individuals within the civilian population who do not come within the definition of civilians, this does not deprive the population of its civilian character." (Prosecutor v. Jean-Paul Akayesu, ICTR. Case No. ICTR-96-4-T(1998))

문제 3(30%): 다음을 약술하시오

(가) ICJ 재판사건에서의 "잠정조치"

(나) UN Human Rights Council

(다) 국제환경법상 "사전주의의 원칙"(precautionary principle)

✎ 채점 소감

문제1:

(가) 안보리 상임이사국의 표결 불참을 어떻게 해석하여야 하느냐의 문제이다.

비교적 쉬운 문제이므로 이를 거부권 행사로 보아야 한다는 답안은 사실상 없었다. 결론은 거의 다 같으므로 이에 관한 유엔 안보리에서의 관행과 헌장 해당조항의 해석을 얼마나 세련되게 설명하느냐에 따라 점수 차이가 난다.

(나) 안보리 결의를 비회원국도 지켜야 하는가? 우선 안보리 결의는 구속력이 있는가? 안보리 결의라고 하여 무조건 구속력이 있는 것은 아니다. 권고적 성격의 결의도 있다. 한 개의 결의 속에서도 내용에 따라 구속력 있는 부분과 없는 부분이 같이 있을 수도 있다. 그런데 지문에서는 이 부분에 대한 설명이 명확치 않다. 결의의 문안이 제시되지도 않았으니 학생들로서는 판단이 쉽지 않다. 이러한 전제하에 설명을 해야 한다.

해당 부분이 구속력 없는 결의라면 특별히 문제될 것이 없다. 그러나 만약 구속력 있는 결의로써 채택되었다면 비회원국에 대한 효력은 어떻게 되는가? 헌장 제25조는 유엔 "회원국은 안전보장이사회의 결정을 이 헌장에 따라 수락하고 이행할 것을 동의한다"고 규정하고 있어서 안보리 결의의 구속력의 근거가 되고 있다. 그러나 조약은 당사국에 대해서만 구속력을 가짐은 조약법상의 기본 원칙이다. 안보리 결의라고 해서 비회원국에게 당연히 구속력을 가질 수는 없음이 원칙이다.

그런데 제2조 6항은 "기구는 국제연합의 회원국이 아닌 국가가 국제평화와 안전을 유지하는데 필요한 한 이러한 원칙에 따라 행동하도록 확보한다(shall ensure)"라고 규정하고 있다. 과거 H. Kelsen 같은 학자는 이 조항이 혁명적 조항으로서 국제평화와 안전을 위해 유엔은 비회원국에게도 법적 의무를 부과할 수 있다고 주장했으나, 그리 많은 호응을 받지는 못했다. 또한 이 문언 자체는 유엔이 비회원국의 준수를 확보하도록 강제조치까지 취해야 된다는 의미로는 해석되지 않으며, 준수하지 않는 비회원국에게는 정치적 또는 기타 비강제적 조치를 통해 준수를 유도하라는 의미로 통상 해석된다.

그러나 안보리의 결의 내용이 관습국제법 등 다른 국제법적 근거를 갖는 한 비회원국도 이를 준수할 의무가 있다. 제2조 6항은 "이러한 원칙에 따라 행동하도록 확보한다"고 규정하고 있는데, 특히 제2조 제1항 내지 제4항의 내용은 관습국제법에 해당한다고 평가된다. 안보리가 이러한 원칙에 입각한 결의를 하였다면 비회원국도 이를 준수할 의무를 진다.

한편 제5항은 “유엔이 방지조치 또는 강제조치를 취하는 대상이 되는 어떠한 국가에 대하여도 원조를 삼간다”고 규정하고 있다. 제시문만으로는 명백하지 않지만 안보리가 이번 사태를 국제평화와 안전을 침해한다고 규정하여 헌장 제7장에 근거한 강제조치로서 무기 금수를 결정한 것이라면 – 아마 그러리라고 추정된다 - 유엔 국제법위원회가 작성한 국가의 권리의무에 관한 초안(1949) 제10조도 이는 “모든 국가”의 의무라고 해석한 바 있다(Article 10: Every State has the duty to refrain from giving assistance to any State which is acting in violation of article 9, or against which the United Nations is taking preventive or enforcement action.). 또한 이는 국제위법행위를 범하는 국가를 지원하지 말아야 할 국가의 일반적 의무와도 일치할 가능성이 높다. 결의 내용이 이러한 성격이라면 비회원국도 준수해야 할 것이다.

그래도 몇 가지 의문이 더 제기될 수 있다. 무기의 무상증여도 아니고 기존의 무기매매 계약을 이행하는 행위가 그 국가에 대한 “지원”이라고 할 수 있는가? 무기의 내용이 문제될 수도 있겠으나 통상적으로는 지원으로 해석될 수 있을 것이다.

그런데 제시문에 따르면 안보리 결의는 “모든 유엔 회원국”을 상대로 채택되었다. 문언 자체에서 비회원국에 대한 적용 의사가 표현되어 있지 않다. 이는 과거 로디지아 문제에 있어서 안보리가 “모든 국가”를 대상으로 결의를 채택한 적이 있던 사실과도 대비된다(1972년 안보리 결의 제314호). 그렇다면 안보리는 비회원국의 무기공급은 금지하지 않을 의사였다고 해석해야 하는가? 이러한 가정은 좀 우스꽝스러우나 하여간 문언에 따르면 그런 해석도 충분히 가능하다. 현실에서는 유엔 비회원국이 사실상 없기 때문에 회원국이라고 표현해도 별다른 차이가 없다. 그러나 하여간 문제에서는 비회원국이라고 표현했고, K국은 비회원국으로 설정되어 있다. K국의 입장에서는 비적용을 주장할 충분한 근거가 있다.

짧은 시험시간 중에 학생들이 이상과 같은 모든 사정과 논점을 고려하여 답안을 작성하기는 불가능하다. 출제교수 역시 기대하지 않는다. 그럼에도 불구하고 학생들이 이상과 같은 논점들을 어느 정도 생각해 내고, 결론을 어떻게 내리든 간에 이를 바탕으로 각자 어떠한 논리적 체계를 세워 답안을 작성했느냐에 따라 점수가 부여된다.

위에서 지적들은 비교적 간략한 설명이므로 학생들로서도 여러 가지 의문이 생기리라 생각한다. 학자들에 따라 의견이 다른 부분도 많으므로 꼭 위의 설명만이 정답이라고 주장하지도 않겠다. 이런 저런 반론도 가능하다. 학생들로서는 의문이 있으면 각자 나름대로 공부하기 바란다.

(다) 첫째, 안보리 의장의 알선에 회부되었다면 사건 당사국의 ICJ 제소는 제한되는가? 이 사건에서는 재판소 제소가 더 먼저 일어났다. 일단 성립된 관할권을 설사 안보리 결의라도 이를 부인할 수는 없다. 한편 알선은 일종의 외교적 타결을 도모하는 시도이므로 주어진 제시문의 내용만으로는 그것으로 인해 재판소 제소가 금지된다는 결론이 나오기 어렵다. 그렇다면 답안의 핵심은 ICJ에 회부된 사건이 영토분쟁이라 상대의 유보를 근거로 재판소의 관할권을 부인할 수 있는가 여부이다. 이 사건의 원인은 영토분쟁에서 비롯되었다고 할 수 있겠으나, 현재 재판소에서 다툼의 대상이 되는 소송물은 A 지역의 영유권 소재가 아니며, 무력충돌로 인한 피해에 대한 배상책임이 성립하는가 여부이다. 이 자체는 영토분쟁이 아니므로 유보를 통한 관할권 배제의 대상으로 보기 어렵다. 재판소의 관할권이 성립한다.

(라) 거의 모든 답안이 자위권의 행사라 보기 어렵다고 잘 대답했다. 비교적 적은 규모의 무력충돌이 사실상 종료된 이후의 대규모 공격이라는 점, 내용도 비례성 원칙에 위반되는 무력행사라는 점 등을 지적하면 된다.

문제 2: 제시문에 인도에 반하는 죄의 기본 개념이 나와 있다. 따라서 특별히 공부를 많이 하지 않았더라도 제시문만 보고 기본적인 내용은 쓸 수 있다. 즉 민간인 주민에 대한 광범위하거나 체계적인 공격의 일부로서 살인, 절멸, 노예화 등과 같은 행위를 저지르는 것으로 이런 내용은 제시문에도 나와 있다. 따라서 답안의 내용이 이 정도에서 멈춘다면 기본 점수만을 얻는데 그칠 수밖에 없다. 예를 들어 이 범죄의 행위의 태양으로 살인, 절멸, 노예화만을 지적했다면 제시문만을 보고 썼구나 생각할 것이고, 이 외에 다른 행위의 태양이 추가되어 있다면 그 이상 공부가 있었구나 생각하게 된다. 그리고 이 범죄의 성립 배경, 공격에 대한 인식, 무력분쟁과의 관련성 등을 지적할 필요가 있으며, 이에 더하여 일반적인 반인권적 범죄와의 차이까지 언급하면 만사형통의 답안이 된다. 내용의 기본이 제시문에 있는 만큼 이 문제에서는 개인별 점수차가 크게 나지 않았다. 다만 평소 공부에서 영어 판결문을 꼼꼼히 읽은 사람과 대강 읽은 사람의 경우 제시문 해득에 시간 차이가 났으리라 생각한다. 이는 이 문제에 대한 답안 작성에 그치지 않고 전반적인 시간 안배에 영향을 미쳤을 것이다.

문제 3: (가) 잠정조치란 소송대상인 권리가 회복불가능한 위험에 처해 있을 때 권리의 보호를 위해 종국 판결 이전에 임시로 취하는 조치이다. 잠정조치에 관해서는 첫째 PCIJ 이래 오랫동안 이의 구속력 여부에 대한 논란이 있었는데 그 이유는 이에 관한 문언이 suggest, indicate로 표현되어 있기 때문이라는 점, 둘째 LaGrand 사건 이후 ICJ가 이의 구속력을 인정하고 있는데 당시 재판소는 ICJ 규정의 대상과 목적에 비추어 볼 때 구속력 있는 것으로 해석해야 한다는 입장을 취했다는 사실 등을 지적하면 O.K. 기타 교과서에 나와 있는 세부적인 사항 더 설명하면 금상첨화.

(나) (다)는 교과서 p.835와 p.694 이하에 설명된 내용을 참조.

2015년

1학기 국제법 1 (기말)

문제 1(25%): 국가책임에 관한 ILC 초안은 동의(consent) 등 몇 가지 위법성 조각사유를 규정하고 있다. 다음 제시문을 참조하며 위법성 조각 사유가 존재하면 기존의 조약 관계에는 어떠한 영향을 미치는가를 설명하라.

“101. The Court will now turn to the first ground advanced by

Hungary, that of the state of necessity. In this respect, the Court will merely observe that, even if a state of necessity is found to exist, it is not a ground for the termination of a treaty. It may only be invoked to exonerate from its responsibility a State which has failed to implement a treaty. Even if found justified, it does not terminate a Treaty; the Treaty may be ineffective as long as the condition of necessity continues to exist; it may in fact be dormant, but — unless the parties by mutual agreement terminate the Treaty — it continues to exist. As soon as the state of necessity ceases to exist, the duty to comply with treaty obligations revives."(Gabčíkovo-Nagymaros Project, Hungary/Slovakia, 1997 ICJ Reports 7)

문제 2(25%): 한국 헌법 제6조 1항은 "헌법에 의하여 체결된 조약과 일반적으로 승인된 국제법규는 국내법과 같은 효력을 지닌다"고 규정하고 있다. 여기서 "일반적으로 승인된 국제법규는 국내법과 같은 효력을 지닌다"는 문언의 의미를 설명하시오.

문제 3(50%): Korena국 외교관 박대물은 2014년 2월부터 Timur국 주재 대사로 부임하여 근무하고 있었다. 2014년 10월 Timur국에 군사 쿠테타가 발생하여 육군참모총장이 정권을 잡고 자신이 국가원수라고 선언하였다. 임시군사정부는 자국 내 모든 외국 대사는 본국 정부로부터 2014년 말까지 새로운 신임장을 받아 와 다시 제정하라고 요구하였다. 그러나 이 기한을 넘겼으나 Korena로부터 박대물 대사의 새로운 신임장은 도착하지 않아 아직 이를 제정하지 못하고 있었다. 쿠테타로 인한 정정 불안으로 외교업무는 사실상 개점 휴업 상태였다.

박대물은 근무중 Timur국 동부에서 유전 탐사가 진행중인데 석유 매장 가능성이 매우 높다는 정보를 입수한 바 있다. 박대물 대사의 아들 박자재

(당 29세)는 2014년 본국 대학에서 화학공학을 전공하여 졸업한 후 Timur국 대사관저에서 부모와 같이 생활하고 있었다. 박 대사는 아들에게 석유개발 정보를 주며 한 번 기회를 잡아 보라고 권했다. 박자재는 대학 친구 나개척이 마침 석유회사를 경영하는 것을 알고 그에게 Timur국 석유개발 소식을 전하며 같이 일해 보자고 제안, 나개척의 회사의 상무로 취업을 하였다.

나개척은 부가 Korena국 인이고 모는 Timur국 인이라 양국 이중국적으로 태어났는데, 어려서부터 Korena에서 성장하였고 Timur국은 외가 집 방문을 위해 수 차례 단기간 다녀간 정도였다. 그 때마다 Korena 여권을 사용했었다. 이번에 석유개발사업에 뛰어 들기 위해 Timur국으로 온 나개척은 아무래도 현지 국적자로 행세하는 것이 유리할 것으로 생각하여 자신은 Timur인이라고 주장하며 다녔다.

박대물은 평소 친분이 있는 Timur국 공무원 황상한이 마침 석유탐사 일을 담당하는 것을 알고 아들 박자재에게 그를 소개해 주었다. 황상한의 석유탐사 보고서가 완성되자 박자재와 나개척은 그에게 보고서 사본을 몰래 넘겨 주면 미화 100만불을 주겠다고 제안하여 수락을 받았다. 2015년 2월 8일 저녁 Timur국 수도의 한 식당에 박대물, 박자재, 나개척, 황상한 4인이 모여 식사를 하며 보고서 사본과 100만불 현찰을 막 교환한 후 식당을 나서려 하였다.

Timur국 정보 당국은 이 같은 정황을 파악하고 있었다. 2월 8일 식사 당일 현장을 급습하여 넘긴 보고서 사본과 미화 100만불을 압수하고, 관련자 4명을 모두 체포하려 했다.

박대물 대사는 외교관 신분증 등을 보이며 자신은 외교사절의 신체의 불가침을 이유로 체포에 응하지 않겠다고 주장했으나, Timur국 수사기관은 그를 연행하여 그 날 약 10시간 정도 구금하여 사실 확인 심문을 하고 다음 날 아침 8시 일단 귀가시켰다. 단 관련자 재판이 마무리 될 때까지 출국을 금지당해 약 4개월간 Timur국을 출국할 수 없었다.

박자재는 외교사절의 아들로 외교관과 동일한 신체의 불가침을 주장했으나, 수사기관은 이를 무시하며 그를 구속했다. 그는 결국 재판에 회부되어 뇌물공여 및 국가기밀 절도 등을 이유로 징역 5년형을 받았다.

나개척도 역시 같은 혐의로 징역 7년형을 받았다. 나개척은 수사과정에서 일정한 가혹행위를 당한 것으로 알려졌다.

이후 양국은 서로 상대방의 국제법 위반을 주장하며 상대방을 비난했다. 양국은 이 사건을 국제재판에 회부하여 해결하기로 합의하였다. 양국은 모두 외교관계에 관한 비엔나 협약 당사국이다.

이 사건과 관련하여 Korena국 측은 다음과 같은 주장을 했다. ① Timur국은 자국의 박대물 대사를 외교관 신분을 확인하고도 약 10시간 구금하였으며, 그 이후 약 4개월간 출국을 금지함으로써 외교관계에 관한 비엔나 협약을 위반하였다. 따라서 이에 대한 배상 책임을 져야 한다. ② Timur국은 외교관의 가족도 외교관과 같은 신체의 불가침을 향유함에도 불구하고 박자재를 구속하고 징역형을 언도하여 외교관계에 관한 비엔나 협약을 위반하였다. 따라서 이에 대한 배상 책임을 져야 한다. ③ Timur국은 자국민 나개척의 수사시 가혹행위를 하였기 때문에 이에 대한 배상 책임을 져야 한다.

가. 귀하는 Timur 국 외교부 직원이다. 이 재판에서 Timur국이 제출할 수 있는 유리한 주장을 담은 답변서를 작성하라는 지시를 받았다. 귀하는 어떠한 내용을 담겠는가?

나. 귀하가 이 사건을 담당하는 판사라면 어떠한 판정을 내릴 것인가?

양측 주장에 대한 국제법적 타당성만 판단하고, 기타 정치적 고려에 입각한 내용은 답안에 일체 담지 말 것.

✎ 채점 소감

문제 1: 위법성 조각사유는 국가책임법상의 문제이므로 이것이 조약의 효력에 직접적인 영향을 미치지 않는다. 따라서 위법성 조각사유가 발생한다고 해서 제시문의 내용과 같이 조약이 바로 종료되지는 않는다. 반면 조약의 정지, 종료, 존속 등은 조약법의 법리에 따라 결정된다. 위법성 조약사유가 인정되어 국가책임법상의 배상책임은 지지 않아도 그 위반의 내용에 따라 조약은 정지되거나 종료될 수 있다. 즉 양자는 별개의 문제이다. 이러한 점을 구분하여 설명하라는 것이 질문의 취지인데 이 점을 지적하지 못하고 제시문의 내용을 중심으로 설명하는데 그친 답안이 매우 많았다.

즉 상당수의 답안은 제시문의 내용대로 위법성 조각사유의 발생만으로 조약이 종료되지는 않으며, 특별히 당사국의 종료 합의가 없다면 조약은 지속되고, 위법성 조각사유가 사라지면 조약 이행 의무는 다시 적용된다는 설명 정도만 하고 있었다. 제시문이 주어지지 않은 상태라면 그 정도만 설명해도 좋은 답안이 되겠지만, 모든 수강생에게 제시문이 주어진 상태에서 이 내용만을 설명하면 기본적인 점수 이상을 받을 수 없다. 제시문은 참고로 활용하고 조약 관계에 관한 일반적 영향을 설명하라는 요구였는데 단순히 제시문의 내용을 번역하는데 주력한 답안은 좋은 결과를 얻을 수 없다.

위법성 조각사유가 사라진다고 해서 모든 조약관계가 자동으로 부활하지는 않는다. 그간 위반된 내용에 따라 조약 관계를 유지시킴이 부적절한 경우도 얼마든지 있을 수 있기 때문이다. 위법성 조각사유의 존재로 배상책임이 면제될 뿐, 경우에 따라 상대국은 조약을 종료시킬 수도 있음도 물론이다. 간단한 사항이나 이 점을 적절히 설명하고 있느냐 여부에 의해 점수가 차이날 수밖에 없다. 조약도 양자조약과 다자조약을 구별해서 설명하면 더욱 바람직하다.

문제가 위법성 조각사유가 존재하면 기존의 조약관계에 어떠한 영향을 미치는가였으므로 단순히 국가책임법의 내용만 소개하면 부족한데, 많은 답안이 주로 국가책임법의 내용을 설명하는데 주력하고 있었다.

문제 2: 이 문제에서 수험자가 설명해야 할 핵심쟁점은 1) 일반적으로 승인된 국제법규는 무엇을 의미하는가? 2) 관습국제법은 국내법원에서 직접 재판의 근거로 적용될 수 있는가? 3) 그럴 경우 국내법상의 위계는 어떻게 되는가? 등이다. 그러나 이 3가지 쟁점을 모두 지적하고 설명한 답안은 사실 소수였다.

적지 않은 답안이 관습국제법의 성립요건을 길게 설명하거나 조약의 국내법적 지위를 장황하게 설명하고 있었다. 이 부분은 질문의 핵심이 아니므로 긴 서술은 바람직하지 않다. 어려운 문제는 아니었고, 국제법 공부의 초반에 늘 부딪치는 문제임에도 불구하고 기본적인 사항을 고루 만족시키는 답안은 매우 희귀했다. 이 문제만을 절대평가한다면 A 학점에 해당하는 답안은 10% 미만이다.

문제 3: 하나는 특정 국가의 입장에서, 다른 하나는 객관적인 입장에서 설명을 하라는 주문이라 좀 당황하였을지도 모르겠다. 그러나 이런 상황은 통상적인 법조인에게 자주 부딪치는 경우이다.

일단 두 번째 판사의 입장에서 먼저 생각해 본다.

1) 박대출을 10시간 정도 구금하고, 4개월 출국 정지시킨 건.

이 문제의 관건은 새로 신임장을 받아 오라는 요구에 부응하지 못한 박대출이 국제법상 외교관으로서의 지위를 계속 인정받고 있느냐이다. 본국 정부의 신임장이란 본국의 국가원수가 그 사람을 자국의 외교적 대표로 인정한다는 의미이다. 박대사는 부임시 이미 본국 정부가 신임장을 발급하여 Timur 국에 제정한 바 있다. 이런 상황이라면 새로운 신임장을 제출하지 않았다고 하여 그의 외교관의 신분이 자동으로 사라지지는 않는다. 새로운 신임장이 필요하다면 국가 원수가 변경된 Timur의 해외 외교사절이 오히려 필요할 수 있다. 지문상으로 새 신임장이 제출되지 않은 경우 Timur가 어떠한 조치를 취하겠다는 방침도 없다. 이런 상황이라면 박대출의 외교사절로서의 지위가 유지된다고 보아야 한다. 정정 불안으로 외교 업무가 개점 휴업이라는 설명은 특별한 의미는 가지지 못한다.

그러면 외교관을 10시간 구금한 행위는 국제법 위반인가? 외교관이 위법행위에 관여되었다고 하여도 10시간의 구금은 외교관계에 관한 국제법 위반이다. 4개월 출국금지도 마찬가지이다. 여기서 Korena가 Timur 신정부를 승인했느냐 여부는 별다른 쟁점이 되지 않는다. 신정부를 승인하지 않았다고 하여 박대출의 외교관으로서의 지위가 부인되지 않기 때문이다. 또한 Timur 임시정부는 반란단체라고 할 수 없다. 이미 안정적으로 국가 전체를 통치하고 있다고 보아야 하기 때문이다.

2) 박자재에 대한 징역형은? 박자재는 외교관의 직계 비속으로 외교관과 동일

한 특권 면제를 향유할 수 있다. 그러나 박자재의 경우 29세로서 경제적으로 자신의 일자리를 갖고 있다. 국제법상 외교관의 가족에 대한 통일적 기준은 없으나, 이 경우는 통상적인 성인 연령을 훨씬 넘은 29세라는 점과 회사 간부로 근무하여 독립적 경제능력을 가진다는 점을 동시에 감안한다면 Timur가 그에게 외교관 가족으로서의 특권면제를 인정하지 않아도 국제법 위반은 아니다. 많은 답안이 박자재는 성인이므로 외교사절의 가족임을 인정하지 않는 것이 국제관례라고 서술했다. 성인이라 하여 모두 외교관 가족의 지위를 부인당하지는 않으며, 성인 연령도 각국마다 다르다. 성인이라도 일정 연령까지의 학생(독립생계를 영위하지 못하므로)은 외교관 가족의 지위를 인정하는 경우도 많다. 하여간 박자재에게 외교관 가족의 지위를 인정하지 말라는 국제법은 없다. 정확히 표현하면 Timur는 박자재에게 외교관 가족의 지위를 인정하지 않아도 국제법 위반이 아니라는 점이다.

한편 이 사건이 석유개발이라는 공무 외 경제활동과 관련되었으므로 외교사절(그리고 그 가족)은 특권과 면제를 향유할 수 없다는 지적을 하는 답안도 여럿 있었다. 그런데 이런 경우는 현지국의 민사, 행정 재판관할권에 복종할 사안이며, 여전히 형사관할권으로부터는 면제된다. 이 사건은 형사사건이므로 이 같은 지적은 문제와 직접 관계 없는 내용이다.

3) 나개척의 경우 국적이 무엇이냐가 관건이다. 나개척은 이중국적자이다. Timur에서는 자신이 그 나라 국민이라고 자처하고 다녔다. 그러면 이 경우는 Korena의 외교적 보호가 불가능한가? 과거 이중국적국 상호 간에는 무조건 외교적 보호권을 행사하지 못한다고 인정되기도 했으나, 근래는 실효적 국적을 확인할 수 있는 경우 실효적 국적국의 외교적 보호권 행사를 인정하는 추세이다. 나개척의 경우 지문의 내용 정도이면 Korena를 실효적 국적으로 인정할 수 있다고 본다.

나개척의 사안과 관련하여 국내적 구제를 완료했느냐를 문제시하는 답안도 있었으나, 이는 관련 없는 즉 불필요한 논점이다. 왜냐하면 양국이 이 사건을 국제재판에 회부하기로 합의했기 때문에 이 문제는 제기될 여지가 없다. 또한 나개척이 이미 형사처벌을 받았는데 그것이 위법하다면 본국의 외교적 보호가 가능한 것이지, 그에 대해 나개척이 Timur에서 배상 청구 소송을 다시 할 것이 요구되지는 않기 때문이다.

고문이 강행규범이라는 것을 근거로 논리를 전개한 답안이 적지 않았다. 강행규범 해당 여부는 본 문제의 논점과 직접 관계없는 사항이다. Timur가 강행규범 위반이 아닌 다른 법을 위반해도 이후의 논리 전개에는 아무 차이가 없이 동일하기 때문이다.

주권면제를 지적한 답안도 여럿 있었는데 이 역시 본 문제와는 별 관계 없는 사항이다. 주권면제는 주권국가가 다른 국가의 국내 법원의 재판관할권에 복종하느냐의 문제이므로 본 사안과는 다른 경우이다. 어느 경우도 Korena 국이 피고로 문제되는 사안이 아니고, 특히 모두 개인의 형사처벌과 관련된 사안이기 때문이다.

그 다음 (가) 문제를 본다. Timur의 입장에서 주장할 만한 내용이 무엇이 있을까? 이는 위와 같이 객관적 판단의 결과를 요구하는 것은 아니다. 그렇다고 하여 무턱대로 무리한 주장을 할 수는 없다. 객관적이지는 않아도 어느 정도의 논리는 갖추어야 한다. 이 점을 감안하여 채점하였고, 가, 나 두 개 중 (나)에 점수 비중이 높았음은 물론이다.

결국 위에서 나온 논리와 관련시켜 생각한다면 Timur의 입장에서는 새로운 신임장 요구를 박대출이 만족시키지 못했다는 점, 박자재는 외교관 가족으로서의 특권과 면제가 인정되기 어렵다는 점, Timur의 입장에서는 나개척이 자국민이라는 점 등을 주장할 수 있을 것이다. 이러나 점을 적당히 논리화시켜 설명하면 된다. 아무래도 이 문제는 너그럽고 융통성 있게 채점하였다.

공통: 법학 답안을 작성할 때는 매 질문에 대한 답마다 한 편의 논문을 쓰는 마음으로 작성할 필요가 있다. 즉 맨 앞에 제기되는 쟁점을 지적하고 - 그 기본내용을 설명하면서 이에 대해 자신은 왜 어떻게 생각하는가는 설명하고 – 마지막으로 결론 마무리를 짓는다. 그러기 위해서는 어떤 내용을 담을까 만큼이나 중요한 점은 어떠한 체계로 설명할까이다. 거의 대부분의 답안이 위와 같은 개념 없이 마치 수필 쓰듯이, 수양버들 가지가 바람에 휘날리는 듯한 글을 쓰고 있었다. 적어도 법학에서는 그런 방식의 답안은 좋은 점수를 얻기 힘들다. 되도록 소목차를 잡아 체계화를 하도록 노력해야 한다. 분량도 4-5줄 정도부터 한쪽이 넘는 답

안까지 다양했다. 적게 간단히 써서 득볼 일은 많지 않다. 마치 subnote 같이 간단히 결론만 적고 있거나 거의 그런 수준의 답안은 아무리 올바른 결론을 담았다고 해도 좋은 점수를 기대하지 말아야 한다. 왜 자신은 그런 판단을 했는지를 법논리적으로 설명하려는 태도가 반드시 필요하다.

2016년

1학기 국제법 1 (기말)

문제 1(40%): 가가국과 나나국은 긴 국경을 함께 하는 인접국으로 서로 상대방이 배출하는 공해물질의 피해를 직접 받을 수밖에 없는 상황이다. 이에 양국은 2012년 4월 공해성 유해물질 통제협약에 합의하여 서명이 이루어졌다. 협약에 따르면 일방 당사국에서 발생한 유독성 공해물질이 국경 넘어 상대국으로 가서 피해를 야기하면 과실 여부를 불문하고 피해국에게 그로 인한 피해에 대한 배상금을 지불하기로 하였다.

이 협약은 양국이 비준서를 교환하는 즉시 발효하기로 예정되었다. 나나국은 서명 직후 국회동의를 받아 비준 준비를 마쳤다. 가가국 역시 헌법상 협약에 대한 국회동의가 필요하나, 여소야대의 국회에서 동의절차가 진행되지 않았다. 이에 양국은 정식 발효 이전이라도 협약을 2014년 6월부터 잠정적용하기로 합의하고 일단 적용을 시작하였다.

한편 양국은 2013년 4월 공해성 유해물질 통제협약의 이행과 관련된 분쟁을 신속하게 처리하기 위한 목적 등으로 추가의정서에 합의 · 서명하였다. 이 추가의정서는 서명만으로 발효하기로 예정되었으며, 단 본 협약의 발효를 조건으로 하였다. 이 추가의정서의 주요 내용은 다음 2가지였다. 첫째, 상대국을 원인으로 하는 유독성 공해물질 피해에 대한 배상액수에 관해 분쟁이 발생하면 우선 외교경로를 통한 합의를 시도하고, 만약 3개월 내에 합의가 성립되지 않으면 사건을 ICJ에 회부하기로 규정하였다. 둘째, 유독성 여부가 명확하지 않은 물질의 경우 유출에 책임이 있는 국가는 자국인 무기수 200명을 3개월 동안 상대국으로 보내 해당 물질의 유독성 인체실험에 제공하기로 약속하였다. 실험으로 인해 인체에 피해가 발생하여도 서로 상대국에게 배상을 요구하지 않고, 피해자의 국적국이 국내법에 따라 처리하기로 하였다.

2014년 8월 1일 가가국의 한 국가기관 실험실에서 폭발사고가 발생하여 티라늄과 파라늄이라는 물질이 대량으로 공기에 유출되었다. 8월 1일부터 수일 간 바람이 가가국에서 나나국 방향으로 불었다. 티라늄 자체는 인체에 직접적인 치명적 독성은 없다고 알려졌으나, 공기 중에 대량으로 방출되면 수분을 응축시켜 비를 유발하는 성질을 갖고 있다. 파라늄은 인체에 유해한 피부병을 야기하고 그중 상당수는 피부괴사로 사망의 원인이 될 수 있다는 한 학자들의 주장이 나온 바 있었으나, 아직 학계에서 유해성이 확실하게 입증되지는 않았다.

2014년 8월 5일부터 3일 간 이 시기로서는 이례적으로 나나국에 심한 비가 내려 약 800억원 상당의 수해를 입었으며, 같은 무렵 원인을 알 수 없는 피부병이 광범위하게 발생하였다. 나나국은 가가국의 티라늄 방출사고가 심한 강우의 원인이라며 수해로 인한 800억원의 피해를 가가국이 배상할 것과 파라늄에 의한 피부병 유발 여부를 실험하기 위해 가가국 장기수 200명의 인도를 요청하였다. 양국은 외교경로를 통해 협상을 하였으나, 3개월이 지나도록 별다른 합의가 성립되지 않았다. 나나국은 2013년 4월 합의된 추가의정서를 근거로 2015년 2월 이 사건을 ICJ로 일방적으로 제소하였다. ICJ는 가가국과 나나국에게 2015년 5월까지 각자의 입장을 설명하는 변론서를 제출하라고 명령하였다. 가가국과 나나국은 모두 조약법에 관한 비엔나 협약(1969) 당사국이다.

이 사건에 관해 ① 가가국의 입장에서 ② 나나국의 입장에서 – 각각 국제법적 관점에서 주장할 수 있는 논점이 무엇인가를 찾아 설명하고, ③ 재판부의 입장에서 그에 대한 평가를 내려 보시오.

유의: 정책적 관점에서의 고려사항에 관한 언급은 필요 없음. 설사 이 사건에 대한 ICJ의 관할권이 성립하지 않을지라도 사건 내용과 관련하여 필요한 모든 검토를 하시오.

문제 2(40%): 다음 두 개의 제시문을 보면서 (가)에서는 ICJ가 국가와 국민 간의 진정한 유대(genuine connection)가 없었다며 귀화자 노테봄을 위한 리히텐슈타인의 외교적 보호는 인정하지 않았고, (나)에서는 ICJ가 진정한 유대를 언급하면서도 바르셀로나 전기회사의 절대다수 주주의 국적국인 벨기에가 회사를 위한 외교적 보호를 행사하는 것을 인정하지 않은 이유를 비교 설명하고, 본인의 평가도 첨부하여 보세요.

(가) "According to the practice of States, to arbitral and judicial decisions and to the opinions of writers, nationality is a legal bond having as its basis a social fact of attachment, a genuine connection of existence, interests and sentiments, together with the existence of reciprocal rights and duties. It may be said to constitute the juridical expression of the fact that the individual upon whom it is conferred, either directly by the law or as the result of an act of the authorities, is in fact more closely connected with the population of the State conferring nationality than with that of any other State. Conferred by a State, it only entitles that State to exercise protection *vis-a-vis* another State, if it constitutes a translation into juridical terms of the individual's connection with the State which has made him its national. [···]

Since this is the character which nationality must present when it is invoked to furnish the State which has granted it with a title to the exercise of protection and to the institution of international judicial proceedings, the Court must ascertain whether the nationality granted to Nottebohm by means of naturalization is of this character or, in other words, whether the factual connection between Nottebohm and Liechtenstein in the period preceding, contemporaneous with and following his naturalization appears to be sufficiently close, so preponderant in relation to any connection which may have existed between him and any other State, that it is possible to regard the nationality conferred upon him as real and effective, as the exact juridical expression of a social fact of a connection which existed previously or came into existence thereafter. [···]

In contrast, his actual connections with Liechtenstein were extremely tenuous. No settled abode, no prolonged residence in that country at the time of his application for naturalization: the application indicates that he was paying a visit there and confirms the transient character of this visit by its request that the naturalization proceedings should be initiated and concluded without delay. No intention of settling there was shown at that time or realized in the ensuing weeks, months or years — on the contrary, he returned to Guatemala very shortly after his naturalization and showed every intention of remaining there. [···]

Guatemala is under no obligation to recognize a nationality granted in such circumstances. Liechtenstein consequently is not entitled to extend its protection to Nottebohm *vis–a–vis* Guatemala and its claim must, for this reason, be held to be inadmissible." (Nottebohm case, ICJ 1955)

(나) "70. In allocating corporate entities to States for purposes of diplomatic protection, international law is based, but only to a limited extent, on an analogy with the rules governing the nationality of individuals. The traditional rule attributes the right of diplomatic protection of a corporate entity to the State under the laws of which it is incorporated and in whose territory it has its registered office. These two criteria have been confirmed by long practice and by numerous international instruments. This notwithstanding, further or different links are at times said to be required in order that a right of diplomatic protection should exist. Indeed, it has been the practice of some States to give a company incorporated under their law diplomatic protection solely when it has its seat (*siège social*) or management or centre of control in their territory, or when a majority or a substantial proportion of the shares has been owned by nationals of the State concerned. Only then, it has been held, does there exist between the corporation and the State in question a genuine connection of the kind familiar from other branches of international law. However, in the particular field of the diplomatic protection of corporate entities, no absolute test of the 'genuine connection' has found general acceptance. Such tests as have been applied are of a relative nature, and sometimes links with one State have had to be weighed against those with another. […]

96. The Court considers that the adoption of the theory of diplomatic protection of shareholders as such, by opening the door to competing diplomatic claims, could create an atmosphere of confusion and insecurity in international economic relations. The danger would be all the greater inasmuch as the shares of companies whose activity is international are widely scattered and frequently change hands. It might perhaps be claimed that, if the right of protection belonging to the national States of the shareholders were considered as only secondary to

that of the national State of the company, there would be less danger of difficulties of the kind contemplated. However, the Court must state that the essence of a secondary right is that it only comes into existence at the time when the original right ceases to exist. As the right of protection vested in the national State of the company cannot be regarded as extinguished because it is not exercised, it is not possible to accept the proposition that in case of its non–exercise the national States of the shareholders have a right of protection secondary to that of the national State of the company. Furthermore, study of factual situations in which this theory might possibly be applied gives rise to the following observations. [···]

99. It should also be observed that the promoters of a company whose operations will be international must take into account the fact that States have, with regard to their nationals, a discretionary power to grant diplomatic protection or to refuse it. When establishing a company in a foreign country, its promoters are normally impelled by particular considerations; it is often a question of tax or other advantages offered by the host State. It does not seem to be in any way inequitable that the advantages thus obtained should be balanced by the risks arising from the fact that the protection of the company and hence of its shareholders is thus entrusted to a State other than the national State of the shareholders. [···]

101. For the above reasons, the Court is not of the opinion that, in the particular circumstances of the present case, *jus standi* (영어로는 right of standing) is conferred on the Belgian Government by considerations of equity." (Barcelona Traction case, ICJ 1970)

문제 3(20%): 다음을 간단히 설명하시오.

가. 결정적 기일(Critical date)

나. 제한적 주권면제론

✎ 채점 소감

문제 1: 문제 출제에서 약간의 실수가 있었다. 추가의정서를 근거로 ICJ에 일방적으로 제소한 국가는 나나국으로 설정해야 더 내용의 흐름상 자연스러웠을 것인데, 문제에서는 가가국이 제소한 것으로 되어 있다. 그러나 나나국이 제소했다 해도 문제풀이에 큰 지장이 있지는 않다. 어짜피 양국이 각기 주장할 수 있는 모든 사항에 관한 입장을 묻는 문제이고, 질문상으로도 수해피해에 대한 배상요구는 나나국이 가가국에 요구하는 입장이지만, 인체실험용 사람 인도는 나나국이 가가국에 요청하고 있는 상황이므로 가가국이 이를 거부하기 위해 국제재판을 이용하려 한다고 볼 수 있기 때문이다. 결국 어느 국가가 먼저 제소했던 이 문제에서 질문에 대해 답을 해야 할 논점은 실질적으로 차이가 없다.

이 문제에서 다루어야 할 논점은 크게 네 가지다. 첫째 2012년 협약과 추가의정서가 이 사건에 적용될 수 있는가? 둘째, 가가국은 나나국의 홍수 피해에 대해 책임이 있는가? 셋째, 나나국의 인체실험용 사람인도 요구에 가가국은 응할 의무가 있는가? 넷째, 이 사건에 대해 ICJ 관할권이 성립되는가? 다음의 논점을 양국의 입장에서 각각 유리한 면을 주장하면 된다.

첫째, 2012년 협약은 정식으로 비준되지 않고 현재 잠정적용 중이다. 추가의정서는 본 협약의 발효를 조건으로 발효가 예정되었다. 그렇다면 잠정적용의 경우도 추가의정서의 발효 요건을 만족시키는가? 잠정적용 속에서는 해당국에게는 정식으로 발효된 것과 마찬가지로 조약이 적용되고, 조약상의 권리 의무가 발생한다. 가가국의 국회 동의 여부는 가가국 국내문제에 불과하며 협약의 국제적 효력에는 영향을 미칠 수 없다. 2012년 협약이 발효되지 않았다고 전제하고, 단 양국은 조약의 대상과 목적을 해하지 않을 의무가 있다는 점을 지적한 답안이 적지 않았는데, 이 논점은 이 사안에서는 그다지 관계없는 사항이다.

둘째, 홍수 피해에 대한 배상 요구. 일단 주어진 문제상으로는 가가국의 티라늄 방출이 나나국의 폭우의 원인이 되었을 개연성은 크다고 판단된다. 그러면 티라늄이 유독성 공해물질인가? 티라늄 자체는 인체에 치명적 독성이 없다고 하였으니, 이는 협약상의 공해물질에 포함되지 않는다고 주장할 수 있다. 그러나 티라늄으로 인한 이례적 폭우 발생은 결국 협약이 방지하려는 환경적 피해의 일종으로 볼 수도 있다. 결국 이는 협약상 유독성 공해물질의 범위에 관한 해석의 문제이다.

티라늄 자체는 유독성이 없으므로 이는 협약의 대상물질에 해당하지 않는다는 주장은 비교적 엄격한 문언해석에 바탕을 두고 있다. 그러나 2012년 협약은 한 국가에서 발생한 환경 파괴물질에 따른 타국의 손해를 보다 쉽게 배상을 받을 수 있도록 함을 목적으로 한다. 티라늄은 그 자체로는 유독물질이 아니라도 결국 이로 인해 타국에 환경 피해를 발생시켰고, 이러한 결과는 바로 협약이 대상으로 사태의 일종이라고 해석할 수도 있다. 이는 다분히 목적론적 해석이다.

가가국과 나나국은 각기 자기의 입장에서 이를 주장할 수 있다. 한편 바람이 불어간 사실은 통제할 수 없는 자연현상이므로 가가국으로서는 책임이 없다고 주장할 수 있을까? 그러나 티라늄 배출이 가가국의 실험실 폭발사고로 인한 것이고, 양국 간 협약은 일종의 무과실 책임을 규정하고 있다는 점을 고려해야 한다.

셋째, 실험용 사람의 인도 요구는 의정서상 분명한 근거를 갖고 있다. 여기서 검토할 사항은 이 같은 조항이 국제법상 강행규범에 위반된 합의는 아닌가라는 점이다. 강행규범 위반이라면 합의는 무효로 된다. 아직 국제재판에서 인체 실험 합의가 강행규범 위반인가가 판정된 사례는 없는 것으로 안다. 하여간 수험생은 이 점을 논하면 된다.

넷째, 만약 강행규범에 해당한다면 추가의정서는 전체가 무효로 된다. 그런데 문제는 ICJ 관할권 성립의 근거가 추가의정서에 있다는 사실이다. 강행규범 위반으로 추가의정서 전체가 무효로 되면 재판부로서는 더 이상 재판할 수 없고, 따라서 다른 점은 논할 필요가 없다고도 할 수 있다. 그러나 이 경우는 시험인 만큼 ICJ의 관할권이 성립하지 않아도 필요한 검토는 모두 하라고 하였으니 수험생으로서는 다른 논점도 여전히 답해야 함은 물론이다.

이어서 수험생은 재판부가 어떠한 결론을 내릴 것인가를 결정하여 정리 제시하면 된다. 어느 입장만을 정답으로 점수를 주고, 어느 입장은 오답으로 점수를 주지 않는 채점은 하지 않았다. 다만 재판부가 왜 그런 결론을 내리는가에 대한 수험생의 설명은 있어야 한다.

이상의 내용은 기본적 골격에 관한 것에 불과하다. 수험생에 따라서는 또 다른 세부적인 논점을 추가로 지적을 할 수 있고, 위의 어느 포인트에 대해 판단을 달리 할 수도 있다. 그런 경우 위의 지적을 벗어난 내용은 모두 틀린 주장으로 취급하지는 않았으며, 수험생이 논리적으로 충분히 잘 설명하면서 자기 주장을 전개하면 나름 그 입장을 인정해 주었다. 단 아무 근거 없이 결론만 제시하는 경우는 물론 좋은 점수를 받을 수 없다.

질문은 1) 가가국 입장에서 주장할 수 있는 논점 2) 나나국 입장에서 주장할 수 있는 논점을 각 설명하고 3) 재판부의 입장에서 평가하라는 것이었는데, 이러한 질문의 요구에 제대로 부응하지 못한 답안이 많았다. 즉 각각의 답안을 수험생이 자기 입장에서 객관적으로 상황을 분석하는데 그친 설명이 많았다. 가가국 입장에서는 가가국의 주장을 관철하기 위한 논리를 세워야 하고, 나나국 입장에서는 자국의 주장을 관철하기 위한 논리를 세워야 하는데 – 자꾸 일반적 설명만 하는 답안은 좋은 평가를 받을 수 없다. 재판부 입장 역시 주어진 내용을 바탕으로 자신의 논리에 근거한 결론을 제시해야 하는데 역시 남 이야기 하듯 이럴 수도 있고 저런 점도 생각할 수 있다는 식으로 설명한 답안이 많았다. 재판부는 책임이 있느냐 여부에 대해 결론을 주어야 한다.

각각의 입장에서 주장할 논점을 제시하라고 하여, 유리하다고 생각되면 억지 주장까지 제시하는 답안은 물론 바람직하지 않다. 법학적으로 볼 때 어느 정도의 합리성을 지닌 범위 내의 주장을 해야 한다. 엉뚱한 억지주장은 감점 대상이다.

전반적으로 답안의 질은 좋지 않았다. 제대로 필요한 논점들을 잘 지적한 답안이 사실상 없었다.

문제 2: 국제법 공부를 잘 하는 방법? 그 중 하나는 영어 판결문을 열심히 많이 읽는 것이다. 그러면 저절로 실력이 는다. 이 문제는 교과서의 영어 판결문을 열심히 읽은 사람들을 위한 보상을 주려고 출제한 문제이다. 사실 일반적인 경우라면 영어 지문이 매우 길다고 생각할 수 있다. 단시간 내에 이를 읽고 파악하기가 어려울 것이다. 그러나 모두 교과서에서 제시된 지문이었기에 이번 강의 수강생으로서는 익숙한 영어 판결문이었을 것이다. 사실 제시된 두 판례는 국제법 관련 시험에 자주 등장하는 판례이기도 하다. 그러니 꼭 잘 알아 두어야 할 대상이다.

질문은 노테봄 사건과 바르셀로나 사건에서의 외교적 보호권 불인정 이유를 설명하고 이를 비교 평가하라는 요구였다. 일단 제시된 판결문 속에 나타난 근거만 적절히 정리하였으면 – 설사 그 정도에서 그치더라도 상당한 점수가 부여했다. 수험장에서 이 판결문을 처음으로 읽는 학생은 힘들었으리라 생각된다.

이후 양자를 연결시키거나 나름의 평가를 잘 정리하면 그것으로 충분하다. 여기서의 핵심은 외교적 보호권의 행사에 있어서 진정한 유대라는 개념의 역할을 생각해 보라는 것이다. 그 개념의 유용성과 문제점, 그리고 제시된 두 판결에서는 각각 어떻게 평가하였나를 비교하여 설명하면 된다. 바르셀로나 사건 판결은 어떤 의미에서 진정한 유대 개념의 적용이 거부된 결과이다. 또한 외교적 보호에 관한 ILC 규정 초안은 외교적 보호권의 행사 요건으로 진정한 유대라는 개념의 필요성을 의도적으로 삽입하지 않았다는 이유는 무엇인가라는 각도의 설명이 추가되면 좋겠다.

2017년

2학기 국제법 2 (기말)

문제 1(40%): 가국과 나국은 인접국으로 모두 UN 회원국이며, 1982년 UN 해양법협약 당사국이기도 하다.

가국은 2012년 12월 31일 5년 기한으로 ICJ 규정 제36조 2항 선택조항을 수락하며, 그 이후의 연장 여부는 만 5년에 도달하는 마지막 달 중으로 통지하겠다는 조건을 달고 있었다. 2017.12.14. 현재까지 이에 관한 별다른 통지는 없었다.

나국은 아무 조건 없이 제36조 2항 선택조항을 수락 중이다.

양국 간에 배타적 경제수역의 경계에 관해 오래된 분쟁이 있다. 특히 최근 이로 인해 양국 국민감정이 극도로 악화되었으며, 서로 문제의 수역에 해군함정을 보내 대치중이다.

2017년 12월 10일 가국은 단독으로 ICJ에 나국을 제소하고, UN 해양법협약에 따라 가국과 나국 간 배타적 경제수역의 경계를 획정해 달라고 요청했다.

가. 나국은 이 사건을 ICJ에서 재판하기 원하지 않았다. 나국은 가국이 선택조항을 수락한지 만 5년에 도달하는 마지막 달이 바로 2017년 12월임을 파악하고, 가국의 유보에 근거하여 12월 13일자로 자국은 선택조항의 수락을 더 이상 인정하지 않는다는 통지를 했다. 이후 나국은 ICJ가 이 사건에 대한 재판권을 행사할 법적 근거가 없어졌다고 주장했다. 이 같은 주장은 ICJ에 의해 어떻게 판단될 것인가?

나. 문제 가에 대한 답과는 상관없이 ICJ 재판관할권이 성립되는 경우라고 가정한다. 나국은 현 ICJ 재판부에 가국 판사만 포함되어 있고 자국 출신 판사는 없다는 점은 불공평하므로 가국 판사는 이 재판에 참여하지 말라는 기피신청을 했다. 이 같은 기피신청은 수락될 것인가?

다. 다국은 1982년 UN 해양법협약 당사국이다. 다국은 이 사건이 해양법협약 해양경계획정 조항의 해석에 관한 사건이라고 판단했다. 이에 자국 역시 해양법협약 당사국으로 이 재판에 소송참가를 원한다는 신청을 했다. 이 신청의 수락 여부를 예상하시오.

라. 이 사건이 ICJ에 의해 판결에 이른다고 가정한다. 과거 판례에 의하면 ICJ는 보통 어떠한 방식을 통해 배타적 경제수역의 경계를 획정하고 있는지 설명하시오.

관련 조문:

UN 해양법협약 제74조 제1항: 서로 마주보고 있거나 인접한 연안을 가진 국가 간의 배타적 경제수역 경계획정은 공평한 해결에 이르기 위하여 국제사법재판소 규정 제38조에 언급된 국제법을 기초로 하는 합의에 의하여 이루어진다.

ICJ 규정 제62조 제1항: 사건의 결정에 의하여 영향을 받을 수 있는 법률적 성질의 이해관계가 있다고 인정하는 국가는 재판소에 그 소송에 참가하는 것을 허락하여 주도록 요청할 수 있다.

제2항: 재판소는 이 요청에 대하여 결정한다.

제63조 제1항: 사건에 관련된 국가 이외의 다른 국가가 당사국으로 있는 협약의 해석이 문제가 된 경우에는 재판소서기는 즉시 그러한 모든 국가에게 통고한다.

제2항: 그렇게 통고를 받은 모든 국가는 그 소송절차에 참가할 권리를 가진다. 다만, 이 권리를 행사한 경우에는 판결에 의하여 부여된 해석은 그 국가에 대하여도 동일한 구속력을 가진다.

문제 2(30%): 다음은 ICJ 권고적 의견 중의 발췌이다. 여기서 재판부는 UN 헌장상의 어떠한 조항 내용에 관해 분석하고 있는가? 그 같은 문제가 제기된 이유와 관련 실행을 설명하라.

"However, this interpretation of Article 12 has evolved subsequently. [⋯] the Legal Counsel of the United Nations confirmed that the Assembly interpreted the words "is exercising the functions" in Article 12 of the Charter as meaning "is exercising the functions at this moment" ([⋯]). Indeed, the Court notes that there has been an increasing tendency over time for the General Assembly and the Security Council to deal in parallel with the same matter concerning the maintenance of international peace and security (see, for example, the matters involving

Cyprus, South Africa, Angola, Southern Rhodesia and more recently Bosnia and Herzegovina and Somalia). It is often the case that, while the Security Council has tended to focus on the aspects of such matters related to international peace and security, the General Assembly has taken a broader view, considering also their humanitarian, social and economic aspects." (2004 ICJ Reports 136: Legal Consequences of the Construction of a Wall in the Occupied Palestinian Territory 중에서)

문제 3(30%): 다음 개념을 설명하시오.

가. 국제환경법상의 오염자 부담의 원칙(polluter-pays principle)

나. 난민에 대한 강제송환금지(non-refoulement) 원칙

✎ 채점 소감

문제 1: 가. 이 문제에서는 여러 가지 설명이 가해지지만 핵심내용은 가국이 나국을 제소한 12월 10일에는 양국 모두 선택조항을 통해 ICJ 관할권을 수락한 상태였으며, 그것으로 이 사건에 대한 ICJ의 관할권이 성립된다는 점이다. 일단 성립된 관할권은 이후 일방 당사국이 그 법적 근거를 철회했을지라도 영향을 받지 않는다. 대부분의 답안이 이 같은 기본 논점은 잘 알고 있었다고 추정된다. 답안에서는 핵심적 논점이 주가 되는 설명을 하고, 지문에 포함된 불필요한 논점(일부러 혼선을 일으키려고 집어넣은 함정)에는 너무 혼란을 일으키거나 많은 주의를 기울이지 말아야 한다. 결론은 대체로 알고 있으니 결국 얼마나 요령 있고 차분하게 서술하느냐에 따라 점수 차가 난다. 첫 번째 문제라서 그런지 필요 이상으로 길게 답안을 작성한 경우가 많았다. 이 과정에서 쓸데없는 설명을 부가하여 손해를 본 답안도 적지 않았다.

나. ICJ 판사는 본국을 대표하지 않으며, 따라서 자국이 당사국인 사건에도 참여할 수 있다. 따라서 재판부에 자국 출신 판사는 없고, 상대국 출신 판사만 있다는 이유로 그를 기피할 수는 없다. 다만 이 같은 불균형을 보완하기 위한

제도가 Judge *ad hoc* 지명권이다. 다짜고짜 자국 출신 판사가 없는 경우는 Judge *ad hoc*을 지명하면 되니 기피신청을 할 수 없다고 서술하기보다는, ICJ 판사가 본국을 대표하지 않으며 규정상 상대국 출신 판사의 존재가 기피 사유가 되지 않는다는 점을 먼저 선행시켜야 좋은 설명이 된다.

다. 소송참가제도에 관한 기본적인 내용은 대부분 알고 있었다고 판단된다. 그러면 이 소송참가의 신청이 규정 제63조상의 다자조약의 해석에 관한 타당사국의 소송참가라고 볼 수 있는가? 이 사건은 해양법협약 당사국 간 EEZ 경계획정에 관한 사건에 대한 또 다른 협약 당사국인 다국의 소송참가신청이므로 외견상 다자조약의 해석에 관한 신청으로 보이기도 한다. 사실 그렇게 보이도록 출제자로서는 일부러 노력을 가했다. 그런데 EEZ 경계획정에 관한 해양법협약의 조항을 보면 공평한 해결에 이르기 위하여 국제법을 기초로 하는 합의에 의해 정하라고만 규정하고 있다. 사실 해양법협약은 구체적인 기준을 제시하지 못하고 있는 셈이다. 협약의 내용은 그냥 국제법에 따라 공평하게 획정하라는 소리에 불과하므로 이런 경우까지를 소송참가를 용인해야 할 다자조약의 해석이 문제된 경우라고 보기는 어렵다. 과거 ICJ에서 해양경계 획정에 관한 사건이 여럿 있었는데 이를 협약 제74조의 구체적 해석 문제로 보고, 다른 협약 당사국이 소송참가를 신청한 사례가 없었다는 점도 이에 대한 방증이 된다. 해양경계에 관한 사건에서 소송참가를 신청하는 경우는 경계획정의 결과가 자국의 권리의무에 영향을 미친다고 주장한 사례였다. 만약 이 사건이 ICJ 규정 제63조상 다자조약의 해석에 관한 문제라면 재판소 서기가 당연히 타 당사국에 통지를 했어야 하는데 지문에 그런 사실이 없다는 점을 소송참가를 부인하는 논거의 하나로 설명한 답안이 있었는데 날카로운 지적이라고 평가한다.

그러면 이 사례는 제62조에 의한 소송참가로는 허용될 수 없을까? 경우에 따라서는 그런 상황도 있을 수 있으나, 제시된 지문상으로는 이를 짐작할 수 있는 내용은 없다. 다만 만약 다국이 가나 간의 경계획정에 직접적인 영향을 받을 위치라면 가능할 것이다.

답안은 소송참가가 허용되어야 한다고 작성된 경우가 더 많았다. 설사 답안의 내용이 위 방향과 달랐어도 소송참가제도 자체를 잘 이해하고 있다고 판단되는 답안에는 나름 충분한 점수를 주었다고 생각한다.

라. 이른바 3단계 경계획정방법에 대해서는 대체로 알고 있었다. 이 경우에 중요한 점은 이를 얼마나 정확한 용어로 설명하느냐에 따라 점수 차이가 난다.

문제 2: 총회와 안보리는 모두 유엔의 주요 기관의 하나이나, 헌장은 양자관계에 관하여 몇 가지 제한을 두고 있다. 즉 총회는 조치를 필요로 하는 사항에 관해서는 토의 전 또는 후에 이 문제를 안보리에 회부해야 하며(제11조 2항), 안보리가 어떠한 분쟁 또는 사태와 관련하여 헌장상의 임무를 수행하고 있는 동안에는 총회는 이에 관하여 안보리가 요청하지 않는 한 어떠한 권고도 하지 않는다고 규정하고 있다(제12조 1항). 이는 국제평화와 안전에 관한 총회에 대한 안보리 우위를 규정한 내용이다. 헌장에 제12조 1항과 같은 조항이 설치된 배경은 안보리의 결정에 대하여 총회가 모순되는 결정을 하지 못하도록 하는 일종의 안전판이었다.

그런데 현실에서는 안보리가 거부권으로 인해 국제평화와 안전에 관해 자신의 역할을 제대로 하지 못하는 경우가 자주 발생했고, 이 경우 총회가 역할을 확대하는 경향을 보였다. 안보리 의제에 포함되어 있거나, 안보리에서 종종 논의의 대상인 주제에 대해서도 총회가 활발한 토론을 하거나 결의를 채택하는 경우가 늘어났다. 특히 6.25를 계기로 안보리가 상임이사국 간의 의견 불일치로 국제평화와 안전에 관해 헌장상의 1차적 책임을 다할 수 없는 경우 총회가 회원들에게 집단적 조치를 권고할 수 있다는 「평화를 위한 단결결의」도 성립되었다. 유엔의 실행상 안보리가 현재 논의를 진행 중인 주제에 대해서도 총회가 독자적 권고를 실시한 사례가 빈번하게 발생했고, 이에 대해 안보리나 회원국들의 특별한 반발도 없었다. 총회가 안보리 결정과 반대되는 결의를 하지 않는 한 총회는 별다른 제약 없이 나름대로 결의를 채택해 왔다.

제시문은 팔레스타인 점령지에 이스라엘이 분리 장벽을 설치하는 행위가 국제법상 합당한가에 관해 총회가 ICJ에 권고적 의견을 요청하는 행위가 헌장에 부합되는가를 다투는 과정에서 나온 것이다. 즉 안보리가 팔레스타인 문제를 다루고 있으므로 안보리의 요청이 없는 한 이 문제에 관해 총회가 어떤 행동을 하는 것은 헌장 제12조 위반이라는 주장이 제기되었다.

이 사건에서 ICJ는 유엔 헌장의 문언과 유엔의 실행을 조화롭게 해석하기 위해 다음과 같이 판단했다. 즉,
첫째, 안보리가 임무를 수행중이라는 문언을 현재(at this moment) 수행중인 경우로 한정시켰다. 즉 유엔 창설 초기에는 국제평화와 안전의 유지에 관한 문제가 안보리 의제에 포함되어 있는 경우에는 총회가 이 문제에 관해 권고를 할 수 없다고 해석했다. 그러나 안보리가 동서냉전으로 제 역할을 하지 못하는 경우가 많아지자 차츰 이에 관한 실행에 변화가 생겼고, 단순히 의제로만 갖고 있는 경우는 임무수행 중에 포함되지 않는다고 해석했다.
둘째, 총회와 안보리는 동일한 문제를 동시에 다루는 사례가 많았으나, 안보리가 주로 국제평화와 안전이라는 각도에서 문제를 다룬다면 총회는 이의 인도적, 경제적, 사회적 측면까지 포함한 더 폭 넓은 측면에서 다룬다는 점에서 양자를 "구별"하고, 이 같은 실행은 헌장 제12조 1항과 모순되지 않는다고 판단했다.
기본적인 내용은 이미 제시문 속에 나타나 있어서 방향 자체를 아주 잘못 작성한 답안은 별로 없었다. 다만 제시문의 내용만 요약한 수준이라면 기본점수 정도 받는다고 생각해야 한다. 그 부분까지는 모든 수험생이 알고 있는 내용이라고 전제되기 때문이다. 그렇다면 점수의 차이는 제시문에 직접 나타나지 않은 내용을 얼마나 풍부하고 조리 있게 추가하며 설명하느냐 또는 잘못된 내용을 포함시키지 않느냐에 달리게 된다.

문제 3: [가] 문제에 대해서는 별달리 언급하지 않아도 교과서 등을 보면 알 수 있으니 소감을 생략한다. 일부 답안을 제외하고는 기본적인 내용을 알고 있었다. [나] 문제의 경우 예상치 않은 문제가 발생했다. 학생으로부터 강제송환금지는 개정 7판에만 설명되어 있고, 구판에는 이에 관한 설명이 없다는 문제제기가 있었다. 그런데 학기 초 구판을 갖고 공부해도 되냐는 질문에 아마 별 문제없을 것이라고 답했는데, 왜 이런 문제를 냈냐는 항의였다. 수업시간에도 이를 구체적으로 다루지 않았음 역시 지적했다. 사실 출제를 하면서 신판과 구판을 대조하여 문제를 내지는 않는다. 그냥 현재 사용 중인 교과서를 보며 출제할 뿐이다. 강제송환금지는 난민 처우에 관한 핵심사항 중의 하나이므로 솔직히 별 생각 없이 이 문제를 출제했다. 교과서나 수업에서 전혀 다루지 않는 문제라 해 출제할 수

없다고도 생각하지 않는다. 다만 학생의 항의는 이 문제를 통해 차별이 발생할 수 있다는 지적이었을 것이다. 전혀 일리가 없다고는 생각하지 않아 고민 끝에 [가]와 [나] 두 문제를 종합적으로 채점하면서 [가]에 더 심리적 비중을 두는 한편, [나]의 경우 강제송환금지라는 단어 자체만으로도 알 수 있는 기본적인 내용을 설명하면 무난한 답안으로 처리하기로 했다. 난민과 강제송환금지라는 단어를 연결시키면 난민조약의 존재를 알고 있는 사람이면 그 의미를 어느 정도 짐작할 수 있었으리라 생각한다. 대부분의 [나] 답안이 이 정도의 기준은 만족시키며 작성되어 있었다. 다만 아예 공란으로 둔 답안이 한 두 개 있었는데 이는 어쩔 수 없었다. 시간 부족으로 그랬는지 모르겠으나, 시험에서 전혀 예상치 못한 문제가 나왔을 때라도 공란으로 두는 행위는 가장 어리석은 태도이다. 무어라도 적어 내야 채점자가 점수를 줄 수 있지 않겠는가? 특히 다들 좋은 답안을 작성하지 못한 경우라면 별 내용 없는 평범한 답안이라도 의외로 높은 점수를 받기도 한다. 시험평가란 항상 상대적이기 때문이다.

2018년

1학기 국제법과 국제관계 (사회대, 기말)

문제 1(40%): 다음의 설명의 일부는 실제와 관계없는 가상의 이야기임.

이어도는 제주도 남부 마라도로부터 약 81해리 정도 떨어진 지점 수심 수 미터 하에 있는 수중암초이다. 풍랑이 거세면 멀리서 볼 때 파도가 모이는 형상으로 마치 섬처럼 보여 옛부터 현지인들이 이어도 또는 파랑도라고 불렀다. 한국 정부는 제2차 대전 후 대일평화조약에 이어도가 한국령이라는 사실을 명기해 달라고 미국측에 요청했는데, 성사되지는 않았다. 2003

년 드디어 한국 정부는 이곳에 해양과학기지를 설치했다. 약 200평 규모의 철골 구조물로 과학관측을 위한 시설이다. 한국의 해양수산부는 이어도 기지 준공을 국제해사기구에 통지하고, 기지의 안전을 위해 반경 12해리 이내에는 허가 없는 타국 선박의 출입을 금지한다고 발표했다. 이어 이어도 기지 건설을 통해 한국은 국토 최남단의 영토를 확실히 확보하게 되었으며, 아울러 제주도 남부 수역에서 한국의 배타적 경제수역의 확대와 권리 공고화를 기대할 수 있다고 발표했다. 이에 대해 중국 정부는 크게 반발하며 자국령 퉁타오에서 133해리 거리에 위치한 이 지역은 중국의 배타적 경제수역의 일부로서 자신의 허가 없는 기지건설은 국제법 위반이라고 주장했다. 이어 자국 어선과 상선은 이어도 12해리 이내를 한국측 허가 없이 항해할 권리가 있으며, 정부 선박과 항공기 역시 이어도 인접 해상을 정기적으로 순찰할 예정이라고 발표했다.

국제법 전문가인 귀하에게 위와 같은 양국의 설명과 공방에 대한 법률 의견서를 작성해 달라는 의뢰가 왔다. 이를 작성하시오.

문제 2(30%): 다음 예시문을 참고하며 국제법상 강박조약의 개념을 설명하시오.

“A big power can use force and pressure against a small nation in many ways, even by the very fact of diplomatically insisting in having its view recognized and accepted. The Royal Navy did not need to use armed force, its mere presence on the seas inside the fishery limits of the coastal State could be enough pressure. It is well known by professors, jurists and diplomats acquainted with international relations and foreign policies, that certain “Notes” delivered by the government of a strong power to the government of a small nation, may have the same purpose and the same effect as the use or threat of force. There are moral and political pressures which cannot be proved by the so-called documentary evidence, but which are in fact indisputably real and which have, in history, given rise to treaties and conventions claimed to be freely concluded and subjected to the principle of pacta sunt servanda." (ICJ, Fisheries Jurisdiction(Jurisdiction) (1973), Nervo's dissenting opinion)

문제 3(30%): 다음을 간단히 설명하시오.
가. 국가책임의 해결방법으로서의 만족(satisfaction)
나. 국제법상 조약과 관습국제법의 효력이 대등하다는 점을 설명하시오.

✎ 채점 소감

문제 1: 지문상의 한국측의 입장으로부터는 다음과 같은 논점이 검토될 필요가 있다.
첫째, 아직 해양경계가 미획정인 수역에 국제법상 한국은 해양과학기지를 설치할 수 있는가?
둘째, 위 질문의 답이 긍정적이라면 국제법상 한국은 해양기지에 반경 12해리의 안전구역을 설치하고 타국 선박의 출입을 금지할 수 있는가?
셋째, 이어도 기지 건설을 통해 국제법상 한국은 영토를 확보했다고 할 수 있는가?
넷째, 이어도 기지 건설을 통해 국제법상 한국은 배타적 경제수역의 확대와 권리 공고화를 주장할 수 있는가?
이에 반해 중국측 입장으로부터는 다음과 같은 논점이 검토될 필요가 있다.
첫째, 해양경계 미획정 수역에 일국의 일방적 해양과학기지 건설은 국제법상 불법인가?
둘째, 외국의 해양과학기지 반경 12해리 내를 어선이나 상선이 국제법상 자유항해할 권리가 있는가?
셋째, 외국의 해양과학기지 반경 12해리 내를 정부 선박이나 항공기가 순찰할 수 있는가?

이상의 논점들을 분석해 본다.

(1) 이어도는 한국과 중국으로부터 모두 200해리 이내에 소재하므로 일단 한국과 중국 모두 자국의 경제수역 이내라고 주장할 수 있을 것이다. 양국의 권리가 중복될 수 있는 수역을 통상 중첩(경계 미획정)수역이라고도 한다. 경계획정 이전 이 같은 수역에서 연안국이 어느 정도의 권리를 행사할 수 있는가는 국제법상 아직 모호한 부분이 많다.

만약 이어도 시설이 석유나 천연가스 개발시설이라고 한다면 좀더 복잡한 문제가 제기될 수 있다. 이러한 자원개발은 한번 추출하면 원상회복이 불가능하기에 경계 미획정 상태에서의 개발은 더욱 엄격히 평가될 것이다. 그러나 이는 주어진 문제가 물론 아니다. 지문과 같이 단순한 해양과학기지 건설은 회복 불가능한 피해를 주는 정도의 행위가 아니므로 위법하다는 판단이 내려지지는 않으리라 생각된다. 특히 이어도는 중국에 비해 한국에 훨씬 가깝기 때문에 경계획정이 되면 한국측 수역에 포함될 가능성이 매우 높다. 이어도 기지 건설에 중국이 반발하기는 했으나, 그래도 격렬히 항의하지 않고 사실상 묵인하고 있는 이유도 그 때문일 것이다. 일단 한국의 과학기지 건설 자체가 국제법상 위법하다고 판정받을 가능성은 낮다고 생각한다. 단 반론도 가능하다.

(2) 이어도 기지는 순수한 인공시설이다. 이어도는 수중암초로서 섬은 물론 간출지로서의 지위도 갖지 못한다. 경제수역 내 이 같은 인공기지를 건설한 경우 연안국은 해양법협약상 500m 이내의 안전수역을 설치할 수 있다(제60조). 따라서 한국이 마치 섬의 영해를 설정하듯 반경 12해리의 안전수역을 선포한 행위는 국제법에 어긋난다. 따라서 한국은 기지 반경 500m 이상의 수역에 대해 타국 선박 출입을 금지할 수 없다. 모든 국가의 선박은 기지 반경 500m 이원의 수역에서 항해의 자유를 가진다.

(3) 인공도서는 국제법상 섬이 아니므로 기지건설을 통해 영토를 확보할 수는 없다.

(4) 인공도서는 배타적 경제수역이나 대륙붕을 가질 수 없기 때문에 이의 건설을 통해 주변 배타적 경제수역이나 대륙붕에 대한 권리를 추가로 확보하거나 권리의 내용을 강화할 수 없다.

(5) 설사 이어도 주변수역이 한국의 배타적 경제수역으로 확정되었다고 할지라

도 경제적 권리 활용 이외의 경우는 기본적으로 공해의 법질서가 적용되므로 중국 정부 선박이나 항공기가 500m 이상 12해리 이내의 주변 수역을 순찰할 수 있다.

대강 이상의 논점을 분석하였으면 좋은 답안이 된다. 물론 위의 이야기를 다 포함시킨 답안은 없었으며, 사실 학부생들에게 그 정도까지 기대하지도 않았다. 평소 교과서를 차근차근 읽은 수강생이라면 비교적 어렵지 않게 이 문제를 답하리라 예상했는데, 전반적으로 답안의 질은 높지 못했다. 사실 횡설수설형 답안이 많았다.
당연한 이야기이겠지만 답안에는 필요한 설명이 담겨야 하고, 필요 없는 설명은 포함되지 않아야 한다. 예를 들어 “만약에 이어도가 섬이라고 가정하면 ...” 과 같은 소리는 포함될 필요 없는 설명이다. 이어도를 영유권의 대상으로 전제한 설명도 치명적 오류를 범한 답안이다. “안전수역”은 꼭 지적되어야 할 개념인데 이를 언급한 답안은 매우 적었다. 이어도가 섬이 아니라는 판단은 명백하므로 긴 설명이 필요 없는 사항인데 이 부분을 너무 길게 설명한 답안이 많았다. 그러면 다른 필요항목을 쓸 시간이 부족하지 않는가? 그리고 답안의 설명은 항시 명확하게 표현해야 한다. 슬며시 말꼬리를 흐리는 표현은 결국 작성자가 자신 없음을 자인하는 결과가 된다.

문제 2: 강박조약에 대해서는 교과서 등을 보면 무엇을 써야 할지 잘 나와 있기 때문에 특별한 설명을 필요로 하지 않을 것이다. 일반적인 설명은 책을 참고하기 바란다. 이 문제에서 특히 제시된 영어 지문은 결국 강박의 개념 폭에 관한 논의가 필요함을 제시해 주고 있다. 비엔나협약 성안 시에도 강박의 개념을 둘러싼 치열한 논란이 있었음을 다들 알 것이다. 대부분의 답안이 이상의 기본 논점을 이해한 상태에서 작성되었다. 다만 비엔나 협약은 “유엔 헌장 원칙”에 위배되는 force를 사용한 강박조약을 무효로 규정하고 있다는 점을 반드시 지적해 줄 필요가 있다. 이것이 현재의 국제법상 강박 개념 이해의 출발점이기 때문이다. 그런데 이 점을 명기한 답안은 많지 않았다.

문제 3: 가. 특별한 설명을 하지 않아도 교과서 등에서 정확한 의미를 쉽게 찾을 수 있다. 대부분의 답안이 기본적인 이해는 하고 있었다. 이런 경우 동일한 내용이라도 누가 얼마나 더 조리 있고 체계적으로 설명하느냐에 따라 점수 차이가 난다. 길고 자세한 설명과 간략한 설명의 경우도 점수 차이가 난다.

나. 의외로 좋은 답안이 많지 않았다. 답안은 2가지 포인트를 명확히 서술해야 한다. 첫째, 조약과 관습국제법은 서로 독자적으로 생성되고 성립하며, 국내법에서의 법률과 시행령의 관계와 같이 어느 한편의 존재가 다른 편에 의존하지 않는다. 예를 들어 국내법상의 시행령은 근거 법률에 존립을 의지하며, 근거 법률이 없어지면 시행령도 존속할 수 없게 된다. 조약과 관습국제법 간에는 이러한 관계가 적용되지 않는다. 둘째, 양자는 서로 상대방을 개폐시킬 수 있다. 후조약이 선 관습법을 무력화시킬 수 있으며, 반대로 후 관습법이 선 조약을 무력화시킬 수도 있다. 사례를 지적하면 물론 더 좋다. 이상 2가지 점이 인정되어야 양자는 진정으로 대등한 법원임을 알 수 있다. 그런데 위 2가지 논점을 정확히 지적한 답안은 소수에 불과했다. 상호 후법우선원칙이 적용될 수 있으니 동등하다고 주장한 답안은 어느 정도 있었다. 많은 답안이 조약 또는 관습국제법에 관한 여러 설명을 병렬적으로 나열하고, 별안간 양자는 동등한 효력을 지닌다고 주장하는 식이었다. 아마 많은 수강생이 자신의 기대만큼 이 문제에서 점수를 못 얻었을 것으로 생각된다. 작은 문제임에도 불구하고 비교적 점수 차이가 많이 났다.

2020년

1학기 국제법과 국제관계 (사회대, 중간)

문제 1(20%): 한국에서 조약의 국내법적 효력을 설명하시오.

문제 2(35%): 인접국인 갑국과 을국은 전통적으로 사이가 좋지 않았다. 본래 을국 지역은 갑국 영역의 일부였으나, 주로 종교적인 이유에서 을국 지역 주민은 오랫동안 갑국 정부의 억압 속에 생활해왔다. 2010년 1월 1일 을국 주민들은 일방적으로 분리 독립을 선언했다. 이후 주민들은 갑국의 지배를 실질적으로 벗어나 비교적 안정적으로 현지 정부를 수립 · 운영했다. 을국의 안정화는 안보리 상임이사국인 카국, 타국 등의 지원에 힘입은 바 크다. 갑국은 물론 을국의 독립을 승인하지 않았으며, 여전히 자국이 일부라고 주장하고 있다. 을국은 현재 대략 80여 개국으로부터 국가승인을 받고 있다. 을국은 UN 가입을 신청해 안전보장이사회에서 10개국의 찬성을 얻었으나, 갑국과 인종적 · 종교적으로 친밀한 상임이사국 하국의 거부권 행사로 가입할 수 없었다.

2020년 2월 1일 갑국은 선제공격을 통해 을국령의 약 1/4을 점령했다. 양국에서는 각각 많은 전사자가 발생한 후 일단 전투가 중단되었다. 그러자 카국, 타국은 갑국을 침략자로 규정하고, 갑국의 점령지 철수를 요구하고, UN 회원국에게 을국을 위한 군사적 지원을 권고하는 결의안을 안보리에 제출했다. 이 결의안은 안보리에서 10개국의 찬성을 얻었으나, 하국의 거부권 행사로 부결되었다. 이후 안보리는 때때로 이 사태를 논의했으나, 구체적인 조치를 취할 결의는 채택되지 않았다. 상임이사국 간의 대립으로 안보리에서의 해결책 마련은 사실상 어렵다고 예상되었다.

이에 2020년 4월 1일 을국의 우호국들은 이 문제를 총회로 회부했다. 총회에서는 치열한 논란 끝에 갑국의 점령지 무조건 철수, 을국에 대한 회원국의 지원군 파견 권고, 을국의 UN 회원국 가입 지지를 내용으로 하는 결의를 찬 93, 반대 80으로 통과시켰다.

이 소식을 접한 갑국은 다음과 같은 입장문을 발표했다.

1. 갑국의 일부였던 을국의 일방적 독립은 국제법상 불법이다. 아직 전 세계 다수 국가로부터 승인을 받지 못했고, UN 회원국으로 가입하지도 못한 을국은 국제사회에서 주권국가로 인정되지 않는다.

2. 갑국의 을국에 대한 공격은 국내 반란자에 대한 진압 차원의 국내문제로서 본래 안보리가 개입할 수 없다.

3. 만약 안보리 개입이 가능하다고 가정해도 갑－을 간 분쟁은 현재 안보리가 심의 중인 사안으로 이에 대한 총회의 결의는 UN 헌장 위반이므로, 위 총회 결의는 위법하다.

4. 안보리에서 부결된 을국의 회원 가입안을 총회가 지지하는 결의를 채택한 것 역시 헌장 위반이다.

위 갑국 주장을 국제법적으로 평가해 보세요. 기타 위 사건과 관련해 추가로 분석하고 싶은 국제법적 쟁점이 있는 경우 이를 설명하시오.

문제 3(30%): 다음 2건의 판결문을 보라. 첫째는 고문범죄에 대해서는 어느 나라나 재판할 수 있다고 해석하고 있다. 둘째는 고문으로 인한 사건에 재판권을 행사할 수 없다고 판단하고 있다. 이 양자는 상호 모순된 판결인가? 왜 판결들과 같은 결론에 이르고 있는지를 설명하시오.

(1) "Moreover, the Republic of Chile accepted before your Lordships that the international law prohibiting torture has the character of *jus cogens* or a peremptory norm, *i.e.* one of those rules of international law which have a particular status. […] The *jus cogens* nature of the international crime of torture justifies states in taking universal jurisdiction over torture wherever committed. International law provides that offences *jus cogens* may be punished by any state because the offenders are "common enemies of all mankind and all nations have an equal interest in their apprehension and prosecution:" (*Ex parte* Pinochet Ugate No.3, 1999)

(2) "61. While the Court accepts, on the basis of these authorities, that the prohibition of torture has achieved the status of a peremptory norm in international law, it observes that the present case concerns not […] the criminal liability of an individual for alleged acts of torture, but the immunity of a State in a civil suit for damages in respect of acts of

torture within the territory of that State. Notwithstanding the special character of the prohibition of torture in international law, the Court is unable to discern in the international instruments, judicial authorities or other materials before it any firm basis for concluding that, as a matter of international law, a State no longer enjoys immunity from civil suit in the courts of another State where acts of torture are alleged. [···]

66. The Court, while noting the growing recognition of the overriding importance of the prohibition of torture, does not accordingly find it established that there is yet acceptance in international law of the proposition that States are not entitled to immunity in respect of civil claims for damages for alleged torture committed outside the forum State. [···] (Al Adsani v. U.K., 2001)

(참고 주: *jus cogens* = peremptory norm)

문제 4(15%): 조약의 해석선언이란 무엇인가? 유보와는 어떠한 차이가 있는가?

(이상 중간고사는 COVID-19 사태로 인해 open book 재택 시험으로 진행)

✎ 채점 소감

문제 1 및 문제 4: 내용상 오픈북을 반드시 해야 할 문제는 아니었으나 COVID-19 사태로 출석이 불가능한 상황이라 재택 오픈북 시험이 되었다. 통상의 교과서에 설명되고 있는 내용이므로 기본적인 개념만 알고 있는 수강생이라면 답안 작성에 어려움이 없었으리라 생각한다. 대부분의 답안 역시 무난하게 작성되었다. 결국 각자 제한된 시간을 각 문제에 얼마나 잘 나누어 사용하느냐에 따라 답안의 질적 차이가 발생했다고 생각한다. 다만 문제 1에서는 두 가지 포인트 - 조약이 국내법 질서 속에 직접 적용될 수 있느냐와 국내법 질서 속 어떠한 위계에 해당하느냐를 각기 설명해야 좋은데, 두 번째 포인트만 설명한 답안이 많았다. 전자의 경우 헌법 제6조 1항의 국내법과 같은 효력을 지닌다라는 표현만 지적하며 – 그래서 직접 적용될 수 있다고 서술한 경우가 많았는데, 이는 정확한 설명이 되지 못한다. 반드시 이를 국내 사법부가 어떻게 해석하고 있는가를 덧붙여야 한다. 이러한 조문은 국가의 실행에 따라 달리 해석될 수도 있는 내용이기 때문이다. 결국 핵심은 사법부의 실행이다.

문제 2: 대체로 큰 방향에서는 답안을 잘 작성했다. 다만 (1) 문제에서 코소보 독립에 관한 ICJ 권고적 의견을 언급한 답안이 적었다는 점은 의외였다. 다른 질문에서도 과거의 관련 국제판례가 있는 경우 이를 언급한다면 더욱 좋다. 기타 추가로 분석하고 싶은 항목이 있으면 덧붙이라는 요구에 응한 답안은 극소수였다. 4월 1일자 총회 결의가 중요문제로서 2/3 이상의 찬성이 필요한가 여부의 검토 정도는 찾기 어려운 논점이 아니라고 생각했었다.

문제 3: 생각이 가장 필요한 문제였다. 답안의 내용도 대체로 좋지 않았다. 대부분의 답안이 두 사건 판결 내용을 간단히 요약 설명하고 있는 수준이었다. 그 정도라면 사실 제시문을 읽고 누구나 작성할 수 있는 내용이다. 출제자로서는 왜 한 사건에서는 재판부가 관할권을 행사했고, 다른 사건에서는 그렇게 하지 않았는가의 이유가 무엇인가를 설명해 주기 기대했다.
두 사건 모두 주권면제 적용 여부가 문제된 사건이다. Pinochet 사건에서는 주권면제의 적용이 인정되지 않았고, Al Adsani 사건에서는 주권면제가 인정되었다. 이 차이가 어디서 발생했을까? 형사와 민사라는 차이에서 발생했는가? 그럼 Pinochet 사건이 피해자가 Al Adsani 사건처럼 민사상 손해배상 청구를 했다면 주권면제가 적용되었을까? 물론 아니다(사실 이 부분은 피해자의 국적이나 법정지국이 어디냐에 따라 달라질 수 있다). 반면 만약 Pinochet가 현직 대통령이었다면 형사사건이라도 고문행위에 대해 주권면제가 인정되었을 것이다. 그럼 민사/형사는 결정적 차이가 아니다. 공적 행위 여부가 차이의 원인인가? 양 사건에서 모두 고문이 공적 행위일리 없다. 두 사건 모두 법정지국이 아닌 외국에서 벌어진 재판이므로, 이 점 역시 결정적 차이는 아니다. 결국 외형상 다른 듯한 결과가 발생한 이유는 Pinochet는 전직 대통령으로 현재 주권면제의 향유 주체가 아니었고, 따라서 그는 재직시 공적 행위라는 제한된 범위에서만 면제를 향유할 수 있으나, Al Adsani 사건은 피고가 국가로서 현재도 주권면제의 향유 주체라는 차이에서 왔다. 이 포인트를 지적해 주기 바란 문제였다.

2020년

1학기 국제법과 국제관계 (사회대, 기말)

문제 1(35%): 갑국과 을국은 바다를 사이로 마주하고 있는 국가이다. 양국간 거리는 평균 350해리 정도이다. 양국은 갑국 소속인 가가도와 을국 소속인 나나도에 관한 법적 이견으로 인해 해양경계를 합의하지 못하고 있다. 가가도는 갑국 연안에서 약 110해리, 나나도는 을국 연안에서 약 100해리 정도 떨어져 있다.

가가도는 면적이 축구장 4개 정도의 크기이다. 상주 주민은 없고 약 40명의 국경 수비 군인과 3명의 기상관측소 직원(공무원)이 통상 반년마다 교체·근무한다. 가가도는 암석 지형으로 농산물 생산은 없고, 소량의 식수가 나오나 40여명 분으로는 턱없이 부족하다. 섬 주변에서 낚시를 통한 물고기 채취로 일부 식량을 보충한다. 이에 식량과 식수는 거의 정부의 공급에 의존한다. 한편 이곳을 공적 주소지로 하는 주민이 2명 있는데, 이들은 1년에 7－8개월 정도 정부가 마련해준 임시막사에 머물며 수산업에 종사하고 겨울철은 육지에서 생활한다.

나나도는 규모가 5km x 7km 정도로 가가도에 비교해 훨씬 더 크다. 나나도에는 수백년 전부터 50－60가구의 주민이 농업과 어업에 종사하며 생활했는데, 약 30년 전 마지막 주민이 육지로 이주한 이후 사실상 무인도로 남아 있다. 과거 섬의 산물을 바탕으로 주민의 생계유지 자체는 가능했으나, 당시 섬에 초등학교 밖에 없어 자녀교육문제가 주민 이주의 가장 큰 이유였다. 현재 이 섬에는 과거 살던 조상 묘소 참배를 위한 방문자가 종종 있으며, 겨울철을 제외한 나머지 시기에는 낚시꾼들의 방문도 적지 않다. 대개 이들은 3-4일 정도 낚시를 즐기다 간다. 주로 과거 나나도 주민의 후손이 낚시 안내업을 하고 있으며, 방문객들을 위한 간이한 거주시설이 마련되어 있다. 을국은 나나도를 본격적인 관광단지로의 개발을 검토하고 있지만, 재원 마련에 어려움이 있어 잘 진척되지 않고 있다.

양국은 모두 UN 해양법협약 당사국이다. 협약 제121조 3항은 "Rocks which cannot sustain human habitation or economic life of their own shall have no exclusive economic zone or continental shelf."라고 규정하고 있다.

갑국과 을국은 가가도와 나나도 중 각기 자국 섬은 대륙붕과 경제수역을 가지며, 상대국 섬은 위 협약 제121조 3항의 "rock"에 해당해 이를 가질 수 없다고 주장하고 있다. 다음 판결을 참고하며 위에 주어진 사실을 바탕으로 양국 주장을 평가하시오.

"483. The use of the word "cannot" in Article 121(3) indicates a concept of capacity. Does the feature in its natural form have the capability of sustaining human habitation or an economic life? If not, it is a rock. This enquiry is not concerned with whether the feature actually does sustain human habitation or an economic life. It is concerned with whether, objectively, the feature is apt, able to, or lends itself to human habitation or economic life. [···]

487. [···] Thus, in connection with sustaining human habitation, to "sustain" means to provide that which is necessary to keep humans alive and healthy over a continuous period of time, according to a proper

standard. […]

490. […] At a minimum, sustained human habitation would require that a feature be able to support, maintain, and provide food, drink, and shelter to some humans to enable them to reside there permanently or habitually over an extended period of time.

491. In the Tribunal's view, the term "habitation" also generally implies the habitation of the feature by a group or community of persons. No precise number of persons is specified in the Article, but providing the basic necessities for a sole individual would not typically fall within the ordinary understanding of human habitation: humans need company and community over sustained periods of time. […]

549. In such circumstances, the Tribunal considers that the most reliable evidence of the capacity of a feature will usually be the historical use to which it has been put. […] If the historical record of a feature indicates that nothing resembling a stable community has ever developed there, the most reasonable conclusion would be that the natural conditions are simply too difficult for such a community to form and that the feature is not capable of sustaining such habitation." (2016 South China Sea Arbitration)

문제 2(20%): 부임해 근무 중인 외국의 대사(ambassador)가 현지 외교장관과의 회의를 위해 공관용 자동차를 직접 운전하고 가다 사고가 났다. 행인이 전치 3개월의 중상을 입었다. 알고 보니 이 차량의 보험이 바로 1주일 전 만료되었는데, 깜박 갱신을 하지 않아 보험처리도 불가능한 상태였다. 피해자가 사고 외교관으로부터 개인적 보상을 받지 못했다면 그는 어떠한 법적 대응이 가능할까? 제기할 수 있는 모든 법적 방안을 검토해 보시오.

문제 3(20%): 한국과 일본은 2016년 11월 23일 "군사비밀정보의 보호에 관한 협정"(일명 GSOMIA)을 서명, 발효시켰다. 이 협정 제21조 3항은 "이 협정은 1년의 기간 동안 유효하며, 그 후로는 어느 한쪽 당사자가 다른 쪽 당사자에게 이 협정을 종료하려는 의사를 90일 전에 외교경로를 통하여 서면 통보하는 경우를 제외하고는, 자동적으로 1년씩 연장된다."고 규정하고 있다. 한국 정부는 2019년 8월 22일 이 협정을 2019년 11월 이후 더 이상 연장하지 않기로 결정하고 이 사실을 일본에 통보했다. 그러나 한국 정부는 협정 종료 하루 전인 2019년 11월 22일 "언제든지 지소미아 효력을 종료시킬 수 있다는 전제하에 (8월 22일 결정한) 지소미아 종료 통보의 효력을 정지시키기로 했다"고 발표하고 이 점을 일본에도 통고했다. 이상은 실제 사실이며, 이하는 가정적 상황이다.

한국 정부는 일본에 대한 수출규제 해제를 요구하며 한 3달 정도 기다려 본다는 입장으로 알려졌다. 일본의 대한 수출규제가 계속되자 한국 정부는 2020년 5월 1일 더 이상 참을 수 없다며, 2019년 8월 22일과 11월 22일 발표와 같이 지소미아를 다음 날인 5월 2일자로 폐기한다고 발표했다. 한국이 지소미아 협정 당사국 의무에서 벗어나는 시점은 국제법적으로 언제부터라고 판단하는가? 그 이유를 설명하시오.

문제 4(25%): 다음을 모두 간단히 설명하시오.

가. anticipatory self-defence

나. 국제인권보호 제도로서 "개인통보제도"

다. 국제사법재판소에서의 "소송참가"

✎ 채점 소감

문제 1: 가가도와 나나도가 각각 섬으로서 지위를 갖는가? 또는 해양법협약 제121조 3항에서 말하는 rock에 해당하는가에 대한 평가는 모든 답안이 일치하여 설명했기에 별달리 덧붙일 말은 없다. 핵심적인 부분에서 내용상 차이가 없으니 이 문제에서는 점수 차이도 별로 나지 않았다. 이번 시험에서는 점수 비중이 더 적은 2번, 3번 문제에서 오히려 점수 차이가 더 크게 벌어졌다고 할 수 있을 정도이다. 비슷한 답안이라면 같은 내용이라도 얼마나 체계적으로 설명하고 있느냐에 따라 일정한 점수 차이가 난다.

양국이 이들 섬의 법적 지위에 관해 다투는 이유는 해양경계획정 때문이다. 가가도는 암석이고, 나나도는 섬이라면 양국간 해양경계는 갑국 연안과 나나도 사이 중간선이 될 것인가? 현재 주어진 지문만으로는 양국 사이 해양 지형지물에 관해 구체적 설명이 없어서 정확한 판단은 불가능하다. 다만 연안에서 멀리 떨어진 대양의 섬 하나로 인해 해양경계가 크게 달라진다면 그 섬의 가치를 축소해서 획정한다는 지적 정도는 반드시 할 필요가 있다.

문제 2: 이 문제 내용은 수업 채팅 질의응답 시간에 외교면제와 주권면제의 차이에 관한 질문이 나와 설명하던 중 예시한 내용과 유사하다. 따라서 그 내용을 주의 깊게 확인한 수강생에게는 비교적 용이한 문제였으리라 생각되나, 그렇지 않은 수강생에게는 간단하지만 논점 정리가 쉽지 않았을리라 생각된다. 채팅도 수업의 일부이므로 결국 이 문제는 수업에 충실히 참여한 학생에 대한 일종의 보상책이 되었다.

외교사절의 교통사고에 대한 피해자의 보상청구는 민사소송이 된다. 외교사절은 특별한 경우가 아니면 접수국의 재판관할권으로부터 면제를 향유하며, 이 사건은 그 같은 특별한 예외에 해당하지 않는다(외교관계에 관한 비엔나 협약 제31조). 따라서 피해자는 자국 법원에 외교관을 상대로 손해배상 청구소송을 제기할 수 없다(재판관할권 부재). 이상은 상식적인 이야기다. 여기까지만 쓰고 답안이 끝났다면 최소한의 기본점수 정도를 받을 수 있다. 사실 절대다수의 답안은 이 이상 나가지 못하고 있었다. 절반 정도의 답안이 최소 기본 점수에 수렴했다.

피해자는 외교관이 아닌 그를 파견한 국가를 상대로 자국 법원에 배상청구소송을 제기할 수 있다. 외교관은 파견국의 기관이므로, 그의 불법행위가 있었다면 그 책임은 파견국으로 귀속되기 때문이다. 그러면 주권면제로 인해 국가를 상대로는 현지 법원이 역시 재판권을 행사할 수 없지 않은가? 그러나 현재의 일반적 통설과 실행인 제한적 주권면제론에 따르면 현지에 발생한 이 같은 신체상해 불법행위에 대한 배상청구에 관하여는 면제가 인정되지 않는다. UN 주권면제협약 역시 그런 내용을 담고 있다. 즉 피해자는 외교관이 아닌 파견국을 상대로는 손해배상 청구소송을 제기할 수 있고, 현지 법원은 재판권을 행사할 수 있다. 이상 2가지 – 외교면제와 주권면제라는 두 개의 키워드로 설명한 답안은 다른 부분에서 다소 미흡한 점이 있어도 이 문제에서는 만점을 주었다.

파견국을 상대로 국가책임을 추궁하라는 지적에 그친 답안이 적지 않게 있었는데, 그 방향은 맞지만 거기에 어떤 법적 장애가 있는가를 같이 설명해야 한다. 즉 주권면제 문제를 같이 설명하지 않고 단순히 국가책임을 추궁하라는 주장은 솔직히 내용 없는 답안과 유사하다.

외교관 본국 법원을 통해 소송을 제기하자, 외교관이 임기를 마친 이후 소송을 하자 등의 제안은 물론 검토 가능한 논점이기는 하나, 이런 점까지 언급하지 않았다 해도 앞서의 기본 지적사항만 적었다면 만점을 주었다.

기타 자국 정부를 통해 정치적 압력을 넣자, 그의 자발적 배상 유도하자, 자국 정부에 요청해 그를 기피인물로 지정하자, 언론에 사실을 공표하고 그를 부도덕한 인물로 만들어 배상하도록 하자 등등은 정책적 고려사항이지 법률적 주장에는 해당하지 않는다. 지적해도 좋으나, 이를 언급하지 않았다고 해도 무방하다.

문제 3: GSOMIA는 제시된 조항에서 알 수 있듯이 1년 단위로 효력이 연장된다. 일단 적용이 개시되면 예정된 1년이 지나지 않으면 특별한 경우가 아닌 한 종료시킬 수 없다. 그런데 적지 않은 답안이 한국의 새로운 종료 통고가 있으면 90일 후에 조약이 종료될 수 있다고 전제한 점은 의외였다. 조문상 GSOMIA는 1년 단위로 효력이 자동 연장되게 되어있고, 이를 종료시키려면 그 1년이 되기 90일 이전에 그런 의사를 통지해야 한다. 즉 100일 전에 통고하든 150일 전에 통고하든 종료일은 그 해 11월 22일 자정이 되는 점에서는 차이가 없다. 그래서 한국도 2019년 11월 조약 종료를 위해 2019년 8월 22일 종료를 통고했다. 이 날짜를 경과해 종료를 통고하면 종료시점은 자동으로 1년 뒤인 2020년 11월이 되기 때문이다.

1) 따라서 2020년 5월 1일 통고 후 90일 경과시 조약 종료를 전제로 작성된 답안은 잘못된 내용이다.
2) 일부 답안은 2019년 11월 23일 종료된다고 설명했다. 한국은 기존의 종료의사를 정지시킨다고 발표했고, 일본 역시 아무 의사를 표시하지 않았는데 이런 주장이 왜 나왔는지 이해하기 어렵다. 현실에서도 한일 양국 어느 쪽도 2019년 11월 GSOMIA가 종료되었다고 간주하지 않았다. GSOMIA가 계속 발효 중이기 때문에 2020년 5월 종료 문제가 제기되지 않았는가?
3) 2019년 11월 22일 한국이 언제든지 종료시킬 수 있다는 의사표시를 조약법상의 유보로 해석한 답안이 일부 있었는데, 이 같은 한국측 통지는 유보로 해석할 수 없다. 알다시피 양자조약에 유보첨부는 법률상 허용되지 않는다. 한국측 통보를 유보라고 해석하면 유보의 상호주의적 성격으로 인해 일본 역시 동일한 권리를 보유하게 되고, 그 결과는 GSOMIA 제21조 3항을 개정하는 결과가 되는데, 상호합의로 성립한 조약이 한국측의 일방적 통고로 개정될 수는 없기 때문이다.
4) 일부 답안은 일본의 위법행위로 5월 2일에 조약을 종료시킬 수 있다고 주장했다. 비엔나 협약상 일방 당사국의 중대한 조약 위반이 있으면 그 조약을 종료시킬 수 있다. 그런데 제시문 상으로나 실제 현실에서 일본은 GSOMIA의 중대한 위반은 물론 어떠한 위반도 한 사실이 없다. 따라서 조약의 중대한 위반을 이유로는 한국이 이를 종료시킬 수 없다.
5) 일부 답안은 일본의 위법행위에 대한 대응조치로 5월 2일 한국이 GSOMIA를 종료시킬 수 있다고 설명했다. 대응조치로서 조약의무 이행을 중지할 근거는 되나, 이를 통해 조약을 종료시킬 수는 없다. 비엔나 협약 당사국간 조약의 종료는 별도의 합의가 없는 한 협약에 따라야 하기 때문이다.
6) 일부 답안은 일본이 2019년 11월 22일 한국의 조건부 유지에 일본이 항의를 하지 않았으므로 일본도 묵시적 동의를 한 셈이고, 따라서 그 조건에 따라 2020년 5월 2일 GSOMIA를 종료시킬 수 있다고 설명했다. 생각해 볼 수 있는 방안이다. 실제로도 일본이 수출규제를 해제하지 않아 한국이 GSOMIA 종료를 검토한다는 보도도 있었다.

그러나 과연 그런 해석이 가능할지는 의문이다. GSOMIA의 종료 방법에는 조약에 명문의 규정이 있는데, 한국이 갑자기 조약내용에도 없는 조건을 달고 효력 계속에 동의했다면, 일본이 명시적으로 그 조건 수락의사를 표시하지 않는 한 조약문에 반하는 한국측 조건을 묵시적으로 수락했다고 보기는 어렵다. 조약은 GSOMIA가 1년 단위로 효력이 자동 갱신됨을 명기하고 있다. 양자조약에서 한 국가가 일방적으로 자신에게 유리한(?) 종료조건을 통지하고, 상대가 가만있으면 이를 묵인했다는 주장은 신의칙상 수락하기 어렵다. 한국측 통고 자체가 조약상 근거가 없는 행위였다.

7) 결론적으로 한국이 일방적인 조건을 달기는 했으나, 일단 2019년 11월 22일 GSOMIA의 효력 계속을 일본에 통지했다면 지소미아는 조약에 따라 1년간 갱신되었다고 해석함이 신의칙상 합당하다.

다만 답안 중 이 같은 결론과 다르더라도 일정한 나름의 논거를 제시하고 주장을 전개한 답안은 내용에 따라 합당한 점수를 부여했다.

문제 4: Anticipatory defence: 국제법학계에서는 오래 전부터 이를 예방적 자위권이라고 번역하고 있는데, 국내 정치학계에서는 오히려 선제적 자위권이라고 부르는 경우가 일반이다. 교재에서는 예방적 자위권이라고 해석했으나, 학생들의 혼선을 피하기 위해 일부러 영어 단어로 출제했다. 이를 어떻게 번역하든 동일한 취급을 했다. 구체적 내용은 교과서를 보면 바로 알 수 있으니, 상세한 설명은 필요 없을 듯하다. 다만 이 개념이 문제되는 이유는 유엔 헌장 제51조 자위권 조항과 합치되느냐 여부 때문이다. 따라서 답안에서 헌장 제51조의 자위권 개념에 관해 반드시 언급할 필요가 있는데 소수에 그친 점은 의외였다. 또한 적지 않은 답안이 이 개념은 이른바 캐롤라인 공식을 벗어난 것이라고 설명하고 있는데, 반대로 오히려 캐롤라인 공식에 포용될 수 있는 내용이다.

추기

1. 연필로 작성된 답안이 의외로 많았다. 학교 시험 답안을 포함 남에게 제출하는 문서는 연필로 작성하지 않는 편이 상식이다. 연필로 작성된 답안은 특히

불빛 아래서 읽을 때 일반 펜글씨보다 잘 보이지 않아 채점자로서는 솔직히 좀 짜증난다.

2. 강의평가에서 시험답안 작성 요령을 가리켜 주었으면 좋았겠다는 지적이 많았다. 사실 처음 법학과목을 수강하는 경우 그런 생각이 드는 점도 이해가 간다. 수업 중간에 채팅에서 이 점을 간단히 언급한 적도 있다. 그런데 답안작성법을 특별히 강의하기는 어렵다. 교수 역시 누구로부터 그런 것을 배운 바는 없다. 자꾸 내용을 공부하면서 깨우쳐야지 기본 공부 자체가 부족한 상태에서는 시험답안 작성 요령이 배워지지 않는다. 물론 초심자로서는 어려운 일이다.
3. 기말시험은 교실 출석해 closed book 시험으로 진행되었다.

---

2. 법학전문대학원

2010년

1학기 국제법 1 (중간)

문제 1(40%): 다음 제시문을 참고하며 관습국제법은 어떠한 과정을 통하여 성립하는가를 설명하시오.

"The Court notes that there is in fact evidence, to be examined below, of a considerable degree of agreement between the Parties as to the content of the customary international law relating to the non-use of force and non-intervention. This concurrence of their views does not however dispense the Court from having itself to ascertain what rules of customary international law are applicable. The mere fact that States declare their recognition of certain rules is not sufficient for the Court to consider these as being part of customary international law, and as applicable as such to those States. Bound as it is by Article 38 of its Statute to apply, inter alia, international custom 'as evidence of a general practice accepted as law', the Court may not disregard the essential role played by general practice. Where two States agree to incorporate a particular rule in a treaty, their agreement suffices to make that rule a legal one, binding upon them; but in the field of customary international law, the shared view of the Parties as to the content of what they regard as the rule is not enough. The Court must satisfy itself that the existence of the rule in the opinio juris of States is confirmed by practice."(Military and Paramilitary Activities in and against Nicaragua(Merits), ICJ 1986)

문제 2(30%): 갑국은 일정한 조건하(양국 간 특정 국경의 인정)에 을국에 대하여 국가승인을 하였으나, 이후 을국은 당초의 약속과 달리 그 조건을 이행하지 않았다면 갑국의 을국 승인의 효과는 어떻게 되는가?

문제 3(30%): 내용 전체가 관습국제법을 성문화한 다자조약이 탄생하였다. 갑국은 이 조약에 가입하면서 그 중 제3조를 유보하였다. 이러한 유보를 통하여 갑국은 제3조의 적용을 배제시킬 수 있는가?

✎ 채점 소감

1. 사실 1학기 국제법 1의 중간고사는 문제출제가 쉽지 않다. 단순히 oo을 설명하라는 식의 암기형 문제가 아닌한 불과 몇 주 배운 내용을 바탕으로 법학 초심자에게 사례문제를 출제하기가 어렵기 때문이다. 학기 초에 중간고사를 볼까 말까 한다고 말했던 이유도 이에 연유한다. 따라서 이번의 출제도 쉽지 않았다. 출제자로서는 이번 문제들이 대체로 평이하고 간단한 질문이라고 생각하였다.

   에세이형 법률문제답안은 전체를 소제목 하나 없이 수필처럼 쓰기보다는 중간 소제목을 붙여 작성함이 채점자의 호감을 살 것이다. 답안 속에 기호나 그림을 넣지 말기 바란다. 시종 언어로 설명해라.

문제 1: 1번 문제는 영어 지문이 길지만 교과서에서 취급한 판례라 모두들 익숙한 내용이었을 것이다. 수험자의 할 일의 첫째는 질문의 취지를 정확히 이해하는 것이다. 급히 질문을 읽고 언뜻 떠오르는 선입견에만 의존할 때 종종 실수가 발생한다. 모든 수험생은 질문을 읽는데 좀 더 시간을 투자하기 바란다. 적어도 심호흡을 하며 3, 4번 이상 천천히 읽어라.

제시된 지문에서도 관습국제법의 성립요건에 관한 설명이 들어 있다. 영어 번역시험이 아니라면 출제자가 그것을 대강 번역해서 답안지에 옮기라는 취지의 문제를 내지는 않았을 것이다. 질문은 "제시문을 참고하며" 관습국제법의 성립과정을 설명하라는 요구이다. 그렇다면 제시문 외에 다른 사항 역시 고려할 필요할 있음을 본능적으로 알 수 있어야 한다, 수업 중 다룬 관련되는 다른 판례를 떠올려야 한다.

질문은 관습국제법의 "성립요건"이 아닌 "성립과정"을 설명하라고 하였다. 그런데 제시된 판례는 통상적으로 생각될 수 있는 관행의 존재를 먼저 확인하고 있는 판례가 아니라, 굳이 법적 확신을 먼저 검토한 판례이다. 그렇다면 이제 어느 정도 공부한 학생이라면 성립과정을 설명하라는 요구는 결국 관습국제법에 있어서 법적 확신과 관행의 성립순서를 어떻게 분석할 것인가가 질문의 초점임을 알아야 한다. 단순히 관습국제법의 성립요소(관행+법적 확신)를 설명하는데 그치지 않고, 제시된 판례는 왜 법적 확신을 먼저 지적한 다음에 관행을 확인하려 들었는가? 관행을 먼저 확인하고 법적 확신을 다음에 확인하는 경우와 어떠한 차이가 있는가 등에 관한 질문이 출제의도의 하나이다. 그 이후는 별다른 설명이 없어도 각자 알아서 진행시킬 수 있을 것이다. 다만 단순히 이런 경우도 있고, 저런 경우도 있다는 식의 병렬나열식 설명은 바람직하지 못하다. 왜 이런 차이가 있을 수 있는가에 대한 의견 또한 제시해야 좋은 답안이 된다.

적지 않은 학생이 단순히 "관습국제법의 성립요건을 설명하라"는 질문으로만 생각하고 답안지를 작성하였다. 관습국제법의 성립요건을 아무리 자세하게 잘 암기하여 답안에 옮겨 놓았다고 할지라도 위에서 지적한 비교 분석의 시각이 반영되지 않은 답안은 불완전한 답안일 수밖에 없다.

관습법과 관련된 다른 쟁점 - 예를 들어 지역관습법, 지속적 반대국 등의 문제까지 언급할 필요는 없다.

각자 어떻게든 작성하였다고 생각하는지 모르겠으나, 어느 정도 제대로 답한 답안은 비교적 소수였다. 전반적으로 아주 엉터리 답안은 적었으나, 잘 된 답안도 만나기 어려웠다. 절대평가를 한다면 A급의 답안은 10% 내외 정도였을까?

문제 2: 취지는 매우 간단하다. 조건부 승인을 하였는데 그 조건이 이행되지 않으면 어떻게 되느냐는 질문이다. 많은 답안이 승인에 관하여 자신이 아는 것 모두를 말할 기세로 여러 가지 이야기를 적고 있으나, 이 문제가 승인에 관한 모든 설명을 요구하고 있지는 않다. 특히 선언적 효과설과 창설적 효과설 중 어느 편이 옳은가에 대하여 물은 것은 아니므로 이것을 너무 길게 설명할 필요는 없다. 질문은 애초의 조건을 이행하지 않으면 원 승인의 효과가 어떻게 되느냐고 물었지, 승인의 취소를 묻지는 않았는데 적지 않은 답안이 매우 당연히 승인을 취소하면 어떻게 되느냐를 바로 설명하고 있었다. 질문을 다시 보기 바란다. "취소"라는 단어는 사용되고 있지 않다. 다만 조건 불이행에 대하여 승인국이 취소라는 조치를 취할 수 있느냐를 검토할 필요는 물론 있다.
국가승인이란 국가로서 성립하였음에 대한 판단 또는 자격부여 행위이므로 국가의 성립요건과 관계없는 조건의 부과와 그의 이행 여부가 당초의 승인의 효과에 직접적인 영향을 미칠 수 없다. 다만 조건 불이행을 이유로 승인을 취소할 수 있는가? 특히 창설적 효과설에 따르면 국가승인의 취소를 통하여 국가에 대한 일종의 사망선고를 할 수 있는가? 국가의 성립요건과 관계없는 조건을 이유로 승인 취소를 한다면 이는 자의적 행동이라고밖에 평가할 수 없을 것이다.
이 문제는 쟁점이 너무 간단하여 출제자 스스로 생각하기에도 사실 좋은 문제라고는 할 수 없다. 많은 답안이 대체로 대동소이하였다. 이런 경우 내용상 차이가 크지 않으므로, 같은 내용이라도 어떠한 방식으로 - 즉 독자인 채점자에게 논리적으로 읽기 쉽게 작성된 답안인가 여부에서 특히 점수 차이가 나게 된다. 일부 답안은 조건부 승인에 관하여는 아무 언급을 하지 않고, 단순히 국가승인제도를 일반적으로만 설명하고 있었다. 채점하다가 하도 이상하여 질문의 취지가 그렇게도 이해될 수 있는가 다시 한번 문제지를 찾아보기까지 했다.

문제 3: 이 문제는 2번보다도 더 간단하다. 한마디로 관습국제법을 성문화한 조약이라면 조약의 비당사국이라도 적용을 받고, 그중 일부를 유보하고 가입한다고 하여도 조약이 아닌 관습국제법의 자격으로는 여전히 구속을 받는다. 관습국제법은 일방적으로 배제시킬 수 없기 때문이다. 간단히 답하여도 충분하다. 여기에 문제의 유보 대상인 법리에 대하여 혹시라도 갑국이 지속적 반대자에 해당한다면 어떻게 되는가? 지속적 반대자의 개념이 수락될 수 있는가를 언급하면 금상첨화. 단 질문을 지속적 반대자에 관한 문제로만 생각하였다면 이는 잘못된 이해이다. 가장 쉬운 문제여서 그런지 잘 된 답안도 많은 편이었다. 다만 일부 답안은 너무 쉬워 무슨 함정이 있는가 의심하였는지 별별 이야기를 다 써 놓았다. 그런 것을 사족이라 한다.

2010년

1학기 국제법1 (기말)

문제 1(25%): 국가의 관할권 행사 원칙 중 "피해자 국적주의(passive nationality principle)"의 의미를 설명하시오.

문제 2(25%): 다음의 제시문을 참고하면서 일반적으로 국경조약의 승계의 특징을 설명하시오.

"A boundary established by treaty thus achieves a permanence which the treaty itself does not necessarily enjoy. The treaty can cease to be in force without in any way affecting the continuance of the boundary. … when a boundary has been the subject of agreement, the continued existence of that boundary is not dependent upon the continuing life of the treaty under which the boundary is agreed." (ICJ Libya v. Chad case)

문제 3(50%): 갑국 국민인 A와 B는 2년 전부터 을국에서 사업체를 공동으로 운영하여 성업 중이었다. 그러자 을국 세무당국이 이들 업체에 관하여 정밀 세무조사를 실시한 후, 이 업체가 거액을 탈세하였다고 결론내리고

A와 B 양인을 동일한 조세 포탈혐의로 기소하였다. A에 대한 재판은 비교적 신속히 진행되어 을국 최고법원에서 징역 3년형이 확정되었다. B는 중간에 질병으로 인하여 재판이 좀 지연되었는데 2심 재판에서 징역 3년형이 내려졌다. B는 A가 최고법원에서 3년형을 받는 것을 보고 자신의 경우도 을국 법원에서의 재판을 통하여는 별다른 희망이 없다고 생각하고 을국 최고법원에 대한 상고를 포기하였다.

A는 사실 갑국과 병국 이중국적자였다. A의 부모는 갑국 출신이나 병국으로 이민을 간 후 A가 태어났다. 갑국은 혈통주의 국적법을 갖고 있고, 병은 출생지주의 국적법을 갖고 있어 A는 갑, 병 이중국적자로 태어났다. A는 출생 이후 성인이 될 때까지 계속 병에 거주하며 생활하여 왔고, 갑국은 친척 방문을 위하여 두 차례 단기 방문한 인연밖에 없다. 그런데 병국과 을국과 외교관계가 없다. 이에 A는 을에서의 사업에는 갑국 국적이 유리할 것으로 판단하여 처음으로 갑국 여권을 발급받아 을국에 입국하였었다.

A와 B는 자신들의 유죄가 억울하다며 갑국 정부에 개입을 요청하였다. 갑국 정부는 이 사건이 자국내 외국인의 사업이 번창하는데 대한 을국 정부와 업계의 시샘에서 비롯된 위법한 처벌이라고 판단하였다. 갑국은 을국에 대하여 거액의 손해배상을 요구하였다. 갑국과 을국 양국 정부는 약 반년간 외교교섭을 통하여 이 문제를 논의하였으나, 별다른 진전이 없었다.

그런데 갑국과 을국 양국 외무장관은 15년전 "상호 국민권리 보장협정"에 서명한 바 있었다. 이 협정에는 상대국에서 자국 국민의 권리보호에 관하여 분쟁이 발생할 경우 양국은 1차적으로 성실하게 외교교섭을 시도하고, 이의 효과가 없다고 판단되면 어느 일방은 사건을 ICJ(국제사법재판소)로 제소할 수 있다는 조항을 포함하고 있었다. 이를 근거로 갑국은 이 사건을 ICJ로 제소하였다.

을국은 ICJ에 대해 다음과 같은 주장을 하였다.

1) A의 경우 그의 실효적 국적은 병국이라고 보아야 하며, 따라서 갑국은 A에 대한 외교적 보호권을 행사할 자격이 없다.

2) B의 경우 최고 법원에 대한 상고를 스스로 포기하였기 때문에 그는 을국 내에서 국내적 구제절차를 완료하지 않았으며 따라서 갑국은 B에 대하여 외교적 보호권을 행사할 수 없다.
3) 을국 헌법에 따르면 국민의 권리의무에 관련된 조약은 국회의 동의를 받아야만 체결할 수 있으므로 외무장관은 이 협정을 독자적으로 발효시킬 권한이 없다. 또한 "상호 국민권리보장협정"은 외무장관이 서명만 한 상태이므로 아직 발효된 조약이 아니다. 따라서 갑국은 미발효된 협정을 근거로 사건을 ICJ에 제소한 것이다. 그런데 이 협정에는 서명만으로 발효하는지 발효에 비준이 요구되는지에 대한 명시적 언급이 없으며, 그간 어느 일방도 비준서를 상대방에 전달한 바 없었다.

ICJ 판사의 입장에서 위와 같은 을국의 주장을 평가하시오.

✎ 채점 소감

1번, 2번은 특별한 채점평을 하지 않아도 각자 무엇을 써야 될지 잘 알 것이다. 3번에 대하여만 평을 한다.

이 문제는 사례와 함께 작성하여야 할 논점도 출제자가 미리 제시한 형태이다. 따라서 각자가 논점 자체부터 찾아야 하는 통상적인 사례형보다는 쉬운 형식의 문제이다.

1)은 갑국이 A에 관하여 외교적 보호권을 행사할 수 있는가를 물었다.

문제의 A는 갑, 병 이중국적자이다. 그간의 생활실태를 보면 병국 국적을 실효적 국적이라고 할 수 있다. 많은 답안이 A의 실효적 국적국인 병국만이 외교적 보호를 할 수 있다고 답하였다. 또는 노테봄 판결을 언급하며 A와 갑 사이에는 진정한 유대가 없다고 전제하고, 따라서 갑은 외교적 보호권을 행사할 수 없다고 주장하였다. 그러나 이러한 접근은 출제자가 쳐 놓은 함정에 빠진 방향상실 답안이다.

실효적 국적을 결정하여 실효적 국적국에게 외교적 보호권을 인정하는 논의는 기본적으로 <이중국적국 상호간>에 국제청구가 제기되었을 때 문제되는 항목이다. 이 사건이 갑-병 간에 벌어진 일이라면 위와 같은 논의가 필요하나, 이 사건에서 A는 갑-을 이중국적자가 아니다. A에게 갑국은 선천적 국적이며, A에게 혈통주의에 입각한 갑국적을 인정하는데에는 국제법상 어떠한 이의가 있을 수 없다. 통상적으로 A와 같은 경우는 이중국적국 어느 국가라도 A를 위하여 외교적 보호권을 행사할 수 있는 것이다. ILC 초안도 물론 이러한 입장이다.

노테봄 판결도 이 문제와는 별다른 연관성이 없다. 노테봄은 독일 국적을 버리고 리히텐슈타인 국적으로 귀화를 하였는데, 그 귀화의 효과를 과테말라가 인정하여야 하는가가 쟁점이었다. 이 사건과는 기본 전제가 다르다.

따라서 A에게는 병국이 실효적 국적국임을 전제로 갑의 외교적 보호권 행사를 부인하는데 초점을 두고 작성된 답안은 비유를 하자면 상대방의 매복에 걸려 아군이 몰살된 경우에 해당한다. 그런데 수강생의 반 이상이 전사하였다.

2) 이 사건에서 A, B 양인은 동일한 사건의 동일한 혐의로 기소되었다. 그 중 1인이 사정에 의하여 재판이 좀 지연되었는데, 다른 1인은 최고심까지 형이 확정되었다. 그 결과는 현재 A의 2심까지의 결과와 동일하다. 이런 정도로 사태가 진행되었다면 A의 입장에서는 더 이상 실효적인 구제절차가 남아 있다고 보기 어렵다. 합리적 수준의 기대가능성이 없기 때문이다. 이러한 국제사례도 있었다. 다수의 답안 역시 이러한 입장을 취하였다.

3)번의 경우는 논점은 2가지이다. 즉 을국 국내법 위반의 이 협정이 발효되었는가? 이 협정이 서명만으로 발효되었는가?

문제의 협정은 을국 헌법상 국회의 동의를 필요로 하는데, 이러한 동의가 부여된 바 없다. 그럼에도 외무장관이 단독으로 협정을 성립시킬 수 있는가? 국제법상 외무장관은 조약에 관한 어떠한 행위도 할 수 있다. 이에 대한 국내법상의 제한은 국제법적으로 효력이 없음이 원칙이다. 만약 을국 외무장관이 국내법을 위반하여 조약을 성립시키었다면 을국이 이의 무효를 주장할 수 없는가? 비엔나 협약은 중대하고 명백한 위반의 경우 무효화할 수 있다고 하였다. 갑, 을이 비엔나 협약 당사국인가는 밝혀져 있지 않았지만, 이러한 내용은 관습국제법이라고 할 수 있다. 을국에서 특정조약이 국회의 동의를 받아야 한다는 요구는 을국 입장에서는 중대한 사정이라고 할 수 있으나, 이것이 상대국에게도 명백한 사정이라고는 볼 수 없다. 조약 체결시 상대국의 국내법을 숙지하여야 할 의무가 있다고는 볼 수 없기 때문이다. 따라서 이 협정에 대한 국회동의의 필요성이 사전에 상대국에 통지되어 있지 않은한, 이를 근거로 조약의 무효를 주장하기 어렵다. 문제에서는 그러한 사정이 물론 표시되어 있지 않았다.

15년 전 서명만 마친 이 협정은 현재 발효 중인가? 그런데 협정상으로는 비준의 필요 여부가 표시되어 있지 않다. 다들 알다시피 비엔나 협약은 조약의 발효 방법으로 서명, 비준 등 여러 가지 방법을 병렬적으로 나열하고 있을 뿐, 그중 어느 방법을 기본원칙으로 제시하지 않고 있다. 이제부터는 주어진 정황을 가지고 판단할 수밖에 없다. 15년 전 서명을 하고 양국 모두 비준에 관한 아무런 의사표시가 없었다면 이는 어떻게 해석해야 하나? 이 협정이 비준이 필요한 조약이었다면 아마도 둘 중 어느 한 국가라도 비준에 관련된 절차를 밟았으리라는 것이 상식적인 판단이다. 또한 과거 국제사회에서 조약 자체에 비준의 필요 여부를 명시하지 않은 조약은 거의 예외 없이 서명만으로 발효하였다. 이상을 종합하면 이 협정은 서명만으로 발효했다고 보여진다. 만약 이 협정이 비준이 필요한 조약이라고 주장하려면 주장국이 증명책임을 져야 할 것이다.

적지 않은 답안이 비엔나 협약 제18조의 발효 전 조약에 대하여 조약 동의의사를 표시한 국가의 의무를 근거로 문제를 해결하려고 하였다. 상당수의 답안은 아직 발효되지 않아도 서명을 했기 때문에 거의 당사국과 동일한 의무를 부담하여야 하는 것처럼 설명하였다. 즉 제18조의 의미를 지나치게 확대 해석하였다. 그러나 한마디로 이야기하여 이 문제는 비엔나 협약 제18조상의 의무가 적용될 수 있는 상황이 아니다. 제18조는 차라리 언급하지 않는 편이 좋은 답안이다.

2010년

1학기 국제법 1 (과제물)

아시아 태평양 지역의 20개국은 농업환경이 유사하였다. 이들 국가들은 2008년 3월 1일 농산물 교역협정을 채택, 서명하였다. 이 협정은 과일을 중심으로 약 50종 농산물의 교역질서에 관한 조약이다. 이 조약은 15개국이 비준서를 기탁한 후 90일째 되는 날의 다음 달 1일부터 발효하기로 예정되었다. 이 협정 제9조는 사과의 경우 각국의 수입관세는 수입가격의 10% 이하로 부과하여야 한다고 규정하고 있었다. 이 협정에는 유보를 허용하는 조항도 유보를 금지하는 조항도 포함되어 있지 않았다. 2008년 9월 15일 A국이 15번째로 비준서를 수탁국에 기탁하였다. 이 협정에는 당사국이 탈퇴를 원하면 탈퇴서를 제출한 지 1년 이후부터 탈퇴의 의사가 적용된다는 규정이 있다.

그런데 A국은 자국의 사정상 사과의 수입관세를 12%까지 부과하겠다는 유보를 첨부하여 비준하였다.

A국의 이러한 선언에 대하여 주요 사과 수출국인 B국은 A국의 유보에 반대하며, A국을 협정 당사국으로 인정할 수 없다고 선언하였다.

C국은 A국의 유보에 역시 반대하나 자신은 A국을 협정 당사국으로 인정하겠다고 선언하였다.

사과 생산이 없는 국가인 D국은 A국가의 유보를 수락한다고 발표하였다.

E, F, G, H, I국을 포함한 다른 비준국들은 A국의 유보에 대하여 별다른 반응을 보이지 않았다.

이상의 모든 국가들은 조약법에 관한 비엔나 협약의 당사국이라고 가정한다. 위 지문의 내용은 공통으로 적용되나 아래 각 문제는 별개의 독립된 질문으로 간주하여 답하고, 다른 번호의 문제의 내용을 전제로 서로 연결시키지 마시오.

1. 이 협정이 발효되면 A－B, A－C, A－D, A－E, B－C국 간에는 사과수입에 관한 관세율이 각각 어떻게 운영될 수 있는가 설명하시오.

2. 2009년 1월 1일이 다가오자 B국은 자국의 입장에는 이 협정의 당사국이 14개국에 불과하므로 아직 조약 발효에 필요한 15개국에 미달하고, 따라서 협정 당사국으로서의 최소 이익을 향유할 수 없으므로 추가 비준국이 나오기 전에는 자신은 협정을 어느 국가에 대하여도 전혀 적용할 수 없다고 선언하였다. 이 주장을 평가하시오.

3. 2009년 1월 1일이 다가오자 F국은 아무래도 자국 사정상 이 협정이 불리하다고 판단되어 협정의 탈퇴를 원하였다. 결국 발효 직전인 2008년 12월 28일 비준 철회서를 수탁국에 제출하였다. 그러자 G국은 발효가 예정된 조약을 무산시키려는 F국의 이러한 행위는 조약의 대상 및 목적을 해하는 것이므로 조약법에 관한 비엔나 협약상 금지된 행위(특히 제18조 관련)라고 주장하였다. 따라서 이 철회는 무효이거나 최소한 협정 발효를 기대하고 준비한 다른 비준국들의 관련손해를 배상하여야 한다고 주장하였다. 그 사이 추가 비준국이 없었으며, 협정 시행준비를 위한 경비사용으로 일부 손해가 발생한다고 가정하여 이 주장을 평가하시오. 또한 G국은 예비적으로 F국의 탈퇴는 2009년 12월 28일부터 발효한다고 주장하였다. 이 주장도 평가하시오.

4. 2009년 1월 협정이 발효되었다고 가정한다. 2009년 4월 1일 H국이 자국 경제사정상 이 협정을 즉시 탈퇴한다고 선언하였다. 그 사이 추가적인 비준국이 없어서 협정 당사국이 최소 발효국 수에 미달하는 14개국이 되게 되었다. 그러자 I국은 추가 비준국이 나와 당사국이 15개국이 될 때까지 협정의 적용을 정지하겠다고 선언하였다. 아니

면 그 사이 추가 비준국이 없다고 가정하면 최소한 1년 후인 2010년 4월 1일 이후에는 I국의 협정적용 정지가 가능한가? 이러한 주장을 평가하시오.

2011년

1학기 국제법 1 (중간)

문제 1(35%): 관습국제법의 성립요건으로서 "법적 확신"을 설명하시오.

문제 2(35%): 다음에 제시된 지문을 참조하면서 국제법 질서에서 국내법은 어떠한 의의를 지니는가 설명하시오.

(1) "it is a generally accepted principle of international law that in the relations between Powers who are contracting Parties to a treaty, the provisions of municipal law cannot prevail over those of the treaty" (Greco–Bulgarian "Communities" case)

(2) Compliance with municipal law and compliance with the provisions of a treaty are different questions. What is a breach of treaty may be lawful in the municipal law and what is unlawful in the municipal law may be wholly innocent of violation of a treaty provision. (ELSI case)

(3) If the Court were to decide the case in disregard of the relevant institutions of municipal law it would, without justification, invite serious legal difficulties. It would lose touch with reality,

for there are no corresponding institutions of international law to which the Court could resort. Thus the Court has, as indicated, not only to take cognizance of municipal law but also to refer to it. (Barcelona Traction case)

문제 3(30%): 국가승계시 조약의 승계를 설명하시오.

✎ 채점 소감

1. 상당수의 수강생에게 이번 학기가 첫 법학수업이었을 것이다. 사실 이런 수강생들을 대상으로는 적절한 중간고사 문제의 출제가 매우 어렵다. 사례형을 출제하는 경우 학부 비법대 출신에게 절대적으로 불리한 시험이 될 수밖에 없어 꺼려진다. 차라리 중간고사를 보지 않는 편이 교수로서는 마음이 편하다. 그러면 채점의 부담이 줄어서도 좋다. 그러나 과거 경험으로 보면 당장은 힘들더라도 중간고사를 보기 원하는 학생들이 더 많아 가급적 중간고사를 치루고 있다.
   이번 문제 자체는 그다지 까다로운 점은 없었다고 생각한다. 약간의 공부를 하면 누구나 어느 정도는 쓸 수 있다. 다만 아무리 평범한 문제라고 해도 답안 작성시에는 좀 "폼"나게 내용을 포장하기 바란다. 같은 내용이라도 외관을 그럴듯하게 장식하라는 말이다. 그것은 어떻게 하냐고? 물론 설명하기 쉬운 일은 아니다. 평소 많이 생각해 보고 많이 써 본 사람이 잘 할 수 있다. 사실 그 이상의 왕도가 있겠는가? 늘 하는 말이지만 수필식으로 붓 흘러가는 대로 쓰지 말고 가급적 소제목도 달며 내용의 단락을 지우며 작성한 답안이 채점자로서 내용 파악이 편하고 득점에도 유리하다. 결국 답안구상에 어느 정도의 시간을 투자할 필요가 있다. 법학은 논리의 학문이므로 평소 글을 논리체계적으로 쓰는 훈련을 하기 바란다. 문학적으로 글을 쓰면 법학에서는 좋은 평가를 받기 어렵다. 개인적 감상에 입각한 주장은 별 도움이 되지 않는다.
   하여간 이번 문제는 전반적으로 매우 평이했다는 것이 스스로의 생각이고, 대부분의 답안이 어느 정도 수준의 내용을 담고 있었다. 동문서답형이나 맹

탕 답안은 없었다. 아마 점수 결과도 거의 비슷비슷하게 나올 것으로 보인다. 다만 전반적인 답안 수준은 의외라고 생각될 정도로 높지 않은 편이다. 솔직히 눈에 뜨이는 우수 답안은 별로 없었다. 기본적인 암기는 어느 정도 준비했다고 보여지나 단지 그 정도에서 그치는 답안이 다수였다. 수준 이하의 답안이 없을 뿐, 학부 저학년 수준의 답안보다 돋보이는 답안도 별로 없었다. 아마 시험 직전의 공부 여부 못지않게 평소 수강생들이 국제법에 대하여 많은 생각을 하지 않고 지내온 결과라고 생각된다.

2. 문제 1 자체는 모두 어느 정도 준비한 익숙한 주제였을 것이다. 첫 줄부터 바로 법적 확신의 내용을 설명하기보다는 왜 관습국제법의 성립요건으로서 법적확신의 필요성이 제기되는가? 이에 대한 불필요론의 입장은 무엇인가? 이것만으로 관습국제법이 성립될 수 있다는 입장의 근거는 무엇인가? 등등의 이야기를 바탕에 깔면서 답안을 작성하면 더 좋을 것이다. 사실 핵심은 그 점에 있다. 성립과정에서 관행과의 선후관계, 어떻게 발견하는가? 이에 대한 입증책임은 누가 지는가? 등등은 다들 생각할 수 있는 주제이다.
3. 문제 2에서는 영어 지문을 주었지만 모두 익숙하고 평이한 내용이다. 이런 문제일수록 체계를 잘 잡아야 좋은 점수를 얻는다. 왜냐하면 다수의 학생이 잘 아는 내용이기 때문이다. 우선 서두에는 국제법과 국내법의 관계 일반에 대하여 잠시 설명하는 편이 좋았을 것이다. 제시된 3개의 지문내용을 단순히 정리하는 형식의 답안은 좋은 평가를 받기 어렵다. 영어 번역 시험은 아니지 않은가? 사이 사이에 영어 지문에 없는 내용도 추가하기 바란다.
4. 문제 3 역시 그다지 어려운 문제는 아니었으리라 생각되지만 만족스러운 답안이 별로 없었다. 대부분의 학생이 이 주제에 관련된 사항을 어느 정도 암기하여 답안지에 옮기고 있었으나, 이 주제에 대한 충분한 이해를 갖고 작성하고 있다는 느낌을 주는 답안이 드물었기 때문이다. 답안을 구상할 때는 우선 이 주제를 전혀 모르는 사람에게 설명하려면 어떻게 내용을 전개해야 필요한 지식이 잘 전달되고, 오해를 일으키지 않겠는가를 늘 생각하기 바란다. 이 점에 대한 숙고가 없이 어느 정도 아는 문제구나 하고, 그냥 깊은 생각 없이 외운 내용을 풀어 가면 좋은 답안을 구성하지 못할 수도 있다.

   서두에서는 왜 조약승계가 문제가 되는지와 이 분야의 국제법 현황을 좀 언급하고 내용을 설명하였으면 좋았을 것이다. 비엔나 협약의 기본내용은 대체로 잘 설명하고 있으나, 그 내용 모두가 당연히 현행 국제법이라고 단언할 수 없다는 점은 잊지 말아야 한다. 국가승계는 법이 불명확하기 때문에 각국의 실행이 중요한 역할을 한다고 강조하였던 만큼, 뒷부분에서는 주요국의 사례와 한국의 문제를 같이 언급하였으면 좋은 답안이 된다.

5. 문제가 평이하였던 만큼 채점 소감도 별 내용은 없고 평이해져 버렸다. 아마 이번 학기성적은 기말고사에서 주로 좌우될 듯 싶다. 다만 평소 공부를 함에 있어서 갓 부화된 병아리가 어미 닭이 집어주는 모이만 받아먹듯이 교과서와 강의 내용 필기를 암기만 하지 말고, 좀 스스로 찾아서 폭 넓게 공부하고 생각하는 기회를 만들기 바란다. 중간고사 답안을 본 종합 소감은 좀 답답하다는 느낌이다.

2011년

1학기 국제법 1 (기말)

문제 1(40%): 외교적 보호권은 국적국이 행사할 수 있다. 여기서 "국적국"의 의미를 설명하시오.

문제 2(35%): 조약의 대상 및 목적과 양립불가능한 유보를 첨부하여 당사국이 되려는 의사를 표명한 국가는 조약에 대하여 어떠한 지위에 놓이게 되는가? 다음 3건의 지문을 참고하며 본인의 견해를 설명하시오.

(1) "Switzerland's declaration accordingly did not satisfy the basic requirements of Article 64, which expressly prohibited reser

vations of a general character and prohibited by implication those which were incompatible with the Convention. […] In short, the declaration in question does not satisfy two of the requirements of Article 64 of the Convention, with the result that it must be held to be invalid. At the same time, it is beyond doubt that Switzerland is, and regards itself as, bound by the Convention irrespective of the validity of the declaration." (Belilos v Switzerland: European Court of Human Rights)

(2) "The normal consequence of an unacceptable reservation is not that the Covenant will not be in effect at all for a reserving party. Rather, such a reservation will generally be severable, in the sense that the Covenant will be operative for the reserving party without benefit of the reservation." (Human Rights Committee, General Comment No. 24)

(3) "The United Kingdom believes that the only sound approach is […] that adopted by the International Court of Justice: a State which purports to ratify a human rights treaty subject to a reservation which is fundamentally incompatible with participation in the treaty regime cannot be regarded as having become a party at all — unless it withdraws the reservation." (the U.K. Observation on General Comment)

문제 3(25%): 다음을 간략히 설명하시오.

가. 국가의 관할권 행사에 있어서 "보호주의(protective principle)."

나. 신사협정(gentlemen's agreement)

✎ 채점 소감

문제 1: 1번 문제에 대해서는 첫째라서 그런지 아무래도 가장 상세한 답안을 작성한 수강생이 많았다. 물론 배점도 가장 많다. 어렵다기보다는 필요한 논점을 빠뜨리지 않고 작성하는 게 중요한 문제이다. 즉 국적국의 일반적 의미, 특히 노테봄 사건에서 제시된 진정한 유대의 문제, ILC의 외교적 보호에 관한 초안에서는 진정한 유대를 명시하지 않게 된 배경, 그리고 국적과 관련하여 국적계속의 원칙이 적용된다는 점 등이 답안의 1차적인 기본 내용이 될 것이다. 그리고 특수한 문제로서 이중국적자, 난민, 무국적자의 경우 처리방법과 기업과 주주를 위한 외교적 보호시 국적의 의미를 설명하면 필요한 논점은 대강 다 지적한 답안이라고 할 수 있다. 그리고 국적계속 원칙에 내포되어 있는 이론적 문제점을 지적하면 더욱 좋다. 선박 사고의 경우 선박의 기국이 외국인 선원을 위한 외교적 보호를 행사할 수 있다는 지적도 추가되면 좋다.

다수의 답안이 무엇을 답하여야 하는지 대강은 알고 있었으므로 이런 경우에는 답안의 형식적 구성을 어떻게 하였는가에 따라 점수의 차이가 난다. 다수의 답안이 이상의 논점을 대부분 지적은 하였으나, 세부적으로 부정확한 표현이나 내용도 적지 않았다. 그리고 ILC 외교적 보호에 관한 초안의 내용이 반드시 현행 국제법의 반영은 아니므로, 그중 관습국제법에 해당하는 내용과 아닌 부분은 구별할 필요가 있다.

전문용어가 있는 경우 답안을 작성할 때에는 이를 사용하여야 하며, 대략의 의미는 통하나 다른 표현을 사용하여 답안을 작성하면 수험생이 정확한 지식을 갖추지 못하였다고 평가하게 된다.

문제 2: 허용불가능한 유보 첨부국의 지위.

이 문제는 사실 국제법학계에서 해묵은 논란거리의 하나이다. 한 마디로 말하여 판단하기 어려운 문제이다.

이 문제는 양립불가능한 유보를 첨부한 경우 다른 당사국의 반응방법을 묻는 질문이 아니라, 그러한 유보의 첨부국은 객관적으로 어떠한 지위에 놓인다고 판단되어야 하는가를 묻고 있다. 이 쟁점에 대한 몇 건의 국제적 사례가 있고, HRC의 일반논평, 그리고 이에 대한 주요 국가들의 반응이 있고(지문 3 자체는 교과서에 없지만 그렇다고 새로운 내용은 아니다), 현재 ILC에서도 조약의 유보 문제의 일환으로 이에 관한 논의가 진행 중인 쟁점이다.

이 문제의 해결방향은 크게 다음 3가지로 생각해 볼 수 있다. 1) 조약의 가입 자체를 무효로 보는 입장. 2) 무효인 유보는 무시하고, 유보 없는 가입으로 보는 입장. 3) 당사국으로 인정하며, 유보 이외의 나머지 조항만이 구속을 받는 것으로 보는 입장(결국 유보의 효력을 인정하는 입장). 그런데 이 3가지 검토방향으로의 정리가 제대로 되지 않은 답안이 의외로 많았다. 그리고 지문 1과 2의 태도는 모두 위 2)의 입장인데, 이를 서로 다른 내용으로 판단하고 이를 전제로 논리를 풀어간 답안도 적지 않았다.

질문의 초점은 허용불가한 유보 첨부의 법적 효과라는 점이 분명하므로 유보에 대한 일반론을 너무 길게 설명할 필요는 없다. 현재 진행중인 ILC에서의 논의상황을 수업중 설명하였고, etl에 ILC YB 해당부분의 보충자료까지 올렸는데, 이 점을 언급한 답안은 그다지 많지 않았다. 각자 자신의 견해를 설명하라고 했으므로 반드시 특정한 입장의 답만을 원한 것은 아니었다. 인권조약과 일반조약은 구별하여야 한다는 답이 많았는데 왜 그래야 하는가를 법률적으로 설득력이 있게 제시한 답안은 사실 없었다. 수업 중에는 시간관계상 다 설명하지는 못했지만 과거 이 문제와 관련된 다른 국제사례에서의 중요한 논의도 많았는데, 그런 점까지 개인적으로 공부를 한 수강생은 단 한명도 없었다. 전반적으로 그럭저럭 쓴 답안은 많았으나, 만족할만한 수준의 답안은 없었다. 그러다 보니 상당수 답안의 점수가 중간수준에서 비슷하게 되었다.

문제 3: 거의 대부분의 답안이 기본개념을 이해하고 있었다. 따라서 성적의 차이를 두기가 쉽지 않았으며, 대부분이 비슷한 성적을 받았다고 보아도 틀린 말이 아니다. 다만 일부 답안에서는 핵심 개념을 명시하지 않고 설명한 경우가 있었다. 아마도 그런 답안의 작성자 역시 내용은 알고 있었는데, 답안 작성시 제대로 표현하지 못한 것으로 생각된다. 단 그 경우 감점은 불가피하다. 구체적인 내용은 교과서를 보면 누구나 알 수 있으므로 설명은 생략한다.

2012년

2학기 국제법 2 (중간)

문제 1(45%): 위키리크스의 설립자인 어센지는 2012년 6월 19일 런던 주재 에콰돌 대사관으로 들어가 비호를 요청하였다. 그가 에콰돌 정부에 비호를 요청한 이유는 영국 정부가 자신을 스웨덴으로 범죄인인도하는 것을 피하기 위해서였다. 스웨덴 정부는 강간 등의 혐의로 어센지를 범죄인인도하라고 요청 중이었다. 호주 국적인 어센지는 자신이 스웨덴으로 보내지면 다시 미국으로 인도될 것을 우려하였다. 그로부터 약 2개월 후 에콰돌 정부는 만약 어센지가 미국으로 송환된다면 군사법정에서 잔인하고 혐오스러운 처우를 받으며 종신형이나 사형 판결을 받을 우려가 있다는 이유에서 그에게 비호를 부여하기로 결정하였다고 발표하였다. 이에 대하여 영국 정부는 어센지를 스웨덴으로 범죄인인도를 할 의무를 다하도록 노력을 계속할 것이라고 발표하였다. 2012년 10월 15일 현재까지 어센지는 에콰돌 대사관에 머물고 있다.

이상의 내용은 실제 사실이다. 단 다음부터의 설명과 질문에는 약간의 가공의 이야기도 포함되어 있다. 에콰돌 대사관측은 자국 정부가 어센지에게 외교적 비호를 부여하기로 결정했으므로 영국 정부는 어센지가 에콰돌로 무사히 출국하는 것을 보장하라고 요구하였다. 어센지의 진입 이후 에콰돌 대사관 주변에는 영국 경찰이 포위하다시피 삼엄한 경계를 하고 있었고, 그를 지지하는 자와 반대하는 자들의 데모가 연일 계속되 사실상 대사관으로서의 기능을 수행하지 못하고 있었다.

가. 어센지에 대한 에콰돌의 외교적 비호 부여 결정에 대하여 영국 정부는 이를 승인할 의무가 있는가? 어센지에 대한 비호 부여는 국제법 위반이라고 주장하며 영국 경찰은 오직 그를 체포하려는 목적만을

수행하기 위하여 에콰돌 대사관으로 진입할 수 있는가?

나. 이 사건을 이유로 영국이 에콰돌과 외교관계를 단절하면 이후 영국 경찰은 대사관에 진입하여 어센지를 체포할 수 있는가? 만약 그럴 경우 에콰돌측은 어센지를 보호하기 위하여 어떠한 대응을 할 수 있는가?

다. 현실적 가능성과 관계없이 어센지를 대사관으로부터 무사히 출국시키기 위하여 에콰돌 측으로서는 어떠한 방법을 시도해 볼 수 있는가에 대하여 국제법 전문가인 귀하에게 검토부탁이 왔다면 귀하는 무엇을 검토해 보겠는가?

문제 2(25%): 다음의 제시문에서 말하는 "historical consolidation"의 의미는 무엇인가? 영토취득과 관련하여 이 개념은 어떻게 평가될 수 있는가?

"Norway has been in a position to argue without any contradiction that neither the promulgation of her delimitation Decrees in 1869 and in 1889, nor their application, gave rise to any opposition on the part of foreign States. Since, moreover, these Decrees constitute, as has been shown above, the application of a well-defined and uniform system, it is indeed this system itself which would reap the benefit of general toleration, the basis of an historical consolidation which would make it enforceable as against all States." (Fisheries case. U.K. v. Norway, 1951 ICJ)

문제 3(30%): 비행기는 타국의 영토, 영해, 접속수역, 배타적 경제수역, 국제해협의 상공에서 각각 어떠한 비행과 활동을 할 수 있는가?

(채점평은 수업 중 구두로 전달함)

2012년

2학기 국제법 2 (기말)

문제 1(30%): K국은 "시민적 및 정치적 권리에 관한 국제규약"과 이의 개인통보에 관한 "선택의정서"의 당사국이다. K국은 테러와의 전쟁을 수행하면서 테러혐의자 갑(T국 국민)을 공해상에서 체포하였다. K국은 국내인권단체들의 항의를 피하기 위하여 테러와의 전쟁에서 체포한 외국인들을 자국으로 데려 오지 않고, 인접 우호국 L국에 있는 자국 군사기지에 수용소를 만들어 억류하고 있다. 갑은 약 2년 간 억류되고 있었으나, 해외에 있는 외국인이란 이유로 K국 군사법원에조차 기소되지 않고 현재도 재판 없이 구금되고 있다. 이에 T국에 거주하는 갑의 부인은 억류기간 동안 "시민적 및 정치적 권리에 관한 국제규약"에 보장된 권리가 지켜지지 않고 있다고 주장하며, Human Rights Committee에 개인통보를 제출하였다. 단 L국과 T국은 「시민적 및 정치적 권리에 관한 국제규약」의 당사국이 아니다. Human Rights Committee는 이 통보를 접수하여 처리할 권한이 있는가? 이를 판단하기 위하여 어떠한 쟁점이 검토되어야 하는가?

참고: 「시민적 및 정치적 권리에 관한 국제규약」 제2조 1항: "Each State Party to the present Covenant undertakes to respect and to ensure to all individuals within its territory and subject to its jurisdiction the rights recognized in the present Covenant, without distinction of any kind, such as race, colour, sex, language, religion, political or other opinion, national or social origin, property, birth or other status."

문제 2(30%): 서울에 위치하고 있는 국제기구 A의 직원 을은 이 기구의 사무용 목적으로 복사기 10대를 시중업체 B로부터 구입하였다. A는 UN 전문기구의 하나이다. 나중에 복사기 대금지불에 관하여 양자 간에 다툼이 벌어져, B는 서울지방법원에 A와 을을 상대로 복사기 대금지급 청구소송을 제기하였다. A측은 한국과의 본부협정에 따라 이 소송사건에 대하여 한국 법원이 재판관할권을 행사할 수 없다고 주장하였다. B는 복사기 구입과 같은 상업적 활동에 대하여는 본부협정에도 불구하고 국제법상 한국 법원이 재판관할권을 행사할 수 있다고 주장하였다. 이 같은 양측 주장에 대하여 평가하시오.

문제 3(40%): 다음은 ICJ의 1985년 리비아/말타 간 대륙붕 경계획정 사건 판결문의 일부이다. 한편 한국 정부는 UN 대륙붕한계위원회에 아래 그림과 같이 대륙붕에 대한 권리주장을 제출할 예정이라고 알려졌다(2012년 11월 27일자 신문보도). 이 판결의 취지는 한국의 대륙붕 주장과 관련하여 어떠한 함의를 갖는가? (주: 이 기사의 지도 등을 별도 제공했으나 여기서는 생략)

"39. The Court however considers that since the development of the law enables a State to claim that the continental shelf appertaining to it extends up to as far as 200 miles from its coast, whatever the geological characteristics of the corresponding sea-bed and subsoil, there is no reason to ascribe any role to geological or geophysical factors within that distance either in verifying the legal title of the States concerned or in proceeding to a delimitation as between their claims. This is especially clear where verification of the validity of title is concerned, since, at least in so far as those areas are situated at a distance of under 200 miles from the coasts in question, title depends solely on the distance from the coasts of the claimant States of any areas of sea-bed claimed by way of continental shelf, and the geological or geomorphological characteristics of those areas are completely immaterial. It follows that, since the distance between the coasts of the Parties is less that 400 miles, so that no geophysical feature can lie more than 200 miles from each coast, the feature referred to as the 'rift zone' cannot constitute a fundamental discontinuity terminating the southward extension of the Maltese shelf and the northward extension of the Libyan as if it were some natural boundary."

✎ 채점 소감

문제 1: HRC가 이 통보를 취급할 권한이 있는가의 문제에서는 다음 몇 가지 논점이 검토되어야 한다.

1) 통보의 주체 – 개인통보를 제기할 수 있는 주체에 의하여 통보가 제출되었는가?
2) 통보의 대상국 – K국을 상대로 개인통보가 제출될 수 있는가?
3) 사안 – 이 사안이 개인통보의 대상이 될 수 있는 내용의 사건인가?
4) 통보의 절차 – 개인통보를 제출할 때 지켜져야 하는 절차가 지켜졌는가?

그런 면에서

1) 국내적 구제절차가 완료되었는가? 모든 수강생이 이 경우 국내적 구제절차의 완료를 강제하기 어려운 상황임을 인정하였다.
2) 통보의 주체면에서 외국인이란 사실은? 외국인이라는 이유만으로 통보제기가 금지되지 않는다.
   부인의 대신 통보한 점은? 본인의 위임이 필요하나 본인이 직접 통보를 제출하기 어려운 사정이고, 배우자와 같은 밀접한 가족관계가 있으면 그 자체로 위임이 있는 것으로 간주한다.
3) K국을 상대로 제기할 수 있는가? 즉 K국 영역에 있고 관할권에 복종하는 자인가? 관할권에는 복종하고 있지만 영역 내에 있는 자는 아니다. 그러나 질문과 같이 비당사국인 외국에 소재하는 경우라도 상황이 전적으로 당사국의 관할사항인 경우 위 조건을 만족한다고 해석한다. 이러한 해석이 합리적임은 두 말할 것 없다.
4) 문제의 사안에서 규약에 의해 보호받는 권리의 침해가 있었는가? 규약의 전

조항이 문제에서 제공되고 있지는 않으나, 사안과 같은 장기간의 불법감금은 규약이 금지하는 대상임은 물론이다.

문제 2: 당사자가 국가라면 주권면제의 적용 여부가 문제되는 사안임은 누구나 쉽게 알 수 있다. 국가의 경우 오늘날 대부분의 국가가 제한적 주권면제론을 실행하고 있다. 사안의 복사기 구입은 전형적인 상업적 활동으로 해석되어 주권면제가 인정되지 않을 것이다. 문제는 같은 논리가 국제기구에도 동일하게 적용되느냐 여부이다.

국제기구 자체에 대한 면제 부여의 범위에 관하여는 1차적으로 본부협정이 적용되고, 이 경우 UN 전문기구이므로 UN 전문기구에 관한 특권과 면제에 관한 협정이 적용될 것이다. 그러나 일부 예외적인 기구가 아니면 본부협정 등에서 위와 같은 사안에 면제가 적용될지 여부에 관해 명시적인 규정을 두는 예는 드물다. 사안에서도 본부협정 등에 해당 조항이 있는지 여부를 밝히고 있지 않다. 그렇다면 국제법 일반론에 입각하여 이 문제를 풀어 보자.

이 점에 대하여는 현재 국제사회에서 약간의 대립이 있다는 사실은 많이들 알고 있을 것이다. 일부 국가는 이런 경우 국제기구에 대하여도 국가와 마찬가지로 제한적 면제론을 적용하려고 시도하고 있으나, 국제기구측은 명시적 규정이 없는 한 제한적 면제론의 적용을 반대하고 있다. 사실 본부협정 등에는 통상 면제를 부여한다는 일반적인 내용만 있지, 상업적 활동에 관하여는 제한될 수 있다는 조항은 두지 않는다. 그렇다면 국제기구에 대해서도 제한적 면제론의 적용을 인정하는 관습국제법이 확립되어 있는가? 아직 그렇게 해석하기는 어렵다. 영토와 국민을 바탕으로 하는 주권국가와 달리 국제기구의 특성상 동일한 논리의 적용이 반드시 타당하지는 않기 때문이다. 국제기구의 경우 기능에 대한 보호 필요성이 한층 크다. 이 구매행위가 국제기구로서의 기능을 수행하기 위한 행위였는가를 기준으로 생각해 보면 국제기구의 기능과 관계없는 구매라고 할 수는 없을 것이다.

사안에서는 기구와 직원 모두를 상대로 제소했지만 근본적으로 기구를 상대로 한 제소로 보아야 한다. 직원은 기구의 기관자격으로 구입을 했지, 개인 자격으로 구입하지는 않았기 때문이다.

이 문제를 단순히 외교사절의 면제에만 비유하여 설명하려는 시도는 적절하지 않다. 외교사절은 외교관계에 관한 비엔나 협약상 명시적으로 인정되는 예외를 제외하고는 현지 법원의 재판권으로부터 항상 면제된다. 그 행위가 사적 행위라고 하여도 차이가 없다. 외교사절의 물건 구입행위에 관해서도 절대적 면제가 인정되지, 제한적 면제가 적용되지 않는다. 그런 면에서 이 사안을 외교사절의 면제에 비유해 설명하는 시도는 적절치 못하고, 주권면제론에 비유해 설명해야 한다.

문제 3: 유엔 해양법협약에 따라 EEZ를 선포한 경우 연안 200해리까지는 사실상 자동적으로 연안국의 대륙붕으로 인정되고, 해저지형에 따라 대륙붕은 그 이상 확장될 수 있다. 그러나 400해리 이내에 대향국이 있는 경우 그 경계는 특별한 사정이 없는 한 국제법에 따라 형평하게 합의에 의해 획정하라고 규정되어 있다. 한일 양국의 경우 연안 간의 거리가 400해리가 되지 못하는 형상이다.
과거 북해대륙붕 판결을 통해 연안국의 자연적 연장이 대륙붕의 핵심개념으로 등장했으나, 이 점은 유엔 해양법협약에 경제수역제도의 도입으로 불가피하게 영향을 받게 되었다. 제시된 판결문에도 나와 있는 바와 같이 연안 200해리 이내까지의 대륙붕에 관하여는 자연적 연장 여부 등 지형적 요소가 중요시되지 않고, 거리 개념이 우선 적용되게 되었다. 즉 200해리 이내의 지역에 대하여는 대륙붕의 관한 법리뿐 아니라, 배타적 경제수역에 관한 법리가 적용되기 때문이다. 해저와 하층토까지 포함하는 개념인 배타적 수역의 경계획정의 경우 200해리 이내에서는 거리 개념이 우선적으로 적용될 수밖에 없다.
그렇다면 한국으로서 기대할 수 있는 부분은 한일 간 대륙붕의 상황이 과연 '특별한 사정'에 해당하여 한국측 주장을 정당화시켜 줄 있느냐 여부이다. 리비아/말타 사건에서는 중간선보다 리비아에 약간 더 많은 대륙붕을 인정하였다. 이때의 이유는 리비아가 말타보다 해안선의 길이나 육지 영토가 비교할 수도 없이 크다는 사정이 감안되었다. 한일 간에도 무언가 특별한 사정이 있어 중간선을 넘는 한국측 주장을 정당화시켜 줄 수 있는가? 만약 한국의 대륙붕은 자연적으로 널리 연장되고 있고, 일본의 대륙붕은 오키나와 해구 부근에서 자연적 연장이 차단되어 있다는 주장이 과학적으로 타당하다고 가정하면 이것이 한국측의 주장을 정당화 시켜줄 특별한 사정이 될 수 있겠는가? 그러나 최근의 국제판례는 한국의 입장을 전적으로 지지하기 어렵게 나오는 것이 사실이다.

종합: 대부분의 수강생이 각 문제마다의 논점들을 거의 다 잘 파악하고 있었다. 기본적인 면에서만 본다면 거의 모든 답안이 무난하게 작성되었다고 할 수 있다. 이런 경우 내용만으로 우열을 크게 가리기 어려워 답안을 쓰는 형식이나 내용과 서술의 꼼꼼함, 문장의 설득력 등과 같은 요소가 평가에 고려요소가 될 수 밖에 없다. 시간배분을 잘못하여 마지막 문제를 너무 급히 작성한 경우도 상대적으로 불리한 요인이 된다. 또한 약간의 논점을 노친 경우에도 상대적으로 감점의 요인으로 부각된다.

2013년

1학기 국제법 1 (중간)

문제 1(35%): 다음 설시에서 등장하고 있는 "the general principles of law"란 무엇인가 설명하시오.

"What is the duty of an international tribunal when confronted with a new legal institution the object and terminology of which are reminiscent of the rules and institutions of private law? To what extent is it useful or necessary to examine what may at first sight appear to be relevant analogies in private law systems and draw help and inspiration from them? International law has recruited and continues to recruit many of its rules and institutions from private systems of law. Article 38 (1) (c) of the Statute of the Court bears witness that this process is still active, and it will be noted that this article authorizes the Court to 'apply .... (c) the general principles of law recognized by civilized nations'. (Separate Opinion by Sir

Arnold McNair, International Status of South-West Africa case, ICJ 1950)

문제 2(30%): 다음에 제시된 가, 나의 2개의 판결문을 참조하며 국제재판소는 국내법을 어떻게 인식하고 활용하는가를 설명하라.

가. "From the standpoint of International Law and of the Court which is its organ, municipal laws are merely facts which express the will and constitute the activities of States, in the same manner as do legal decisions or administrative measures." (Certain German Interests in Polish Upper Silesia case. PCIJ 1926)

나. "50. In turning now to the international legal aspects of the case, the Court must, as already indicated, start from the fact that the present case essentially involves factors derived from municipal law — […] If the Court were to decide the case in disregard of the relevant institutions of municipal law it would, without justification, invite serious legal difficulties. It would lose touch with reality […]." (Barcelona Traction, Light and Power Company Limited Case(2nd Phase), ICJ 1970)

문제 3(35%): 다음을 간단히 설명하시오.

가. 국제법에서의 연성법(soft law)

나. 사실상의 승인(*de facto* recognition)

✎ 채점 소감

문제 1: 판결문이 제시문으로 주어졌지만, 사실상 그냥 서술형 문제와 마찬가지이다. 제시문은 수험생이 혹시 간과할 수 있는 논점을 환기시켜 줄 뿐이다.

법의 일반원칙에 관하여 설명할 때는 1) 개념정의, 개념 대두의 필요성 2) 법원성의 인정 여부 - 사실 법의 일반원칙의 개념을 어떻게 파악하느냐와 이의 국제법 법원성을 인정하느냐는 밀접하게 관련되어 있어 같이 설명하여도 좋다. 3) 이의 사례와 현실적 활용정도 등에 대하여 설명하면 무난하다. 이 개념이 왜 대두되었는가는 이 개념을 이해하는데도 중요하므로 이에 관한 지적은 빠뜨리지 말아야 한다. 그러나 이 부분을 빠뜨린 답안이 의외로 많았다. 위와 같은 설명을 하면서 기왕에 주어진 판결문의 내용을 간간히 지적하면 더욱 좋겠다.

꼭 위와 같은 순서로 서술하는 방법만이 좋다는 것은 아니다. 내용이 물 흐르듯 부드럽게 진행되면 된다. 흔히 시험에서는 마음이 조급하여 구상에 많은 시간을 투입하지 못하고 바로 답안을 작성하다가 도중에 구조를 바꾸고 싶은 마음이 드는 경험이 누구나 있을 것이다. 지필고사의 성격상 뒤늦게 내용 순서를 바꾸거나 보충하기 어려우니 초기 구상에 좀 더 시간을 투자하라.

법의 일반원칙에 대하여 물었는데 국제법상의 법원 전체를 서술한 답안이 있었다. 그런 경우 정작 법의 일반원칙에 관한 설명은 매우 약소하게 되어버렸다. 물론 좋은 답안이 될 수 없다.

문제 2: 국제재판소가 국내법을 어떻게 인식하는지를 묻는 비교적 평이한 문제였다. 판결문 [가]는 국내법이란 규범이 아닌 단순한 사실에 불과하다는 일반 원칙을 제시하고 있으며, 판결문 [나]는 그럼에도 불구하고 국제재판소가 국내법을 항상 무시할 수 없다는 현실을 보여 준다.

두 개의 제시문을 각각 별개의 문제처럼 병렬적으로 나열하여 설명하는 방식은 좋지 않다. 두 개의 지문이 하나의 답안으로 합쳐지는 방식의 구성을 할 필요가 있다. 즉 국제재판소가 국내법을 다루는 방식을 종합적으로 설명하며 그 속에서 제시된 판결문이 중간 중간 인용하는 방식으로 설명함이 바람직하다. 그리고 공부해서 알고 있는 추가적인 관련사례를 더 보충하면 좋다.

이런 문제는 내용 자체가 어렵지 않으므로 거의 대부분의 수강생이 질문의 취지를 잘 알고 있다. 결국 점수 차이는 어떻게 요령 있게 구성을 하여 매끄럽게 설명했느냐는 형식적 요소에 의해 많이 좌우되게 된다. 그런 각도에서 볼 때 쉬운 문제이기는 하였으나, 만족스러운 답안도 드물었다. 사실 많은 답안이 제시된 지문의 내용을 단순히 옮겨 논 것에 불과하였다. 내용물의 제시에는 대부분 큰 문제가 없었으나, 이에 양념을 치고 잘 포장한 답안은 적었다.
이 문제를 설명하면서 일원론, 이원론 등을 자세히 설명할 필요까지는 없다. 이는 사실 국제재판소 아닌 국내재판소에서 문제되는 사항이기 때문이다.

문제 3: 가. 관련 교재 등을 읽으면 그 답을 충분히 알 수 있었을 것이다. 대체로 soft law의 개념 정의, 대두의 배경, 국제관계에서의 역할, 특히 hard law와의 비교 등에 관하여 서술하면 무난하다.
나. 사실상 승인: 사실상 승인은 실제 외교에서 활용되기도 하고, 모든 교과서가 설명하는 대상이기는 하나, 이론적으로는 불분명한 점이 있는 개념이다. 그 개념 정의, 어떤 때 활용되는가, 법률상 승인과의 구별, 마지막으로 그 법률적 효과 등을 설명하면 무난하다.
이 작은 두 문제는 한꺼번에 묶어서 채점을 하였다. 대체로 기본 개념은 파악하고 있어서 답안 내용에 있어서 큰 차이가 있지 않았다. 이런 경우 용어의 잘못된 사용, 작은 설명의 누락 등이 상대적으로 크게 느껴진다.

공통: 답안의 내용이 너무 짧으면 아무래도 고득점에 불리하다. 단 필요 없는 내용이 추가되면 감점 요소이다. 법학에는 나름의 전문용어가 있는데 이를 제대로 구사하지 못하는 경우 좋을 점수를 받을 수 없음은 물론이다. 감점 요소가 된다.

2013년

1학기 국제법 1 (기말)

문제 1(35%): A국, B국 , C국, D국은 인접국들인데, 이들 4개국에 둘러싸인 창창해(Chang – Chang Sea)란 바다 한 가운데 있는 섬의 영유권에 관한 분쟁으로 인하여 해양경계획정을 합의하지 못하고 있었다. 창창해는 전역이 4개국의 배타적 경제수역에 속한다고 가정한다. 한 과학조사의 결과 창창해 중간에 거대한 해저유전이 있다고 발표되자, A, B, C, D 4개국 대표는 섬의 영유권은 일단 미결로 두고, 2009년 12월 10일 먼저 창창해의 유전을 공동 개발해 각국의 영해 이원(以遠)이라면 어디에서 석유가 나오든 그 수익을 4개국이 균등하게 배분하기로 하는 조약에 서명하였다. 조약은 발효 후 30년 간 유효하고, 4개국이 합의하면 5년 단위로 유효기간이 연장될 수 있다(제7조). 각국은 최대한 신속하게 필요한 국내절차를 마치고 이를 비준하기로 하였다(제8조). A, B, C 3국은 서명 후 3개월 이내에 모두 비준절차를 마쳤으나, D국은 국내 반대여론이 높아 3년 반이 된 2013년 5월 현시점까지도 비준을 하지 못하고 있다. 이상 4개국은 모두 조약법에 관한 비엔나 협약 당사국이다. 다음을 모두 답하시오.

가. 현 시점에서 조약을 비준한 A, B, C 3개국 사이에는 공동개발협정이 발효하고 있는가?

나. D국이 아직도 조약을 비준하지 않고 있는 상황은 조약의무 위반인가?

다. 2013년 5월 A국은 신속한 석유개발을 필요로 하는 자국의 경제사정상 일단 조약상 자국 몫에 해당하는 정도까지의 석유개발에 먼저 착수하겠다고 발표하였다. 그러자 B 국은 이러한 행위는 국제법 위반이라고 비난하였다. 이들 주장을 평가하시오.

라. D국이 비준을 주저한 이유는 D국 인접 지역이 석유가 나올 가능성이 가장 높다는 평가가 있었기 때문이었다. D국은 2013년 6월 뒤늦게 가입하면서 단 중간선 · 등거리선을 적용하였을 때 자국측에 가까운 해저에서 석유가 나오면 그 수익에 대하여는 자국이 그 수익을 모두 가지며, 중간선 · 등거리선 이원(以遠) 지역에서의 석유에 대하여는 권리를 주장하지 않겠다는 유보를 첨부하였다. 원 조약에 유보를 금지하는 조항이 없다면 D국의 이 같은 유보 첨부는 허용되는가?

마. 4개국이 모두 조약을 그대로 비준하였다고 가정한다. 그런데 약 15년 간의 탐사에도 불구하고 창창해에서는 석유가 발견되지 않았다.

C국은 그렇다면 조약을 더 이상 유지할 필요가 없는 사정변경이 생겼다고 주장하고 조약 탈퇴를 선언하였다. 이 같은 주장을 평가하시오.

문제 2(20%): 헌법 제60조 1항은 "국회는 상호원조 또는 안전보장에 관한 조약, 중요한 국제조직에 관한 조약, 우호통상항해조약, 주권의 제약에 관한 조약, 강화조약, 국가나 국민에게 중대한 재정적 부담을 지우는 조약 또는 입법사항에 관한 조약의 체결 · 비준에 대한 동의권을 가진다"고 규정하고 있다. 최근 국내에서 개헌에 관한 논의가 있는데, 만약 개헌이 되는 경우 귀하는 위 조항에 관하여 어떠한 수정건의를 하고 싶은가? 국회동의 대상 조약의 목록 자체를 근본적으로 새롭게 구상하지는 말고, 기존의 헌법 내용의 골격은 기본적으로 그대로 둔다는 전제하에 검토하라.

문제 3(25%): 다음은 국가의 국제법 위반행위 ―특히 강행규범 위반행위― 에 관하여 타국법원에 손해배상 청구소송이 제기되었을 때도 주권면제가 인정되느냐에 관한 유럽인권재판소 판결의 한 구절이다. 다음 판결문을 참고하며 국제법상 강행규범을 위반한 국가행위에 관한 소송에 있어서도 주권면제가 인정되어야 하는가에 관하여 설명하라.

"While the Court accepts, on the basis of these authorities, that the prohibition of torture has achieved the status of a peremptory norm in international law, it observes that the present case concerns not, as in Furundzija and Pinochet, the criminal liability of an individual for alleged acts of torture, but the immunity of a State in a civil suit for damages in respect of acts of torture within the territory of that State. Notwithstanding the special character of the prohibition of torture in international law, the Court is unable to discern in the international instruments, judicial authorities or other materials before it any firm basis for concluding that, as a matter of international law, a State no longer enjoys immunity from civil suit in the courts of another State where acts of torture are alleged."

문제 4(20%): 다음 질문에 간단히 답하시오.

가. 다음 판결문에 등장하는 satisfaction이란 무엇인지 설명하라.

"There is a long established practice of States and international Courts and Tribunals of using satisfaction as a remedy or form of reparation (in the wide sense) for the breach of an international obligation."(*"Rainbow Warrior Affairs"*)

나. 국가책임의 위법성 조각사유로서 위난(distress)과 긴급피난(necessity)을 비교하여 설명하시오.

✎ 채점 소감

문제 1: 이 문제의 채점기준은 다음과 같다. 35%가 배정된 이 문제에 소질문은 5개이다. 각 질문별로 답이 결론이 맞으면 일단 각 5%의 점수를 주었다. 단 설명 과정에서 오류가 있거나 근거 설명 없이 달랑 답만 적은 수준의 경우 4%나 그 이하도 가능. 그리고 설명에서 근거를 잘 제시한 경우 7%까지 주었다. 총 7% x 5개= 최고 35%. 답이 전혀 틀리면 점수가 없거나 설명에 따라 2% 이내의 점수를 주었다.

가: 발효하지 않는다. 조약상 별다른 조항이 없다면 조약에 대한 기속적 동의가 모든 교섭국에 대하여 확정되어야 조약이 발효한다(비엔나 협약 제24조 2항). 4개국이 당사국인 이런 조약은 별도의 조항이 없는 한 4개국 모두 비준하여야 발효한다고 보아야 한다.

나: 조약 의무위반은 아니다. 조약상 신속한 비준의무만을 근거로 제시된 상황에서 조약 위반이라고 보기는 어렵다. 대부분이 잘 작성했다.

다. 비록 조약이 발효하지 않았다 하더라도 A국의 행위는 비엔나 협약 제18조 위반이라고 판단된다. 개발이 현실화되기 전에는 자국 몫을 사실 확정하기도 불가능하지 않겠는가? A국의 주장이라면 이런 조약을 체결할 필요 자체가 없을 것이다.

라. 이 같은 유보는 조약의 대상과 목적을 해하는 행위로 비엔나 협약 제19조에 위반된다고 판단된다.

마. 이 상황에는 사정변경의 원칙이 적용되기 어렵다. 30년이란 확정 기한이 있다면 그 사이 석유가 나오지 않더라도 조약상의 의무는 유지된다고 본다. 제시된 상황은 비엔나 협약 제62조가 규정하고 있는 조건에는 부합된다고 보기 어렵다. 사정변경의 원칙은 예외적으로 적용가능한 것이니 엄격 해석해야 한다.

문제 2: 아마 예상하지 못한 문제였을 것이다. 법전원의 경우 약 3/4의 답안 수준이 비슷비슷한데 이를 A부터 D까지 성적을 골고루 부여해야 하므로 교수도 고충이 크다. 무언가 차이를 낼 수 있는 문제를 궁리한 끝에 수업시간에 집약된 주제로 설명하지는 않았지만, 여기 저기서 틈틈이 지적한 사항까지 학생들이 세심히 수업을 듣고 잘 알고 있는가를 테스트 하려고 이러한 문제를 냈다. 교과서에서의 종합적 설명은 물론 이 문제를 직접 다룬 학술논문도 없다. 예상치 못한 질문이라 그런지 2번 문제이나 더 뒤로 순서를 돌린 답안도 많았다. 물론 아무 상관없다.

이 문제는 사실 정답이나 모범답안은 없는 성격의 질문이다. 여러 가지 제기된 주장의 타당성을 감안해 채점했다. 출제자와 의견이 다른 경우도 설득력 있게 서술하면 좋은 점수를 주었다. 예상치 못한 질문이라 그런지 전체적으로 깔끔한 답안은 극히 드물었다.

문제 3: 질문은 교과서 p.228 이하의 내용이므로 이 부분을 이해하고 작성하면 된다. 주권면제의 의의를 설명하고, 왜 강행규범 위반과의 문제가 발생하는지를 설명하고, 이어서 제시된 판례와 작년 ICJ에서의 독일-이탈리아 판결 내용 등을 소개하며 이러한 국제재판소의 입장을 설명하고, 마지막으로 그런 입장에 대한 문제점으로 지적될 수 있는 사항은 무엇이 있는가를 소개하면 무난하다. 그런데 너무나 많은 답안이 교과서 p.233 검토 4번에 지적된 내용에 입각하여

ICJ의 작년 판결은 틀렸다고 단순히 주장하였다. 어떤 답안은 ICJ 판결이 절대적 주권면제에 입각한 판결이라 제한적 주권면제론이 현실인 오늘날 잘못된 결론이라고 "단순" 해석하기도 하였다. 아직 우리 수강생의 주장과 같은 중요한 국제판결은 나온 바가 없는데도 불구하고 수강생들이 위의 논리에만 입각하여 거의 일치하여 ICJ 판결이 틀렸다고 하는 데는 채점자도 놀랐다. 사실 이 부분은 여전히 논란이 많은 주제이나 아마도 적어도 당분간은 ICJ 판결과 같은 취지가 우세하지 않을까 예상된다. 법리를 분석함에 있어서는 우선 현재의 상태를 정확히 설명하는데 항상 유의하여야 한다. 비판은 그 이후의 일이다.

제시문은 유럽인권재판소 판결이라고 지적되어 있는데 ICJ 판결로 오인한 답안도 있었다. 질문은 국가를 상대로 한 소송에 관한 내용인데, 개인에 관한 소송으로 오인하고 답을 작성한 경우도 있었다. 질문과 달리 사안의 본질을 형사적인 문제로 이해하고 작성한 답안도 있었다. 과거 영국에서의 피노체트 판결의 내용과 성격을 서로 혼동한 답안도 여럿 있었다. 특히 제시문을 피노체트에 관한 판결로 이해하고 작성된 답안이 여럿 있었다. 그러면 이후 논지 전개가 엉망으로 될 수밖에 없다. 또한 제시된 판지를 전혀 반대로 이해하고 있는 답안도 있었다. 그럴 경우 이후의 논리전개도 모두 잘못된 출발점에서 시작하니 채점이 난감한 수준으로 된다. 이런 수강생은 아마 공부할 때 교재의 판례 원문을 읽지 않고 요지만 읽고 넘어갔던 학생 같다.

시간도 부족할텐데 주권면제 일반에 대하여 긴 설명을 할 필요는 없다. 핵심으로 바로 들어가라. 이 문제에서도 잘된 답안과 그렇지 못한 답안 간에 적지 않은 점수차가 난 편이다.

문제 4: 둘 다 설명하라는 단순한 문제이므로 교과서를 보면 다 알 수 있을 것이다. 특별한 설명은 하지 않는다.

2013년

1학기 국제법 1 (과제물)

한국인 갑(甲)은 1988년－90년 간 캄마니아국 킬링필드 사태 때 이념적으로 동조하던 반군 활동에 비밀리에 참여하여 반대부족에 속하는 수많은 사람을 조직적으로 학살하는 계획 등에 깊이 관여하였다. 이 사태로 약 20만 명이 학살된 것으로 알려지고 있다. 다만 갑이 당시 학살을 직접 실행하였다는 증거는 없다. 갑은 후일 한국으로 귀국하였으며, 캄마니아에서의 그의 행적은 국내에 전혀 알려지지 않았다. 그러나 당시 가족을 잃은 캄마니아인 피해자가 2013년 한국을 방문하였다가 그를 발견하고 국제법상 제노사이드 및 인도에 반하는 범죄를 저지른 혐의자로 한국 사법기관에 고발하며 처벌을 요청하였다. 한국의 법원은 그를 형사범으로 처벌할 수 있는가? 귀하가 이 사건을 담당하는 재판부에 소속된 연구원이라면 어떠한 논점을 검토하여 담당판사에 보고할 것인가?

단 실제 국내법 규정과는 상관없이 다음의 내용을 사실로 전제하고 답하시오.

- 한국의 형사법상 어떠한 범죄도 공소시효는 15년을 넘지 못한다. 그러나 국제적으로는 "전쟁범죄 및 인도에 반하는 죄에 대한 공소시효 부적용에 관한 협약"(Convention on the Non－Applicability of Statutory Limitation to War Crimes and Crimes against Humanity)이 발효 중이다. 단 한국은 미가입.
- 한국의 국내법에는 살인죄는 규정되어 있으나, 인도에 반하는 죄나 제노사이드를 특별히 처벌하는 조항은 없다.

2017년

1학기 국제법 1 (기말)

문제 1(25%): 한국이 1990년 4월 10일 "시민적 및 정치적 권리에 관한 국제규약"을 비준할 때 아래와 같은 유보를 첨부했고, 현재도 유지중이다. 이에 대해 영국은 다음과 같은 반응을 보였다.

한국 유보: "The Government of the Republic of Korea [declares] that the provisions of […], article 22 […] of the Covenant shall be so applied as to be in conformity with the provisions of the local laws including the Constitution of the Republic of Korea."

영국 반응: "The Government of the United Kingdom have noted the statement formulated by the Government of the Republic of Korea on accession, under the title "Reservations." They are not however able to take a position on these purported reservations in the absence of a sufficient indication of their intended effect, in accordance with the terms of the Vienna Convention on the Law of Treaties and the practice of the Parties to the Covenant. Pending receipt of such indication, the Government of the United Kingdom reserve their rights under the Covenant in their entirety." (24 May 1991)

가. 위와 같은 영국의 반응이 나온 국제법적 배경은 무엇이라고 평가할 수 있는가?

나. 영국의 발표 이후 한국과 영국 간에는 "시민적 및 정치적 권리에 관한 국제규약"이 적용되고 있다고 보아야 하는가?

문제 2(30%): 다음 제시문을 참고하며 국내적 구제완료의 원칙을 설명하시오.

① "The rule that local remedies must be exhausted before international proceedings may be instituted is a well-established rule of customary international law; the rule has been generally observed in cases in which a State has adopted the cause of its national whose rights are claimed to have been disregarded in another State in violation of international law. Before resort may be taken to an international court in such a situation, it has been considered necessary that the State where the violation occurred should have an opportunity to redress it by its own means, within the framework of its own domestic legal system." (Interhandel case, 1959 ICJ Reports 6)

② "6.3 The Committee also noted the State party's arguments that the author had not exhausted all domestic remedies available to him. [⋯] The Committee also noted that the author had argued that the application to the Constitutional Court was futile, since the Court had already decided, for the first time on 2 April 1990, and several times since, that the article was compatible with the Korean Constitution. On the basis of the information before it, the Committee did not consider that any effective remedies were still available to the author within the meaning of article 5, paragraph 2(b), of the Optional Protocol." (Park, Tae-Hoon v. Republic of Korea, Human Rights Committee, Communication No. 628/1995)

③ "47. [⋯] The Court nevertheless recalls that, while the local remedies that must be exhausted include all remedies of a legal nature, judicial redress as well as redress before administrative bodies, administrative remedies can only be taken into consideration for purposes of the local remedies rule if they are aimed at vindicating a right and not at obtaining a favour [···]. Thus, the possibility open to Mr. Diallo of submitting a request for reconsideration of the expulsion decision to the administrative authority having taken it, that is to say the Prime Minister, in the hope that he would retract his decision as a matter of grace cannot be deemed a local remedy to be exhausted." (Ahmadou Sadio Diallo(Preliminary Objections), 2007 ICJ Reports 582)

문제 3(25%): 국제사면위원회(AI)의 보고에 따르면 지난 5년 간 141개국에서 고문이 발생했다고 한다. 과거에도 고문은 지속적이고 널리 실행되었음을 부인하기 어렵다. 이러한 일반적 고문실행에도 불구하고 관습국제법상 고문은 금지되어 있다고 평가할 수 있는가?

문제 4(20%): 다음을 간단히 약술하시오.

가. 비자기집행적 조약(non-self executing treaty)

나. 승인의 취소

✎ 채점 소감

전반적으로 평이한 문제였다고 생각한다. 대신 문제 수가 약간 많다고 느꼈을지 모르겠다. 평이한 대신 준비가 잘 된 사람은 빨리 작성할 수 있으리라 기대했다. 늘상 느끼는 점이지만 법전원의 경우 전반적으로 답안의 수준이 비슷비슷하다. 일부 처지는 답안은 물론 있으나, 2/3는 기본적인 이해는 하고 왔다고 판단된다. 사실 점수 차이를 두기가 어렵다. 제도로 인해 억지로 등급을 달리 할 수밖에 없는데, 그렇지 않다면 절반 정도는 같은 점수를 주어도 될 정도이다. 채점자로서도 고통스러운 부분이다.

비교적 쉬운 문제들임에도 불구하고 4문제를 모두 다 잘 작성한 경우는 없었다.

경험상 법전원 국제법 시험에서 매우 만족스러운 답안은 사실 보기 어렵다. 1학년 1학기에 해당하는 수강생이 많아서라고 위안을 해 본다. 그래도 과거 학부생 우수 답안이나 법전원 우수 답안 간에는 별 차이가 없는 듯하다. 법전원 답안이 더 좋아야 정상일텐데.

문제 1: 논점은 비교적 간단하다. 수업시간 중에도 설명한 바 있다.
유보란 조약의 일정 내용을 적용을 거부한다는 의사표시이다. 그런데 이 경우 국내법의 범위 내에서 적용하겠다는 외국의 입장에서 볼 때 한국의 유보 선언은 구체적으로 조약의 어떤 부분에 대한 적용을 거부하는지 알 수 없다. 따라서 타국으로서는 한국의 유보에 대해 법률적으로 정확하게 대응하기에 어려움이 생긴다. 물론 제22조를 한국이 완전 배제해도 상관없다고 판단하는 국가의 입장에서는 별 문제 없을지도 모른다. 하여간 영국의 반응은 한국의 유보내용을 알 수 없으니, 자국의 반응도 보류하겠다는 취지이다. 비엔나 협약상 유보에 대해 일정기간(1년) 반응을 하지 않으면 수락으로 간주되기 때문에 이런 반응이 나왔다. 한국의 유보에 대해 오직 영국만이 이런 반응을 보였다. 영국이 국제법에 관한한 이론적 강국임을 표시하는 사례이기도 하다.
상대국의 유보에 반대하고 이로 인해 자국과의 사이에서는 조약 전체의 적용을 배제해야겠다고 생각하는 국가는 그런 취지를 표시해야 한다. 이 사례에서 영국이 당장 그런 입장은 표시하지 않았다. 따라서 일단 한-영 양국 간에는 규약이 발효 중이라고 판단할 수밖에 없다.
이상의 논점을 설명하면 된다. 물론 답안을 작성하는데는 약간의 장식적 내용과 체계 설정이 필요할 것이다. 그런데 많은 답안이 논점과 직접 관계없는 불필요한 설명을 많이 첨가했다. 이는 별로 좋은 답안작성법은 아니다. 유보의 연혁, 유보에 관한 매우 일반적 설명, 국제법과 국내법의 관계 등등에 관한 이야기들은 적을 필요 없다. 사과를 한번 잘 그려 보라고 했는데, 사과 · 사과주인 얼굴 · 사과 밭 풍경 · 주변 산세 · 사과밭으로 가는 도로 · 옆 과수원의 배까지 같이 그려 놓고 잘 그렸지 하는 식이다. 사과 그림에서는 물론 사과 하나만 잘 그린 사람이 좋은 점수를 받게 된다. 내용 자체가 틀린 소리는 아니나 불필요한 소리를 적은 경우 감점 대상이다. 유보에 대한 일반적 설명은 길게 늘어놓고 정작 질문에 대해서는 간단히 답한 경우도 좋은 점수는 받지 못한다.
한국의 유보를 해석선언이라고 판단하거나, 만약 해석선언이라면 하는 전제 하에 작성된 답안도 여럿 있었다. 왜 그런 엉뚱한 전제를 했는지 모르겠다. 설사 한국이 이를 해석선언이라고 주장했어도 조약내용의 일정한 적용 배제를 목적으로 하고 있으므로 유보이다. 한국은 물론 유보라고 선언했다.
인권조약의 특수성을 따진 답안도 의외로 많았다. 우연히 대상 조약이 인권조약이었을 뿐, 대상 논점은 인권조약의 특수성과는 관계가 없다. 인권조약이 아닌 다른 유형의 조약이었어도 답안은 동일하게 된다. 이 역시 방향을 정확히 집지는 못한 답안이다.

문제 2: 역시 매우 평범한 문제이다. 영어 제시문을 주었지만 이것 없이도 작성할 수 있는 문제이다. 교과서에 있는 내용을 요약해서 쓰면 된다. 더 설명할 필요도 없다.
제시문을 준 이유는 교과서의 내용을 완벽하게 암기하지 못해도 기본 사항을 충실히 공부했으면 좋은 답안을 작성할 수 있도록 도와주기 위해서다. 물론 영어 지문이 짧은 시험시간에 읽는데 부담스럽기도 했겠지만 평소 착실히 공부했다면 뻔한 내용이다. 제시문 3이 교과서에 없는 내용이기는 하나, 그 내용 자체는 교과서 458쪽에 이미 설명되어 있다. 모르는 단어가 있어도 평소 공부를 바탕으로 짐작할 수 있어야 정상이다. 3번 제시문의 요점은 국내적 구제 완료에 있어서 현지에서의 모든 구제를 다할 것이 요구되지만 시혜적인 행정조치까지 요구되지는 않는다는 취지인데 이를 반대로 해석한 답안이 일부 있었다.
예상가능한 문제임에도 불구하고 국내적 구제완료의 원칙을 체계적으로 잘 요약 설명한 답안이 많지 않아 좀 의외였다. 이 경우에도 국가책임, 외교적 보호제도까지 상세히 설명한 답안이 있는데, 그럴 시간이 있으면 국내적 구제 자체를 좀 더 상세히 작성해야 좋은 점수를 얻을 수 있다.
제시문을 사실상 무시하고 작성한 답안은 어떻게 되는가? 물론 가능하기는 하나 문제에서 제시문 "참고"하라고 지시를 했으니 이를 적절히 가미한 답안이 더 좋은 점수를 받을 수 있다. 특히 3번 내용을 무시한 답안이 다수였다. 채점자로서는 그런 학생의 경우 3번 제시문의 내용을 정확히 소화하지 못해서 언급하지 못했다고 생각할 수밖에 없다.

문제 3: 관습국제법의 성립요건을 일반적 관행과 법적 확신이라고 전제하고 나서, 고문금지의 경우 다수의 고문 사례로 인해 일반적 관행은 성립되지 못했으나 법적 확신은 강하게 확립되었으니 이미 관습국제법에 해당한다고 설명한 답안이 적지 않았다. 이런 답은 그 자체로 논리 모순이다. 일반적 관행이 필요하다고 전제하고, 결론에서는 이것이 없어도 된다는 논지이기 때문이다. 관습국제법의 성립을 주장하려면 두 요건이 모두 충족되었음을 증명해야 한다.

아니면 관습국제법의 성립요건은 오직 법적 확신뿐이라고 전제하고 논지를 전개할 수도 있다. 고문금지에 관한 법적 확신을 상대적으로 입증하기 더 용이하기 때문이다. 그러나 이런 입장에서 답안을 작성한 경우는 없었다.

고문금지가 일반적 관행 부족으로 관습국제법이라고는 할 수 없으나, 강행규범이기 때문에 금지된다고 주장한 답안이 일부 있었다. 또는 단순히 강행규범이라 금지된다는 주장도 의외로 많았다. 논리의 역전이다. 관습국제법의 지위도 획득하지 못한 것이 어찌 강행규범으로 될 수 있는가? 고문금지가 강행규범으로는 설립되어 있으나, 관습국제법으로는 아직 성립되지 못했다는 주장은 최악의 논리였다. 사실 이 문제에 관한 답안에서 강행규범에 관한 설명은 굳이 없어도 되는 내용이다.

관습국제법의 성립요건을 일반적 관행과 법적 확신이라고 전제한다면 고문금지에 관해서도 이 두 가지 요건이 일단 갖추어졌다는 방향으로 논지를 전개해야 한다. 즉 고문의 실행이 일반적 관행이 아니라, 고문금지가 일반적 관행이라는 주장을 전개해야 한다. 비록 141개국에서 고문이 발생했어도 여전히 고문금지가 국제사회의 실행이다. 고문금지는 국가에 따라서는 200년 이상의 역사를 가진 폭 넓은 실행이다. 다른 예를 들면 세상에서 매일 수많은 살인이 발생해도 살인이 일반적 관행은 아니며, 반대로 생명권의 존중은 관습국제법상 확립된 중요한 가치이다. 교과서에서도 필요한 논리는 찾을 수 있다.

반복되는 소리지만 관습국제법에 관한 일반적 설명을 길게 늘어놓고 고문금지에 관한 분석은 간단히 뒤에 덧붙이는 형식의 답안은 좋은 점수를 받을 수 없다. 이 사람은 질문의 핵심은 잘 모르니까 주변 이야기만 늘어놓았다고 생각될 뿐이다.

어디까지나 고문금지에 관한 분석이 중심이 되어야 좋은 점수를 받을 수 있다.

문제 4: 특별히 설명할 것은 없다. 그런데 비자기집행 조약 여부를 국회 동의와 연관시켜 설명한 답안이 여럿 있었다. 양자는 전혀 관계없는 내용인데 잘못된 설명이다. 국회 동의를 받아도 비자기집행적 조약인 경우도 있고, 반대인 경우도 있다. 국회 동의를 받지 않아도 역시 마찬가지이다. 동일 조약에서도 조항에 따라 자기-비자기 집행적 조항이 섞여 있을 수 있다.

2019년

1학기 국제법 1 (기말)

문제 1(30%): 조약법에 관한 비엔나 협약 제52조는 "A Treaty is void if its conclusion has been procured by the threat or use of force in violation of the principles of international law embodied in the Charter of the United Nations."라고 규정하고 있다.

한편 ICJ의 한 판결에서 Nervo 판사는 다음과 같은 소수의견을 설시한 바 있다.

"A big power can use force and pressure against a small nation in many ways, even by the very fact of diplomatically insisting in having its view recognized and accepted. The Royal Navy did not need to use armed force, its mere presence on the seas inside the fishery limits of the coastal State could be enough pressure. It is well known by professors, jurists and diplomats acquainted with international relations and foreign policies, that certain "Notes" delivered by the government of a strong power to the government of a small nation, may have the same purpose and the same effect as the use or threat of force. There are moral and political pressures which cannot be proved by the so-called documentary evidence, but which are in fact indisputably real and which have, in history, given rise to treaties and conventions claimed to be freely concluded and subjected to the principle of *pacta sunt servanda*." (Fisheries Jurisdiction(Jurisdiction of the Court), ICJ, 1973)

외교부에 근무하는 귀하는 위 비엔나 협약 제52조가 조약의 무효사유로 규정하고 있는 내용을 설명하는 보고서를 작성하라는 임무를 받았다. 이를 작성하시오.

문제 2(30%): 갑국 회사 A는 을국 정부에 군사용 무전기 1만개를 납품했는데 약속된 대금을 받지 못했다. 을국 정부와 1년 이상의 교섭에도 불구하고 별다른 성과가 없자, A사는 본국 정부에 지원을 요청했다. 갑국과 을국은 모두 국제사법재판소의 관할권을 아무런 유보 없이 수락하고 있다. A사의 요청을 받은 갑국은 을국을 상대로 즉각 이 사건을 국제사법재판소에 제소했다. 한편 A사는 갑국 국내법원에 을국 정부를 상대로 대금청구소송을 제기하고, 아울러 승소에 따른 대금확보를 위해 갑국내 을국 대사관이 사용하고 있는 공용 은행구좌에 대한 압류도 신청했다. 을국 외교부에 근무하는 귀하는 이 2건의 국제 및 국내 소송에 관해 을국 정부를 대변하는 주장을 포함한 종합검토 보고서를 작성하라는 지시를 받았다. 위 설명문만을 바탕으로 이를 작성하시오. 단 양국 국내법에 대한 설명은 없으니, 순수하게 국내법과 관련된 논점은 검토 불필요.

문제 3(40%): 다음을 간단히 약술하시오.

가. 국가관할권 성립원칙의 하나로서 보호주의(protective principle)

나. 국제법상 국가의 일방적 행위의 구속력

다. 조약의 제3국에 대한 효력을 설명하시오

라. 손해발생은 국제법상 국가책임의 성립요건인가?

마. 법률상 승인과 사실상 승인의 구별

✎ 채점 소감

문제 1: 이 질문에 어떻게 답해야 할까는 교과서에 나와 있으니 구체적인 설명은 필요 없을 듯하다. 대부분의 답안이 교재의 내용을 어느 정도 외워서 설명하고 있다. 이 질문의 핵심은 Force의 개념이나, 단지 그것만 설명하면 좋은 답안은 못된다. 국가에 대한 강박조약 개념의 연혁, 국가대표에 대한 강박과의 간단한 비교 등도 같이 설명할 필요가 있다. 그리고 협약 제52조의 "유엔 헌장에 구현된 국제법 원칙에 위배되는 Force"라는 개념은 강박의 의미를 무력사용에 한정시키려는 측과 이를 정치적 · 경제적 압력까지 확대시키려는 측 사이의 일종의 타협책으로 도출된 표현인데 이 점을 정확히 이해하지 못하고 작성된 답안이 많았다. 다수의 답안이 대동소이했다. 수험생의 입장에서는 이 정도면 필요한 논점은 다 적었다고 만족했는지 모르겠으나, 같은 내용을 쓴 듯해도 법률답안 작성에서는 설명의 순서, 정확한 용어의 구사, 개념의 정확한 정의나 이해에 따라 답안의 질은 차이가 크게 난다. 만족할만한 우수답안이라고 평가할 수 있는 경우는 솔직히 없었다.

문제 2: 질문은 크게 2가지다. ICJ에서의 소송과 국내법정에서의 소송.
첫째, ICJ에서의 소송에서 만약 을국이 원한다면 응소해 재판관할권이 성립될 수 있으나, 원하지 않는 경우 국내적 구제 미완료를 이유로 재판관할권 불성립의 항변을 할 수 있다. 이는 관습국제법상의 원칙이다. 이 논점은 대부분의 답안이 지적하고 있었다. 대신 이를 언급하지 못한 답안은 점수에서 손해가 컸다. ICJ 소송 절차 일반에 대해서는 아직 공부한 범위가 아니니 언급할 필요 없다고 시험시간에 지적했었다.
둘째, 국내 법정에서의 소송. 세부적으로는 2가지 질문이 제기되었다.

그런데 매우 많은 답안이 주권면제의 법적 성격을 정확히 이해하지 못하고 있는 듯 했다. 주권면제의 인정은 국제법상의 기본 원칙으로 인정된다. 과거의 절대적 면제 인정에서 20세기 후반부터는 제한적 면제 인정으로 추세가 변경된 사실을 모르는 수험생은 없었다. 그런데 오늘날이라 해서 국가가 항상 절대적 주권면제를 인정한다 해도 국제법 위반은 아니다. 제한적 면제만 인정해도 국제법 위반이 아닐 뿐이다.

그리고 제한적 주권면제를 적용하기 위한 상업활동의 판단 여부에 관해서도 이해의 혼동을 겪는 수험생이 많은 듯 했다. 대상 행위의 법적 성격을 기준으로 판단할지, 목적을 기준으로 판단할지에 관해 이견이 있음은 다 알고 있다. 미국이나 영국의 국내법은 성격만을 판단기준으로 활용한다. 유엔 협약은 "주로 계약 또는 거래의 성격"을 참조해야 하지만, 당사국 간의 합의가 있거나 "법정지국의 관행상" 그 목적이 거래 등의 성격을 결정하는데 관련되어 있다면 목적 또한 고려된다고 규정하고 있다. "성격(nature)"에 중점이 주어져 있으나, 상황에 따라 목적도 고려된다는 의미이다. 그런데 다수의 답안은 문제의 행위가 성격상으로는 상업적 거래일지라도, 보충적으로 목적 기준을 적용하면 주권적 행위라고 결론을 내리고 있다. 그렇다면 대상 행위가 성격상이든 목적상이든 - 어느 측면에서든 주권적이면 모두 면제부여대상이 된다는 결론이 된다. 이런 식으로 판단하면 거의 모든 국가행위가 주권면제 부여의 대상이 될 가능성이 있고, 절대적 주권면제론과 별 차이가 없어질 위험이 있다. 이는 유엔 협약의 취지를 넘어선 것이며, 영미 등 주요 국가의 실행과도 차이가 나게 된다.

마지막으로 공용은행구좌에 대한 압류신청은 앞의 문제를 어떻게 판단하든 불가할 것이라는 점에 거의 모든 답안이 일치했다.

을국을 대변할 입장을 포함한 종합검토 보고서를 작성하라고 했는데, 단순히 을국은 이러 이러한 주장을 할 수 있다는 – 그것이 맞는지 틀리는지 검토도 제대로 없이 – 입장에서만 작성된 답안이 좀 있었다. 그러면 보고서를 받는 사람을 만족시킬 수 있겠는가? 귀하가 상관이면 그래서 객관적으로 판단하면 어떻게 되겠는가에 관한 답을 포함하는 내용의 보고서를 다시 작성해 오라고 요구하지 않겠는가? 최종 답안은 기본적으로 판사의 입장에서 작성되어야 한다.

문제 3: 간단히 약술하면 되지만 핵심 포인트는 노치지 말아야 한다.

가. 이 경우는 외국에서 외국인의 행위가 설사 현지에는 "합법적"이라 할지라도 위법하다고 판단해 형사관할권을 행사할 수 있다는 점을 정확히 지적한 답안이 드물었다.

나. 일방적 행위가 구속력을 가질 수 있는 출발점은 그 국가의 "의도"라는 점을 명백히 하지 못한 답안이 많았다.

다. 조약은 제3국에 대해 구속력을 갖지 못한다는 원칙에서부터 설명을 시작하는 편이 좋은데 많은 답안이 다짜고짜 그 다음 단계부터 설명하고 있었다. 그리고 객관적 체제에 대한 언급을 한 답안은 상대적으로 소수였다. 의무 부과 시 서면 동의의 필요는 비엔나 협약의 내용인데, 이는 협약 자체가 서면 조약만을 대상으로 하고 있는 전제와 일관된다. 관습국제법상으로도 서면 동의가 필요한지는 별도의 문제이다.

마. 왜 이에 대한 구별론이 대두되었는지에 대한 배경설명을 하지 않고 단순 비교만 한 답안이 적지 않았다.

종합: 문 3은 그냥 외어서 쓰는 것이니 노력한 결과가 점수에 그대로 반영될 수 있다, 문 1도 사실 문 3과 유사한 수준의 문제이나, 나름의 법률적 답안 작성능력이 약간 영향을 미치게 된다. 문 2는 사실 사례형이라고 하기에는 매우 초보적 수준의 문제이나, 상대적으로 법률적 쟁점의 이해와 분석이 가장 많이 작동할 대상이다. 점수 차이는 당연히 문 2가 제일 큰 편이다. 사실 법학공부 첫 학기에 법률답안을 잘 작성하기는 어렵다. 용어 구사가 서투르고, 구성도 엉성하다. 첫 학기 시험에서는 그냥 외어서 쓰는 문제를 출제해야 수험생의 노력에 대한 평가가 가장 정확히 나타나게 된다. 사례형 문제는 평소 노력에도 불구하고 실망스러운 결과를 얻기도 한다. 그러나 차츰 이런 과정을 겪으며 학년이 올라갈수록 법률적 사고(legal mind)에 익숙해 질 것이다. 유능한 법조인은 복잡한 사건내용을 법률적으로 재구성해서, 법률적 쟁점을 바로 파악하고, 구체적인 법률적 해결책을 내놓는 사람이다. 그러기 위해서는 일정한 암기가 물론 뒷받침 되어야 하지만, 그것만으로는 충분치 않다. 그래서 사례연습을 많이 할 필요가 있다. 법전원 채점은 항상 괴롭다. 답안의 내용을 있는 그대로 채점해 성적을 줄 수 있

는 게 아니라, 전체 수강생을 미세한 차이라도 두어 한 줄로 세운 다음, 그에 따라 상대 평가를 해야 하기 때문이다 사실 법전원 답안지에서 C 이하를 줄 답안을 만나기는 쉽지 않다. 혹시라도 누가 큰 실수를 했거나 이유는 모르겠지만 일부 공란을 남긴 답안을 만나면 반가울 지경이다. C나 D를 줄 명분이 생기기 때문이다. 대부분의 답안이 절대평가를 한다면 최대 A-에서 최하 B- 사이의 수준이고, B+나 Bo 정도에 주로 몰려 있다. 솔직히 아주 우수한 답안은 별로 없다. 이번 시험 역시 예외가 아니었다.

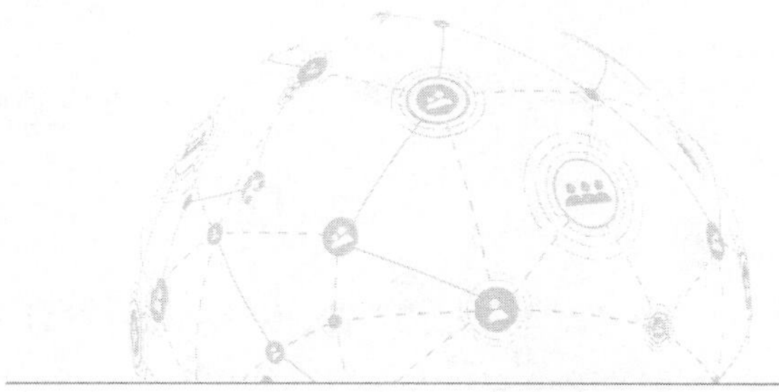

일반대학원 입학시험

2001년

1학기 박사과정

국내법과 같이 위반자를 억제할 강제절차를 완비하지 못한 국제법이 국제사회에서 준수되는 이유는 무엇인가?

2001년

2학기 박사과정

다음은 (1) 1992년 4월 26일자 동아일보 1면 (2) 1992년 4월 27일자 동아일보 22면에 실린 기사 내용이다. 국제법상 사정변경의 원칙과 관련해서만 촛점을 맞추어 다음 기사 내용을 분석하시오.

(1) "일제시대 여자정신대로 동원된 당사자와 유족들에 대한 피해보상을 우리정부가 일본정부에 직접 요구해야 한다는 법무부의 의견서가 나왔다. 정신대피해가 다시 거론되기 시작한 1월부터 정부의 대일 배상청구권 문제를 법이론적으로 검토해온 법무부는 25일 정부차원의 배상청구가 가능하며 필요하다는 내용의 의견서를 작성, 관련부처로 구성된 정부의 정신대문제 실무대책반에 최근 보고했다고 밝혔다. 법무부는 의견서에서 한일협정이 대일 청구권문제의 해결을 포괄적으로 규정하고 있으나 정신대 동원은 지극히 잔학한 반인륜적 범죄이며 피해자도 광범위하다고 지적하고 한일협정당시 예상치 못한 중대한 사정변경 사항이 발생한만큼 시효에 구애

받을 필요가 없으며 국제법상의 「사정변경원칙」에 따라 정부가 법적 해결을 요구해야 한다고 밝혔다. 의견서는 또 조선총독부령인 「여자정신근로령」이 새로 발견되는 등 일본정부가 정신대동원에 직접 간여한 증거가 드러난 이상 한일협정의 포괄성에도 불구하고 국제법상 사정변경원칙에 따라 손해배상문제는 법적으로 재론이 가능하므로 별도 협상으로 해결해야 한다고 지적하고 있다."

(2) "법무부의 의견은 「65년에 체결된 한일협정으로 양국 간의 모든 배상문제가 종결돼 이 문제를 다시 제기하기 어렵다」는 종래의 양국정부입장을 뒤집은 것으로 크게 주목된다. 법무부의 입장은 한마디로 정신대문제는 국제법상의 「중대한 사정변경원칙」에 해당되므로 65년 한일협정에도 불구, 이 문제의 법적 재론이 가능하며 따라서 일본정부와 별도의 협상으로 해결하겠다는 의지를 표명한 것이다. 즉 정신대동원은 「지극히 잔학한 반인륜적 행위」로 피해자가 10만여명으로 추산되는 등 대상자가 광범위해 한일협정 당시 이 사실이 알려졌더라면 협정내용에 「본질적 변화」를 줄 수 있는 사안이었다는 것. 지금까지 정신대문제에 대한 일반적인 인식은 한일협정으로 대일청구권 문제가 완전하게 최종적으로 타결됐기 때문에 더 이상 새로운 법적 문제제기는 불가능하다는 것이었다. 법무부입장도 정부의 공식입장이 아닌 법무부차원의 법이론적 검토의견에 불과하고 외무부 등 정부관련부처에서조차 일본과의 미묘한 외교관계를 고려, 새로운 법적 문제제기가 곤란하다는 입장이어서 아직은 문제제기차원에 불과하다고 볼 수 있다."

(참고: 비엔나 조약법 협약 제62조는 별도 제시)

2002년

2학기 박사과정

다음은 국내 각 신문의 보도를 종합하여 구성한 것임.

2002년 6월 13일 오전 10시 45분경 경기도 양주군 광적면 효천리 56번 지방도에서 이 마을에 사는 여중생 2명이 미국 제2사단 공병대 소속 장갑차에 치여 현장에서 사망하였다. 이 사건에 대한 미군측의 책임을 추궁하는 각종 시위가 벌어졌다. 6월 26일 의정부 미군 제2사단 정문 앞에서 열린 미군 규탄대회 참가자 일부가 미군부대 철조망을 뚫고 부대 안으로 진입하려 하자, 시위대를 취재하던 인터넷방송 민중의 소리 기자 2명이 이를 취재하러 무단으로 부대 안으로 들어갔다가 미군에게 연행되었다. 이들은 연행과정에서 폭행을 당하고, 수갑으로 결박당하는 등 심각한 인권침해를 당하였다며 이 사건을 6월 29일 국가인권위원회에 진정하였다. 국가인권위원회는 이 사건의 조사를 위하여 주한미군 2사단측에 진술서와 자료제출을 요구하였으나, 아무런 응답이 없자 8월 16일 주한 미군 제2사단장을 상대로 과태료 1,000만원을 부과하였다. 국가인권위원회측은 주한 미군이 "우리 정부로부터 경찰권을 위임받고 있어 그 위임범위 안에서 국가기관에 해당한다."고 해석하였다고 한다.

인권위원회의 과태료 부과처분에 대하여 주한미군은 주한 미국 대사관이 외교통상부에 제출한 서한을 통하여 자신들은 자료 및 진술서 제출을 할 의무가 없으며, 따라서 과태료 부과에도 응할 의무가 없다고 주장하였다. 주한 미군측이 과태료를 납부하지 않자, 국가인권위원회는 10월 17일 독촉장을 발부하였다.

국가인권위원회법에 의하면 인권위원회의 사실조회나 자료제출 요구에 정당한 이유 없이 응하지 아니하는 경우 과태료를 부과할 수 있으며, 이에 불복하는 이의신청은 관할법원에서 비송사건절차법에 따라 처리된다. 확정된 과태료를 납부하지 않는 경우에는 국세체납처분의 예에 의하여 그 금액이 징수된다.

주한 미군에 대한 국가인권위원회의 과태료 부과 처분과 이에 반박하는 주한 미군측의 주장을 검토하시오. 또한 이 문제는 법률적으로 향후 어떻게 처리될 것으로 예상되는가? 답안작성에 있어서 법률적 분석이 아닌 정치사회적 의미에 대한 분석은 첨부하지 마시오.

참고: 국가인권위원회법 제30조 1항: "다음 각호의 1의 경우에 인권을 침해당한 사람 또는 그 사실을 알고 있는 사람이나 단체는 위원회에 그 내용을 진정할 수 있다.

1. 국가기관, 지방자치단체 또는 구금 보호시설의 업무수행(국회의 입법 및 법원, 헌법재판소의 재판을 제외한다)과 관련하여 헌법 제10조 내지 제22조에 보장된 인권을 침해당한 경우."

주한미군 SOFA 제7조: "합중국의 군대는 구성원, 구속과 제15조에 따라 대한민국에 거주하고 있는 자 및 그들의 가족은 대한민국 안에 있어서 대한민국의 법령을 존중하여야 하고..."

제22조 10항 가호: "합중국 군대의 정규 편성 부대 또는 편성대는 본 협정 제2조에 따라 사용하는 시설이나 구역에서 경찰권을 행사할 권리를 갖는다."

2004년

1학기 박사과정

국내에 주재하는 갑국 외교관의 장남 A(나이 32세)는 평소 갑국에서 직장생활을 하고 있었으나 여름 휴가시 부인 및 자녀와 함께 서울에 근무 중인 부모를 만나러 한국을 방문하였다가 야간음주 끝에 교통사고를 내고 겁이나 도주하였다. 이 사건을 목격한 시민의 신고로 도주하던 A는 현장에서 약 3Km 정도 떨어진 장소에서 경찰에 체포되었다. 피해자는 중상을 입고 사경을 헤매고 있다. 한국 경찰은 A를 구속하고 형사재판에 회부할 절차를 진행하였다. A는 자신이 외교관의 아들임을 밝히고, 외교관계에 관한 비엔나 협약 제37조 1항에 따라 외교관의 가족도 외교관과 동일한 특권과 면제를 향유하므로 자신은 한국의 형사재판 관할권에 복종하지 않는다고 주장하며, 즉시 석방을 요구하였다. 주한 갑국 대사 역시 A가 외교관의 직계가족임을 지적하며 한국 외교부에게 A를 바로 석방시켜 달라고 요구하였다.

1. 이 사건의 수사를 담당하는 귀하는 이 사건을 어떻게 처리할 것인가?
2. 실제로는 이 교통사고가 A가 낸 사고가 아니고, 서울에서 아버지와 같이 살며 외국인 고등학교를 다니던 A의 동생 B(17세)가 저지른 것이었는데, 그는 한국 운전면허도 없었다. 이를 걱정한 A가 동생 대신 자기가 사고를 냈다고 거짓말을 한 것이었다. 담당 경찰은 B를 찾아 무면허 운전에 뺑소니 사고 범인으로 구속하였다. 이 경우에도 주한 갑국 대사가 위 지문의 경우와 동일한 이유에서 석방을 주장한다면 사건 담당자인 귀하는 B의 신병을 어떻게 처리할 것인가?

2004년

2학기 박사과정

우리 헌법 제6조 1항은 "헌법에 의하여 체결, 공포된 조약과 일반적으로 승인된 국제법규는 국내법과 같은 효력을 가진다"고 규정하고 있다. 이에 관한 다음 질문에 모두 답하시오.

문제 1: 여기서 "일반적으로 승인된 국제법규"라는 표현은 무엇을 가리키는지 설명하라.

문제 2: 여기서 "국내법과 같은 효력을 가진다"라는 표현은 어떠한 의미라고 해석되는가?

문제 3: 국제법상의 강행규범(*jus cogens*)은 위 헌법 조항에 비추어 볼 때 국내법적으로는 어떠한 효력을 지닌다고 해석할 수 있는가?

2005년

1학기 박사과정

다음 지문을 읽고 질문에 모두 답하시오. 단 주어진 상황만을 전제로 답하시오.

아시아 18개국은 2005년 3월 1일 A국에서 회동하여 아시아 공산품교역협정(이하 협정)을 만장일치로 채택하였다. 협정 제12조는 자동차와 트럭 등의 운송수단 교역시 수입관세는 수입가의 12% 이하로만 부과할 수 있다고 규정하였다.

이 협정은 10번째 당사국이 비준서를 기탁한 후 30일이 경과하면 발효하도록 예정되었다. 2005년 5월 1일 B국이 10번째로 협정 비준서를 협정 사무국에 기탁하였는데, B국은 자국의 사정상 승용차에 대하여는 25%의 수입관세를 부과하겠다는 유보를 첨부하였다. 이 협정에는 유보를 허용한다는 조항도, 불허한다는 조항도 없었다. B국의 유보에 대하여 C국은 아무런 반응도 보이지 않았다. D국은 B국의 유보에 대하여 반대하나, B국을 협정 당사국으로는 인정하겠다고 발표하였다. E국은 B국의 유보에 반대하며, B국을 협정 당사국으로 인정하지도 않겠다고 발표하였다. F국은 B국의 유보에 동의하겠다고 발표하였다. G, H, I, J국 역시 아무런 반응을 보이지 않았다.

이 문제상에 언급되는 모든 국가는 B국 이전에 협정 비준서를 기탁한 국가이며, 또한 조약법에 관한 비엔나 협약 당사국이다.

문제 1: 추가적인 비준국이 없다고 가정하자. E국은 자국의 입장에서는 협정 발효를 위한 당사국이 9개국에 불과하므로 자국은 5월 31일이 되어도 이 협정을 준수할 법적 의무를 부담하지 않는 것은 물론 이 협정 자체도 발효될 수 없다는 성명을 발표하였다. 이 점을 논평하시오.

문제 2: 이 협정이 발효되는 경우 B국과 C, D, E, F국 각각과의 상호관계에서는 승용차 수입관세의 부과상한이 어떻게 될 것인가를 설명하시오.

문제 3: 2005년 5월 10일 D국은 자신이 제출한 비준서를 철회하겠다고 협정 사무국에 통고하였다. 더 이상의 비준서 기탁국이 없어도 이 협정은 예정대로 5월 31일에 발효할 수 있는가 여부를 설명하시오. 이 때 문 1에서 제기된 논점은 무시하시오.

문제 4: 이 협정이 발효되어 B－G국 간에 자동차 수입관세가 25%로 적용되던 중이었는데 G국은 2005년 8월 1일에 비로서 B국의 유보에 반대하며, B국을 협정 당사국으로도 인정하지 않겠다고 발표하였다. G국 발표의 법적 의미를 설명하시오. 이 때까지 G국으로의 실제 자동차 수입은 없었다면 그 법적 의미가 달라질 수 있는가?

문제 5: H국의 해외 식민지 지역으로 이 협정의 적용을 받던 K가 독립하여 K국이 되었다. 이후 K국은 종전대로 이 협정상의 권리의무를 향유하는가 여부를 설명하라.

2005년

2학기 박사과정

다음의 제시문을 읽고 질문에 모두 답하시오.

“The Court notes that there is in fact evidence, to be examined below, of a considerable degree of agreement between the Parties as to the content of the customary international law relating to the non－use of force and non－intervention. This concurrence of their views does not however dispense the Court from having itself to ascertain what rules of customary international law applicable. The mere fact that States declare their recognition of certain rules is not sufficient for the Court to consider these as being part of customary international law, and as applicable as such to those States. … [T]he Court may not disregard the essential role played by general practice. Where two States agree to incorporate a particular rule in treaty, their agreement suffices to make that rule a legal one, binding upon them; but in the field of customary international law, the shared view of the Parties as to the content of what they regard as the rule is not enough. The Court must satisfy itself that the existence of the rule in the *opinio juris* of States is confirmed by practice. (ICJ Report 1986, para.184)

문제 1. 위 판결문은 국제관습법의 성립요건을 무엇이라고 설시하고 있는가? 그리고 이 판결문의 내용은 국제사회에서 국제관습법이 성립하는 통상적인 모습을 제시하고 있다고 생각하는가? 귀하의 견해를 설명하시오.

문제 2. 국제관습법은 이에 반대하는 국가에 대하여도 구속력을 갖는가?

2006년

2학기 박사과정

국제관습법에 관한 다음 질문에 모두 답하시오.

1. 오늘날 고문을 금지하려는 국제조약도 성립되어 있으나, 실제로는 선진국까지 포함하여 고문이 반공개리 또는 은밀하게 도처에서 실시되고 있다. 국제관습법의 성립요건은 관행의 존재와 법적 확신의 성립이라는 것

이 통설이다. 그러면 전세계에서 고문이 은밀하지만 일상화되어 있는 현실을 감안할 때, 오늘날 고문금지가 국제관습법화 되었다고 할 수 있는가? 아니면 고문의 용인이 오히려 국제관습법이라고 주장할 수 있는가?

2. 국제관습법의 성립은 아무래도 강대국의 행동을 주요기반으로 하게 된다. 그러면 국제관습법은 강대국의 이해의 반영에 불과하다고 평가할 수 있는가?

2007년

2학기 박사과정

제2차 대전 이후 국제법상의 특징 중의 하나가 국제인권법의 발전이다. 일반적으로 강력한 이행강제제도가 구비되지 못한 국제법 질서 속에서 국제인권법은 이를 실현시키기 위하여 어떠한 제도적 장치를 마련하고 있는가? 또한 국제인권법은 우리 국내법 질서 속에서 어떻게 실천될 수 있는가?

2008년

2학기 박사과정

다음에 제시된 판결문을 참조하여 국가의 일방적 행위의 법적 성격을 설명하시오.

"42. Before considering whether the declarations made by the French authorities meet the object of the claim by the Applicant that no further atmospheric nuclear tests should be carried out in the South Pacific, it is first necessary to determine the status and scope on the international plane of these declarations.

43. It is well recognized that declarations made by way of unilateral acts, concerning legal or factual situations, may have the effect of creating legal obligations. Declarations of this kind may be, and often are, very specific. When it is the intention of the State making the declaration that it should become bound according to its terms, that intention confers on the declaration the character of a legal undertaking, the State being thenceforth legally required to follow a course of conduct consistent with the declaration. An undertaking of this kind, if given publicly, and with an intent to be bound, even though not made within the context of international negotiations, is binding. In these circumstances, nothing in the nature of a *quid pro quo* nor any subsequent acceptance of the declaration, nor even any reply or reaction from other States, is required for the declaration to take effect, since such a requirement would be inconsistent with the strictly unilateral nature of the juridical act by which the pronouncement by the State was made."(Nuclear Test Cases, ICJ 1974)

* *quid pro quo*: 무엇인가의 대가로

2009년

1학기 박사과정

트리니다드 토바고는 당초 시민적 및 정치적 권리에 관한 국제규약(ICCPR) 선택의정서의 당사국이었는데, 자국내 사형판결에 이의를 제기하는 다수의 개인통보(individual communication)가 Human Rights Committee에 제기되자 선택의정서를 탈퇴하였다. 트리니다드 토바고는 이후 바로 사형판결과 관련된 개인통보는 수락하지 않겠다는 유보를 첨부하여 선택의정서에 재가입하였다. 그 후에도 트리니다드 토바고를 상대로 사형판결에 관련된 개인통보가 또 다시 제출되었다. 이에 대하여 Human Rights Committee는 트리니다드 토바고의 유보가 선택의정서의 대상과 목적에 위배된다고 판단하고 자신은 이에 관한 개인통보를 수락할 권한이 있다고 판단하였다. 다음은 그 해당 결정문의 발췌이다. 아래 질문에 모두 답하시오.

"6.7 The present reservation, which was entered after the publication of General Comment No. 24, does not purport to exclude the competence of the Committee under the Optional Protocol with regard to any specific provision of the Covenant, but rather to the entire Covenant for one particular group of complainants, namely prisoners under sentence of death. This does not, however, make it compatible with the object and purpose of the Optional Protocol. On the contrary, the Committee cannot accept a reservation which singles out a certain group of individuals for lesser procedural protection than that which is enjoyed by the rest of the population. In the view of the Committee, this constitutes a discrimination which runs counter to some of the basic principles embodied in the Covenant and its Protocols, and for this reason the reservation cannot be deemed compatible with the object and purpose of the Optional Protocol. The consequence is that the Committee is not precluded from considering the present communication under the Optional Protocol." (CCPR/C/67/D/845/1999(1999))

1. 이 결정의 소수의견은 트리니다드 토바고가 첨부한 사형판결 관련사건 배제 유보가 만약 허용 불가능한 유보라면 트리니다드 토바고를 선택의정서의 당사국이 아닌 것으로 취급하여야 한다고 판단하였다. 트리니다드 토바고가 첨부한 유보의 효력에 대한 다수의견과 소수의견의 입장을 분석하고 자신의 견해를 제시하시오.
2. 당초 유보 없이 가입한 조약을 탈퇴하였다가 바로 일정한 유보를 첨부하여 조약에 재가입하는 행위는 국제법상 어떻게 평가될 수 있는가?

2009년

2학기 박사과정

구한말 개설되었던 서울의 주한 러시아 공관은 광복 후 장기간 방치되고 6.25 등의 영향으로 사실상 폐허가 되었다. 토지대상상 이 부지의 소유권은 일제시대 이래 러시아국으로 등재되어 있었다. 1960년대 한국 정부는 이 부지를 국유화하여 그 대부분은 민간에게 불하하였고, 현재 일부만 공원으로 조성되어 있다. 한러 수교 이후 러시아는 이 토지의 원소유자로서 권리를 주장하였다. 후일 양국은 협상 끝에 이 문제를 타결하였다. 이상은 공지의 사실이다. 다음의 질문에 모두 답하시오.

(수교 당시는 소련이었으나, 질문상 러시아와 소련은 구별하지 않았음)

문제 1: 과거 한국이 국내 토지대상상으로도 러시아국 소유의 외교공관 부지를 수용한 행위는 국제법 위반인가?

문제 2: 한러 수교 이후 러시아가 원 토지의 원상회복이나 토지 가치에 대한 보상금을 요구한다면 한국은 이에 응할 국제법적 의무가 있는가?

2010년

1학기 박사과정

조약법에 관한 비엔나 협약은 유엔 헌장에 구현된 국제법상의 원칙에 위반되게 힘(force)의 위협 또는 사용에 의하여 조약이 체결된 경우 이는 무효라고 강박조약의 효력을 부인하고 있다. 강대국인 갑국은 인접국인 을국에 대하여 군사력을 시위하는 등의 강박을 통하여 A조약의 체결을 강제하였다. 이 문제에 등장하는 모든 국가는 조약법에 관한 비엔나 협약 당사국이라고 전제하고 다음 질문에 모두 답하시오.

1. 일정 기간이 지나 사태가 진정되자 을국은 나름대로 A조약을 평가할 때 크게 불리하지도 않다고 생각하여 그냥 준수하기로 하였다. 그러자 A조약의 내용에 불만을 품은 병국이 A조약은 강박조약이므로 무효라고 주장하였다. 조약의 비당사국인 병국의 이러한 주장은 법적으로 어떻게 평가될 수 있는가?

2. 상황이 바뀌어 만약 갑국이 오히려 A조약의 폐기를 원하게 되었다. 갑국은 A조약이 강박조약이라는 이유로 무효라고 주장할 수 있는가?
3. 위에서 언급된 조약법에 관한 비엔나 협약상의 "힘(force)"이란 무엇을 의미하는지 설명하시오.

2013년

1학기 박사과정

서울에 있는 갑국 대사관에서 원인을 알 수 없는 화재가 발생하였다. 갑국 대사관측은 자체 소방시설로 진화를 시도하였으나, 성공하지 못하고 불은 대사관 지역에 인접한 다른 일반 건물로 옮겨 붙을 기세였다. 소방당국은 공관 부지에 진입하여 진화하겠다고 하였으나, 기밀시설의 외부노출을 우려한 갑국의 대사는 소방 당국의 진입을 거부하였다. 한국과 갑국은 모두 외교관계에 관한 비엔나협약에 유보 없이 가입한 당사국이다.

(1) 소방당국은 갑국 대사관측의 반대에도 불구하고 공공의 안전을 위하여 공관부지에 진입하여 바로 진화를 할 수 있는가?

(2) 만약 공관의 화재 발생시 모든 공관원이 업무협의차 일시 본국에 귀환 중이었으며, 대사관은 사실상 비어 있었다고 가정한다. 소방당국이 갑국 대사관측과 연락을 시도하였으나 바로 연락할 방법이 없었다. 그렇다면 소방당국은 갑국 대사관측이 동의할 것이라는 추정하에 공관부지에 진입하여 진화작업을 할 수 있는가?

(3) 결국 위 화재로 대사관 지역은 완전 전소되어 더 이상 공관으로 사용되지 못하고 있었다. 이 부지는 갑국이 구입한 갑국 소유지였다.

현재 갑국은 일단 다른 사무실을 임대하여 공관업무를 수행중이나, 예산상의 문제로 당장 대사관을 재건축할 계획을 못 세우고 있었다. 그러던 중 서울시가 이 일대의 도로 확장을 위하여 대사관 부지도 수용하기 원하였다. 갑국의 반대에도 불구하고 서울시 당국은 이 부지를 수용할 수 있는가?

참고: 외교관계에 관한 비엔나 협약
제1조 (i) 공관지역이라 함은 소유자 여하를 불문하고 공관장의 주거를 포함하여 공관의 목적으로 사용되는 건물과 건물의 부분 및 부속토지를 말한다.
제22조 제1항: 공관지역은 불가침이다. 접수국의 관헌은 공관장의 동의없이는 공관지역을 들어가지 못한다.
제2항: 접수국은 어떠한 침입이나 손해에 대하여도 공관지역을 보호하며 공관의 안녕을 교란시키거나 품위의 손상을 방지하기 위하여 모든 적절한 조치를 취할 특별한 의무를 진다.

2013년

2학기 박사과정

다음에 제시된 PCIJ와 ICJ 판결문들을 참조하면서 국제법 질서 속에서의 국내법의 지위를 설명하시오.

(1) “From the standpoint of International Law and of the Court which is its organ, municipal laws are merely facts which

express the will and constitute the activities of States, in the same manner as do legal decisions or administrative measures." (PCIJ, *Certain German Interests in Polish Upper Silesia case*)

(2) "It would be sufficient to recall the fundamental principle of international law that international law prevails over domestic law. This principle was endorsed by judicial decision as long ago as the arbitral award of 14 September 1872 in the Alabama case between Great Britain and the United States, and has frequently been recalled since, for example in the case concerning *the Greco–Bulgarian "Communities"* in which the Permanent Court of International Justice laid it down that "it is a generally accepted principle of international law that in the relations between Powers who are contracting Parties to a treaty, the provisions of municipal law cannot prevail over those of the treaty." (ICJ, *Application of the Obligation to arbitrate under Section 21 of the United Nations Headquarters Agreement of 26 June 1947*)

(3) "Compliance with municipal law and compliance with the provisions of a treaty are different questions. What is a breach of treaty may be lawful in the municipal law and what is unlawful in the municipal law may be wholly innocent of violation of a treaty provision." (ICJ, ELSI case)

(4) "38. In this field international law is called upon to recognize institutions of municipal law that have an important and extensive role in the international field. This does not necessarily imply drawing any analogy between its own institutions and those of municipal law, nor does it amount to making rules of international law dependent upon categories of

municipal law. All it means is that international law has had to recognize the corporate entity as an institution created by States in a domain essentially within their domestic jurisdiction. [⋯] 50. [⋯] If the Court were to decide the case in disregard of the relevant institutions of municipal law it would, without justification, invite serious legal difficulties. It would lose touch with reality, for there are no corresponding institutions of international law to which the Court could resort. Thus the Court has, as indicated, not only to take cognizance of municipal law but also to refer to it." (*ICJ, Barcelona Traction, Light and Power Company Limited Case(2nd Phase)*)

2014년

1학기 박사과정

다음의 제시문을 참조하여 유엔 총회 결의인 세계인권선언(1948)은 우리 국내 법원의 재판에서 어떻게 활용될 수 있는가에 관해 설명해 보시오.

① "Although the affirmations of the Declaration are not binding *qua* international convention within the meaning of Article 38, paragraph 1 (a), of the Statute of the Court, they can bind States on the basis of custom within the meaning of paragraph 1 (b) of the same Article, whether because they constituted a condification of customary law as was said in respect of Article 6 of the Vienna Convention on the Law of

Treaties, or because they have acquired the force of custom through a general practice accepted as law, in the words of Article 38, paragraph 1 (b), of the Statute. One right which must certainly be considered a preexisting binding customary norm which the Universal Declaration of Human Rights codified is the right to equality, which by common consent has ever since the remotest times been deemed inherent in human nature." (1971 ICJ Namibia case, Separate Opinion of Ammoun)

② "국제연합(UN)의 "인권에 관한 세계선언"[=세계인권선언-주]은 아래에서 보는 바와 같이 선언적인 의미를 가지고 있을 뿐 법적 구속력을 가진 것은 아니고, [...]

국제연합의 "인권에 관한 세계선언"에 관하여 보면, 이는 그 전문에 나타나 있듯이 "인권 및 기본적 자유의 보편적인 존중과 준수의 촉진을 위하여 …… 사회의 각 개인과 사회 각 기관이 국제연합 가맹국 자신의 국민 사이에 또 가맹국 관할하의 지역에 있는 인민들 사이에 기본적인 인권과 자유의 존중을 지도 교육함으로써 촉진하고 또한 그러한 보편적, 효과적인 승인과 준수를 국내적 · 국제적인 점진적 조치에 따라 확보할 것을 노력하도록, 모든 국민과 모든 나라가 달성하여야 할 공통의 기준"으로 선언하는 의미는 있으나 그 선언내용과 각 조항이 바로 보편적인 법적구속력을 가지거나 국제법적 효력을 갖는 것으로 볼 것은 아니다." (헌재 89헌가106)

참고 조항:

o ICJ 규정 제38조 1항:

The Court, whose fuction is to decide in accordance with international law such disputes as are submitted to it, shall apply:

a. international conventions, whether general or particular, establishing rules expressly recognized by the contesting states;

b. international custom, as evidence of a general practice accepted as law;

c. the general principles of law recognized by civilized nations; ...

o 한국 헌법 제6조 1항: "헌법에 의하여 체결 · 공포된 조약과 일반적으로 승인된 국제법규는 국내법과 같은 효력을 가진다."

2015년

1학기 박사과정

조약법에 관한 비엔나 협약은 해석에 관해 맨 아래 제시된 조문과 같이 규정하고 있다. 여기서 통상적 의미는 어느 시점의 통상적 의미를 가리키는 것으로 보아야 하는가? 아래 2개의 판결문을 참조 · 활용하며 설명하시오.

[판결 1] "The first point raised by the Submissions relates to the scope of the jurisdictional clauses of the Treaty of 1836, which read as follows:

"Article 20. — If any of the citizens of the United States, or any persons under their protection, shall have any dispute with each other, the Consul shall decide between the parties; and whenever the Consul shall require any aid, or assistance from Our government, to enforce his decisions, it shall be immediately granted to him.

Article 21. — If a citizen of the United States should kill or wound a Moor, or, on the contrary, if a Moor shall kill or wound a citizen of the United States, the law of the country shall take place, and equal justice shall be rendered, the Consul assisting at the trial; and if any delinquent shall make his escape, the Consul shall not be answerable for him in any manner whatever."

It is argued that Article 20 should be construed as giving consular jurisdiction over all disputes, civil and criminal, between United States citizens and protégés. France, on the other hand, contends that the word "dispute" is limited to civil cases. It has been argued that this word in its ordinary and natural sense would be confined to civil disputes, and that crimes are offences against the State and not disputes between private individuals. The Treaty of 1836 replaced an earlier treaty between the United States and Morocco which was concluded in 1787. The two treaties were substantially identical in terms and Articles 20 and 21 are the same in both. Accordingly, in construing the provisions of Article 20 – and, in particular, the expression "shall have any dispute with each other" – it is necessary to take into account the meaning of the word "dispute" at the times when the two treaties were concluded. For this purpose it is possible to look at – the way in which the word "dispute" or its French counterpart was used in the different treaties concluded by Morocco: *e.g.*, with France in 1631 and 1682, with Great Britain in 1721, 1750, 1751, 1760 and 1801. It is clear that in these instances the word was used to cover both civil and criminal disputes.

It is also necessary to take into account that, at the times of these two treaties, the clear-cut distinction between civil and criminal matters had not yet been developed in Morocco. Accordingly, it is necessary to construe the word "dispute", as used in Article 20, as referring both to civil disputes and to criminal disputes, in so far as they relate to breaches of the criminal law committed by a United States citizen or protégé upon another United States citizen or protégé." (Case concerning rights of nationals of the United States of America in Morocco, 1952 ICJ Reports 176, 188)

[판결 2] "63. The Court does not agree with this second argument. It is true that the terms used in a treaty must be interpreted in light of what is determined to have been the parties' common intention, which is, by definition, contemporaneous with the treaty's conclusion. That may lead a court seised of a dispute, or the parties themselves, when they seek to determine the meaning of a treaty for purposes of good-faith compliance with it, to ascertain the meaning a term had when the treaty was drafted, since doing so can shed light on the parties' common intention. [···]

64. This does not however signify that, where a term's meaning is no longer the same as it was at the date of conclusion, no account should ever be taken of its meaning at the time when the treaty is to be interpreted for purposes of applying it.

On the one hand, the subsequent practice of the parties, within the meaning of Article 31 (3) (b) of the Vienna Convention, can result in a departure from the original intent on the basis of a tacit agreement between the parties. [···]

70. The Court concludes from the foregoing that the terms by which the extent of Costa Rica's right of free navigation has been defined, including in particular the term "comercio," must be understood to have the meaning they bear on each occasion on which the Treaty is to be applied, and not necessarily their original meaning. Thus, even assuming that the notion of "commerce" does not have the same meaning today as it did in the mid-nineteenth century, it is the present meaning which must be accepted for purposes of applying the Treaty.

71. Accordingly, the Court finds that the right of free navigation in question applies to the transport of persons as well as the transport of goods, as the activity of transporting persons can be commercial in nature nowadays. This is the case if the carrier engages in the activity for profit-making purposes. A decisive consideration in this respect is whether a price (other than a token price) is paid to the carrier — the boat operator — by the passengers or on their behalf. If so, then the carrier's activity is commercial in nature and the navigation in question must be regarded as "for the purposes of commerce" within the meaning of Article VI. The Court sees no persuasive reason to exclude the transport of tourists from this category, subject to fulfilment of the same condition." (Dispute regarding Navigational and Related Rights, 2009 ICJ Reports 213)

참고: 비엔나 협약 제31조 1: A treaty shall be interpreted in good faith in accordance with the ordinary meaning to be given to the terms of the treaty in their context and in the light of its object and purpose. [⋯]

3. There shall be taken into account, together with the context:

(a) any subsequent agreement between the parties regarding the interpretation of the treaty or the application of its provisions;

(b) any subsequent practice in the application of the treaty which establishes the agreement of the parties regarding its interpretation;

(c) any relevant rules of international law applicable in the relations between the parties.

2016년

2학기 박사과정

아래 제시문을 참고하며 국제법상 강행규범(jus cogens), 대세적 의무(obligation erga omnes), 국제범죄(international crime)의 각 개념을 설명하고 이들이 상호 어떻게 구별되며 어떠한 관계가 있는지를 설명하시오.

가. "While the erga omnes nature just mentioned appertains to the area of international enforcement (lato sensu), the other major feature of the principle proscribing torture relates to the hierarchy of rules in the international normative order. Because of the importance of the values it protects, this principle has evolved into a peremptory norm or jus cogens, that is, a norm that enjoys a higher rank in the international hierarchy than treaty law and even "ordinary" customary rules. The most conspicuous consequence of this higher rank is that the principle at issue cannot be derogated from by States through international treaties or local or special customs or even general customary rules not endowed with the same normative force." (Prosecutor v. Furundzija, Judgment, ICTY, Case No. IT–95–17/1–T, Trial Chamber (1998))

나: "Apart from the law of piracy, the concept of personal liability under international law for international crimes is of comparatively modern growth. The traditional subjects of international law are states not human beings. But consequent upon the war crime trials after the 1939–45 World War, the international community came to recognise that there could be criminal liability under international law for a class of crimes such as war crimes and crimes against humanity. Although there may be legitimate doubts as to the legality of the Nuremberg Charter: Charter of the International Military Tribunal, adopted by the Big Four Powers (1945) in my judgment those doubts were stilled by the Affirmation of the Principles of International Law Recognised by the Charter of the Nuremberg Tribunal adopted by the United Nations General Assembly on 11 December 1946 [···]. That affirmation affirmed the principles of international law recognised by the Charter of the Nuremberg Tribunal and the judgment of the tribunal and directed the committee on the codification of international law to treat as a matter of primary importance plans for the formulation of the principles recognised in the Charter of the Nuremberg Tribunal. At least from that date onwards the concept of personal liability for a crime in international law must have been part of international law. In the early years state torture was one of the elements of a war crime. In consequence torture, and various other crimes against humanity, were linked to war or at least to hostilities of some kind. But in the course of time this linkage with war fell away and torture, divorced from war or hostilities, became an international crime on its own:" (Regina v. Bow Street Metropolitan Stipendiary Magistrate And Others, Ex Parte Pinochet Ugarte (No. 3))

2017년

1학기 박사과정

초중등학교 학생들의 영어능력 향상을 위해 K국 정부는 외국인 원어민 교사를 다수 채용하고 있다. 이 제도는 일반적으로 좋은 반응을 얻고 있었다. 그러나 외국인 교사 중에는 K국에서 종종 여러 가지 사회적 말썽을 일으키는 경우도 있어 학부모 중에는 보다 엄격한 채용기준의 도입을 요구하는 소리도 적지 않았다. 이에 K국 정부는 채용이 확정된 외국인 원어민 교사에게는 근로계약 체결시 다음과 같은 확인절차를 도입했다.

1) 채용이 예정된 원어민 교사는 자신의 근로계약서에서 동성애자임을 묻는 질문 항목에 답해야 한다(yes 또는 no의 항목 중 하나에 반드시 체크). 단 동성애자를 채용하지 않겠다는 방침은 발표된 바 없다.
2) 채용이 예정된 원어민 교사는 근로계약서에서 재직기간 중 자신이 근무하는 학교의 학생과는 육체적 성적관계를 맺지 않기로 서약하는 항목에 yes를 해야만 채용한다.
3) 채용이 예정된 원어민 교사는 발령 전에 자신이 AIDS 감염자가 아니라는 병원 확인서를 제출해야 한다. 감염자는 채용을 취소하기로 한다.

일반적인 K국 국민에게는 교사 채용과정에서 위와 같은 3가지 요구가 적용되지 아니한다. K국 법률에 동성애 자체를 금지하는 법률은 없으나, 동성결혼은 합법화되어 있지 않았다. 일반적인 사회 분위기가 동성애에 비판적인 것은 사실이다. K국 법률에 성적 관계를 맺는 데에 대한 나이 제한은 없으며, 또한 교사와 학생 간의 성적 관계를 금지하는 법률도 없다. 다만 자신의 학생과 합의하에 성적 관계를 맺은 사실이 발견되면 교사는 중징계를 받음이 보통이다.

E국 국민 T는 K국의 영어 원어민 교사 채용공고를 보고 신청하여 채용이 예정되었다는 통보를 받았다. 이에 K국 정부가 제공한 왕복 비행기표를 받아 입국하여 정식 근로계약을 체결하는 과정에서 위와 같은 3가지 요구를 받자 이를 모두 거부하였다. 그러자 K국 정부는 T의 채용예정을 취소한다고 통지했다.

K국은 시민적 및 정치적 권리에 관한 국제규약 및 인종차별철폐협약의 당사국이다. 단 E국은 이들 어느 조약의 당사국도 아니다.

T는 우선 K국 법원에 자신이 부당한 차별을 받았음을 주장하며 이에 대한 손해배상을 요구하는 소를 제기했으나 결국은 대법원에서도 승소하지 못했다. 이에 T는 자신의 사건을 (가상의) 국제인권재판소에 제소했다. 국제인권재판소는 시민적 및 정치적 권리에 관한 국제규약과 인종차별철폐협약 위반사건을 모두 다룰 수 있는 재판소로서 K국도 이의 재판관할권을 수락하고 있다. 다음 물음에 모두 답하시오.

가. 이 사건에서 K국은 자신의 입장을 어떻게 주장할 수 있을 것인가?

나. T는 자신의 입장을 어떻게 주장할 수 있을 것인가?

다. 귀하가 이의 재판관이라면 어떻게 판정할 것인가?

참고 조문: International Covenant on Civil and Political Rights

Article 2: ① Each State Party to the present Covenant undertakes to respect and to ensure to all individuals within its territory and subject to its jurisdiction the rights recognized in the present Covenant, without distinction of any kind, such as race, colour, sex, language, religion, political or other opinion, national or social origin, property, birth or other status.

Article 17: ① No one shall be subjected to arbitrary or unlawful interference with his privacy, family, home or correspondence, nor to unlawful attacks on his honour and reputation.

② Everyone has the right to the protection of the law against such interference or attacks.

Article 26: All persons are equal before the law and are entitled without any discrimination to the equal protection of the law. In this respect, the law shall prohibit any discrimination and guarantee to all persons equal and effective protection against discrimination on any ground such as race, colour, sex, language, religion, political or other opinion, national or social origin, property, birth or other status.

International Convention on the Elimination of All Forms of Racial Discrimination

Article 1: ① In this Convention, the term "racial discrimination" shall mean any distinction, exclusion, restriction or preference based on race, colour, descent, or national or ethnic origin which has the purpose or effect of nullifying or impairing the recognition, enjoyment or exercise, on an equal footing, of human rights and fundamental freedoms in the political, economic, social, cultural or any other field of public life.

② This Convention shall not apply to distinctions, exclusions, restrictions or preferences made by a State Party to this Convention between citizens and non-citizens.

Article 5: In compliance with the fundamental obligations laid down in article 2 of this Convention, States Parties undertake to prohibit and to eliminate racial discrimination in all its forms and to guarantee the right of everyone, without distinction as to race, colour, or national or ethnic origin, to equality before the law, notably in the enjoyment of the following rights: […]

(e) Economic, social and cultural rights, in particular:

(i) The rights to work, to free choice of employment, to just and favourable conditions of work, to protection against unemployment, to equal pay for equal work, to just and favourable remuneration;

2017년

2학기 박사과정

양자조약의 한 당사국(A국)이 조약 의무를 위반했다면 다른 당사국(B국)은 어떠한 대처가 가능한가? B국 외교부 조약과에 근무하는 귀하는 이에 대해 가능한 모든 "국제법적 대처방안"을 망라한 보고서를 제출하라는 지시를 받았다. 이를 작성하시오. 한편 A국과 B국은 모두 조약법에 관한 비엔나 협약 당사국이며, 문제의 양자조약은 이 협약이 양국에 발효한 이후 체결되었다.

참고: Vienna Convention on the Law of Treaties

Article 54 (Termination of or withdrawal from a treaty under its provisions or by consent of the parties)

The termination of a treaty or the withdrawal of a party may take place:

(a) in conformity with the provisions of the treaty; or

(b) at any time by consent of all the parties after consultation with the other contracting States

Article 56 (Denunciation of or withdrawal from a treaty containing no provision regarding termination, denunciation or withdrawal)

1. A treaty which contains no provision regarding its termination and which does not provide for denunciation or withdrawal is not subject to denunciation or withdrawal unless:

(a) it is established that the parties intended to admit the possibility of denunciation or withdrawal; or

(b) a right of denunciation or withdrawal may be implied by the nature of the treaty.

2. A party shall give not less than twelve months' notice of its intention to denounce or withdraw from a treaty under paragraph 1.

Article 60 (Termination or suspension of the operation of a treaty as a consequence of its breach)

1. A material breach of a bilateral treaty by one of the parties entitles the other to invoke the breach as a ground for terminating the treaty or suspending its operation in whole or in part. […]

3. A material breach of a treaty, for the purposes of this article, consists in:

(a) a repudiation of the treaty not sanctioned by the present Convention; or

(b) the violation of a provision essential to the accomplishment of the object or purpose of the treaty.

2018년

1학기 박사과정

갑국은 인접국인 을국, 병국 등과 외교관계도 없고 사이도 좋지 않다. 반면 을국과 병국은 정치적으로 매우 친밀한 우호국이다. 그런데 갑국은 최근 을국과 병국 전역을 타격할 수 있는 중장거리 미사일을 개발하며 발사 시험을 연달아 해 이 지역의 긴장을 고조시키고 있다. 한번은 갑국이 발사한 시험용 미사일이 을국 영공을 통과해 공해상에 떨어진 바 있다. 을국 정부는 크게 반발하며 한번 더 미사일이 자국 영공으로 진입할 경우 이를 자국에 대한 무력공격으로 간주하겠다고 발표했다. 그런데 갑국은 다시 한번 미사일 발사 실험을 했는데 이번에는 원인 미상의 사유로 을국 영토에 떨어졌다. 미사일이 탄두를 장착하지 않은 시험용이라 폭발에 의한 피해는 크지 않았고, 도로상의 행인 2명이 파편에 맞아 사망했다. 갑국은 미사일 고장에 의한 오작동이었다고 사과하며, 2명의 사망에 대해서는 보상을 해 주겠다고 발표했다. 갑, 을, 병 3국은 모두 UN 회원국이다.

이 사태에 임하여 을국은 자위권의 발동을 선언하고, 갑국 해안도시에 대해 2발의 미사일을 쏘아 공격했다. 2개의 건물에 명중하여 적지 않은 사상자와 재산피해가 발생한 것으로 보이나, 정확한 피해는 발표되지 않았다.

을국 공격 직후 병국도 을국을 위한 집단적 자위권의 행사를 선언하며 갑국에 대해 2발의 미사일을 발사하여 역시 적지 않은 피해를 야기했다.

1. 갑국 외교부에 근무하는 귀하는 자국 행위의 합법성과 을국과 병국의 행위의 위법성을 주장하는 의견서를 작성하라는 지시를 받았다. 그 요지를 서술하시오.
2. 을국 외교부에 근무하는 귀하는 자국 행위의 합법성을 주장하는 의견서를 작성하라는 지시를 받았다. 그 요지를 서술하시오.

3. 병국 외교부에 근무하는 귀하는 자국 행위의 합법성을 주장하는 의견서를 작성하라는 지시를 받았다. 그 요지를 서술하시오.
4. UN 사무국 법제실에 근무하는 귀하는 이번 사태를 국제법적으로 평가하는 의견서를 작성하라는 지시를 받았다. 그 요지를 서술하시오.

참고 조항: UN Charter Article 51

Nothing in the present Charter shall impair the inherent right of individual or collective self-defense if an armed attack occurs against a Member of the United Nations, until the Security Council has taken measures necessary to maintain international peace and security. Measures taken by Members in the exercise of this right of self-defense shall be immediately reported to the Security Council and shall not in any way affect the authority and responsibility of the Security Council under the present Charter to take at any time such action as it deems necessary in order to maintain or restore international peace and security.

2019년

1학기 박사과정

갑국과 을국은 서로 마주보는 대향(對向)국으로 양측 연안 간 거리는 위치에 따라 250해리 내지 350해리 수준이다. 양국의 마주 보는 연안은 거의 직선에 가까울 정도로 단순하며, 양국은 자국 연안에 통상 기선을 적용하고 있다. 양국 사이에는 별다른 섬도 없다. 양국은 모두 유엔 해양법협약 당사국이다. 양측은 약 5년 전 배타적 경제수역 경계획정을 위한 협상을 진행했으나, 이견이 커 합의에 이르지 못했고 현재는 3년 이상 중단 중이다. 갑국은 자신이 영토 규모가 훨씬 크고 인근 해안선의 길이도 2배 이상이므로, 배타적 경제수역도 3:2 수준으로 자신이 더 가져야 형평하다고 주장하고 있다. 반면 을국은 거리가 400해리 미만 수역 경계획정의 경우 중간선 원칙을 적용해야 한다고 주장하고 있다. 즉 양국의 3:2와 1:1의 배분비율 주장이 대립함에 따라 이른바 권리 중첩수역이 발생한 셈이다. 현재까지 양측은 이 분쟁수역 이용에 관한 어떠한 잠정적 합의도 이룬 바 없다. 2018년 1월 양국으로부터 대체로 중간선 부근 일대에 대규모 석유가 매장되어 있을 가능성이 있다는 보고서가 발표되었다.

가. 2018년 2월 석유 수입국인 갑국은 을국에 대해 당장 경계획정이 어려우면 해저자원 개발에 관한 잠정약정이라도 체결하자고 긴급 제안했다. 이후 갑국은 2018년 연말까지 여러 차례 협상 개시를 제안하였으나, 석유 수출국인 을국은 현재로서는 시기가 적절하지 않다며 협의에 응하지 않았다.

나. 대신 을국은 단독으로 이 유전 탐사에 착수했다. 2019년 1월 을국 과학탐사선은 석유 매장이 유력한 수역에서 탄성파 측정을 통한 조사를 실시하고, 해저 표면상의 토양을 소규모로 채취했다. 이 때 탐사는 과학적 조사의 필요상 자국측 수역뿐 아니라, 분쟁의 대상인 중첩수역은 물론 부분적이기는 하나 중간선에서 갑국측으로 약간 넘어간 수역에서도 진행되었다.

다. 위 탐사를 바탕으로 2018년 2월 을국은 해저 표면으로부터 약 600미터 이상 깊이까지 파고 들어가는 10개의 시추공을 파고 석유 매장 가능성을 조사했다. 이 시추공 1번은 가상 중간선에서 갑국측 수역에, 2−6번은 중간선과 갑국 주장선 사이 중첩수역에, 7번 이하는 갑국도 권리 주장을 하지 않는 을국측 수역에 위치하고 있었다.

이에 대해 갑국이 항의하자, 을국은 1번 시추공은 단순 탐사용으로 설사 그곳에서 석유가 발견되어도 자국은 생산권을 주장하지 않을 예정이며, 2－6번은 중간선 이내의 자국측 권리 수역 내라서 별다른 문제가 없다고 답했다. 만약 경계획정 합의가 이루어지고, 2－6번 시추공중 갑국측 수역에 속하는 것이 있으면 이 역시 당연히 권리를 포기할 예정이니 걱정 말라고 발표했다.

라. 석유 탐사를 원활히 하기 위해 2018년 3월 을국은 가상 중간선에서 자국 쪽으로 바로 안쪽 중첩수역 지점에 과학기지 건설을 시작했다. 이는 만조시 평균 수심 약 5미터 정도인 암반지역을 매립해 가로 세로 약 300미터 정도로 일종의 인공섬을 건설하는 작업이다. 을국은 이 수역이 자국에 속하므로 별다른 문제가 없다고 주장했다.

마. 갑국은 이 기지 건설이 자국의 주권을 침해하는 행위라며 기지를 둘러싼 반경 20해리 수역에 기뢰를 설치하고 모든 선박의 출입금지를 선언했다. 그리고 기지로 접근하는 을국 선박에는 위협사격을 가했다.

2019년 5월 갑/을 양국은 이 사건을 귀하의 단독중재재판에 회부하기로 합의하고, 위 가－마 항목상 전개된 사태에 대해 국제법을 기준으로 한 판단을 요청했다. 이에 대한 답을 제시하시오.

참고: 유엔 해양법 협약 제74조 3항 “제1항에 규정된 합의(주－배타적 경제수역 경계획정 합의)에 이르는 동안 관련국은 이해와 상호협력의 정신으로 실질적인 잠정약정을 체결할 수 있도록 모든 노력을 다하며, 과도적인 기간 동안 최종 합의에 이르는 것을 위태롭게 하거나 방해하지 아니한다. 이러한 약정은 최종적인 경계획정에 영향을 미치지 아니한다.” 협약 제83조 3항은 대륙붕에 관해서도 위 제74조 3항과 동일한 내용을 규정하고 있다.

2019년

2학기 박사과정

국제사회에서는 때로 당사국 간 합의가 국제법적 구속력을 가진 조약인가 여부가 다투어진다. 다음 제시된 판례 등을 참조하며, 이런 문제가 제기되면 재판부로서는 어떻게 판단해야 하는가를 설명하라.

(1) 23. [⋯] In order to ascertain whether an agreement of that kind has been concluded, "the Court must have regard above all to its actual terms and to the particular circumstances in which it was drawn up" [⋯].

25. Thus the 1990 Minutes include a reaffirmation of obligations previously entered into; they entrust King Fahd with the task of attempting to find a solution to the dispute during a period of six months; and, lastly, they address the circumstances under which the Court could be seised after May 1991.

Accordingly, and contrary to the contentions of Bahrain, the Minutes are not a simple record of a meeting, similar to those drawn up within the framework of the Tripartite Committee; they do not merely give an account of discussions and summarize points of agreement and disagreement. They enumerate the commitments to which the Parties have consented. They thus create rights and obligations in international law for the Parties. They constitute an international agreement.

26. Bahrain however maintains that the signatories of the Minutes never intended to conclude an agreement of this kind. It submitted a statement made by the Foreign Minister of Bahrain and dated 21 May 1992, in which he states that "at no time did I consider that in signing the

Minutes I was committing Bahrain to a legally binding agreement." He goes on to say that, according to the Constitution of Bahrain, "treaties 'concerning the territory of the State' can come into effect only after their positive enactment as a law." The Minister indicates that he would therefore not have been permitted to sign an international agreement taking effect at the time of the signature. He was aware of that situation, and was prepared to subscribe to a statement recording a political understanding, but not to sign a legally binding agreement.

27. The Court does not find it necessary to consider what might have been the intentions of the Foreign Minister of Bahrain or, for that matter, those of the Foreign Minister of Qatar. The two Ministers signed a text recording commitments accepted by their Governments, some of which were to be given immediate application. Having signed such a text, the Foreign Minister of Bahrain is not in a position subsequently to say that he intended to subscribe only to a "statement recording a political understanding," and not to an international agreement. (Maritime Delimitation and Territorial Questions between Qatar and Bahrain(Jurisdiction and Admissibility), ICJ(1994))

(II) 93. The Tribunal notes that the circumstances in which the 1974 Agreed Minutes were adopted do not suggest that they were intended to create legal obligations or embodied commitments of a binding nature. From the beginning of the discussions Myanmar made it clear that it did not intend to enter into a separate agreement on the delimitation of territorial sea and that it wanted a comprehensive agreement covering the territorial sea, the exclusive economic zone and the continental shelf. […]

96. On the question of the authority to conclude a legally binding agreement, the Tribunal observes that, when the 1974 Agreed Minutes were signed, the head of the Burmese delegation was not an official who, in accordance with article 7, paragraph 2, of the Vienna Convention, could engage his country without having to produce full powers. Moreover, no evidence was provided to the Tribunal that the Burmese representatives were considered as having the necessary authority to engage their country pursuant to article 7, paragraph 1, of the Vienna Convention. The Tribunal notes that this situation differs from that of the Maroua Declaration which was signed by the two Heads of State concerned.

97. The fact that the Parties did not submit the 1974 Agreed Minutes to the procedure required by their respective constitutions for binding international agreements is an additional indication that the Agreed Minutes were not intended to be legally binding. (Dispute concerning Delimitation of the Maritime Boundary between Bangladash and Myanmar in the Bay of Bengal, ITLOS(2012)).

(III) 213. To constitute a binding agreement, an instrument must evince a clear intention to establish rights and obligations between the parties. Such clear intention is determined by reference to the instrument's actual terms and the particular circumstances of its adoption. The subsequent conduct of the parties to an instrument may also assist in determining its nature. [···].

214. [···] The Tribunal observes that the DOC shares some hallmarks of an international treaty. It is a formal document with a preamble, it is signed by the foreign ministers of China and the ASEAN States, and the

signatory States are described in the DOC as "Parties."

215. However, with respect to its terms, the DOC contains many instances of the signatory States simply "reaffirming" existing obligations. For example, in paragraph 1, they "reaffirm their commitment" to the UN Charter, the Convention, and other "universally recognized principles of international law." [···] The only instance where the DOC uses the word "agree" is in paragraph 10 where the signatory States "agree to work, on the basis of consensus, towards the eventual attainment" of a Code of Conduct. This language is not consistent with the creation of new obligations but rather restates existing obligations pending agreement on a Code that eventually would set out new obligations. The DOC contains other terms that are provisional or permissive, such as paragraph 6, outlining what the Parties "may explore or undertake," and paragraph 7, stating that the Parties "stand ready to continue their consultations and dialogues." [···]

217. [···] The purpose and circumstances surrounding the DOC's adoption reinforce the Tribunal's understanding that the DOC was not intended to create legal rights and obligations. Descriptions from contemporaneous documents leading up to and surrounding the adoption of the DOC amply demonstrate that the DOC was not intended by its drafters to be a legally binding document, but rather an aspirational political document. (South China Sea Arbitration(Jurisdiction and Admissibility), Philippines v. China, PCA(2015))

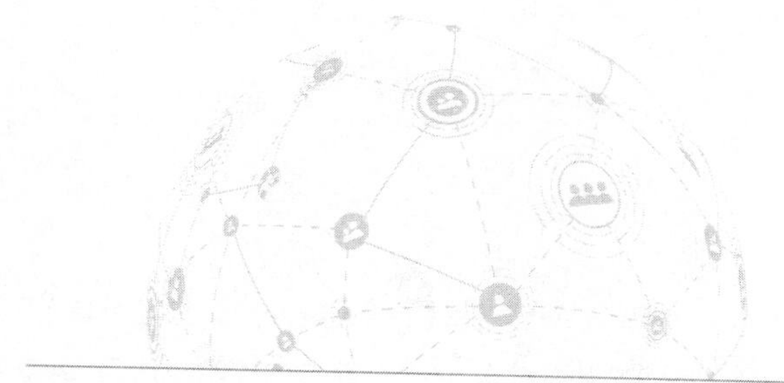

일반대학원 논문제출 자격시험

국제법시험25년

2001년

2학기 석사과정

1990년 8월 2일 이락이 쿠웨이트를 침공하자, 유엔 안전보장이사회는 같은 날짜에 이락군의 즉각 철군을 요구하는 결의 제660호를 채택하였다. 이락이 이 결의를 이행하지 않자, 안보리는 1990년 11월 29일 결의 제678호로써 1991년 1월 15일까지 결의 제660호의 이행을 다시 한번 촉구하며, 만약 이락의 불응시 모든 회원국에 대하여 결의 제660호를 실천하고 이 지역의 국제평화와 안전을 회복하기 위하여 필요한 모든 수단을 다할 수 있음을 허용하였다("authorizes Member States … to use all necessary means to uphold and implement resolution 660"). 이락이 끝내 불응하자 미국을 중심으로 한 다국적군은 이락을 공격하여 격퇴시키었다.

안전보장이사회의 위 제678호 결의내용은 유엔 헌장 어디에 근거하고 있다고 판단되는가?

2001년

2학기 박사과정

다음은 우리 헌법재판소가 1997년 1월 16일 89헌마240 국가보안법 위헌소원에서 내린 판단의 일부이다.

"1991. 12. 13 남북한의 정부 당국자가 소위 남북합의서(남북 사이의 화해와 불가침 및 교류 협력에 관한 합의서)에 서명하였고, 1992. 2. 19 이 합의서가 발효되었다. 그러나 이 합의서는 남북관계를 '나라와 나라 사이의 관계가 아닌 통일을 지향하는 과정에서 잠정적으로 형성되는 특수관계임을 전제로 하여 이루어진 합의서인바, 이는 한민족 공동체 내부의 특수관계를 바탕으로 한 당국 간의 합의로서 남북 당국의 성의있는 이행을 상호 약속하는 일종의 공동성명 또는 신사협정에 준하는 성격을 가짐에 불과하다."

남북합의서의 법적 성격에 관한 위 헌법재판소의 견해를 논평하고, 아울러 신사협정이란 어떠한 법적 성격을 지니는가에 대한 설명도 부가하시오.

2003년

1학기 박사과정

다음에 제시된 사안이 반드시 현실의 사건은 아님.

한국이 1970년 당사국이 된 외교관계에 관한 비엔나 협약에는 다음과 같은 조항이 있다.

Article 22: 1. The premises of the mission shall be inviolable. The agents of the receiving State may not enter them, except with the consent of the head of the mission.

2. The receiving State is under a special duty to take all appropriate steps to protect the premises of the mission against any intrusion or damage and to prevent any disturbance of the peace of the mission or impairment of its dignity.

Article 30: 1. The private residence of a diplomatic agent shall enjoy the same inviolability and protection as the premises of the mission.

문제 1: 삼성해고자복직투쟁위원회는 서울 중구 태평로 소재 삼성그룹 본사 바로 앞 광장에서 해고자 복직쟁취 옥외 결의대회를 열고, 이 건물 주변에서 시위를 하기 위하여 집회 및 시위 신고를 관할 경찰서에 제출했으나, 경찰서측은 삼성본사 건물에 외국의 대사관이 입주하고 있어서, 이 행사가 집회 및 시위에 관한 법률 제11조에 저촉된다는 이유로 집회시위 금지 통고를 하였다.

해당 집시법 제11조는 다음과 같다.

"누구든지 다음 각호에 규정된 청사 또는 저택의 경계지점으로부터 100m 이내의 장소에서는 옥외집회 또는 시위를 하여서는 아니된다.

1. 국회의사당, 각급법원, 헌법재판소, 국내주재 외국의 외교기관

3. 국무총리 공관, 국내주재 외국의 외교사절의 숙소, 다만 행진의 경우에는 예외로 한다."

이에 복직투쟁위원회측은 집회시위의 자유는 우리 헌법상 보장된 권리이며, 이는 한국이 1990년 가입한 시민적 및 정치적 권리에 관한 국제규약상으로도 보장되고 있는 권리인 만큼 집시법을 통해 자신들의 집회시위를 봉쇄함은 위법한 처분이라고 주장하였다. 특히 서울 도심에는 적지 않은 외국대사관이 소재하고 있는데 집시법 조항을 엄격히 적용하면 서울 도심에서의 집회시위가 사실상 불가능하여진다고 주장하였다. 반면 관할 경찰서측은 외국공관의 안녕 보호는 한국의 국제법상의 의무이며, 유사한 규제는 외국에도 있다고 반박하였다. 이상의 쟁점에 대한 귀하의 분석을 제시하시오.

문제 2: 서울 주재 외국대사관에 근무하는 한 외국 외교관은 적절한 숙소를 구하지 못하여 시내 한 호텔 15층 소재 방에 장기 투숙하고 있었다. 이 호텔 종업원들이 파업을 하며, 호텔 주차장에서 파업결의대회를 가지려고

관할 경찰서에 집회신고를 하였다. 경찰측은 이 호텔에 외교관이 거주하고 있으므로, 그의 방이 속하는 건물 100m 이내에 소재한 주차장에서는 현행 집시법상 옥외집회가 불가하다고 통고하였다. 이에 대해 평가하시오.

2004년

2학기 석사과정

다음 사안이 실제 사건과 일치하지는 않는다는 점을 유의하며 답하시오.

1996년 12월 17일 페루의 리마 주재 일본 대사관 내에서 일본의 국경일을 경축하는 야간 파티가 진행되는 도중 일단의 반정부 게릴라가 침입하여 일본의 중남미 외교정책에 항의하며 일본 대사를 포함한 70여명의 외교관 및 손님들을 인질로 잡았다. 이 인질극은 126일 동안 지속되었다. 1997년 4월 22일 페루 정부는 마침내 특공대를 투입하여 저항하는 게릴라를 일부 사살, 일부 생포하여 사태를 진압하였다. 이 작전과정에서 인질 2명도 피살되었고, 대사관 시설의 상당 부분이 파손되었다. 페루 정부는 보안을 위하여 인질구출작전의 개시를 일본정부에 전혀 알리지 않았다. 다음 질문에 모두 답하시오. 단 답안에서는 법적인 문제만 검토하고, 정책적인 검토는 하지 마시오.

문제 1: 사태 종료 후 일본 정부는 자국 외교관 다수의 인명 피해를 야기할 수 있는 작전을 일본 정부에 사전 통고도 없이 전개한데 대하여 유감을 표시하였다. 그리고 "국제법상 일본의 영토인 대사관에 공관장이나 일본 정부의 허가를 받지 않고 병력을 투입한 페루 정부의 조치는 외교관계에 관한 비엔나 협약 위반이므로 국제법 위반 조치에 대하여 페루 정부의 적절한 사죄와 배상을 요구한다. 아울러 진압작전과정에서 파괴된 대사관 시설의 원상복구 비용도 즉시 지불할 것을 요구한다"는 성명을 발표하였다. 페루 정부는 이에 대한 답변서 작성을 위하여 페루 법대 교수인 귀하에게 법률보고서 작성을 의뢰하였다. 이를 작성하여 보라.

문제 2: 생포된 범인은 리마 법원의 재판에 회부되었다. 범인 중의 한 명은 국적이 일본이었다. 그는 자신의 일본 대사관 내에서의 행위에 대하여는 본국법인 일본법에 의한 재판을 받아야 하므로, 리마 법원은 자신에 대하여 관할권을 행사할 수 없다고 주장하였다. 이 사건 담당 판사인 귀하는 어떻게 답변할 것인가?

문제 3: 이 사건으로 인하여 페루 주재 일본 대사관은 그 기능을 수행할 수 없을 정도로 파괴되어 버렸다. 일본 대사관은 일단 다른 건물에 임시로 대사관을 개설하였다. 그러는 동안 수년이 흘렀다. 페루 정부는 도로 정비를 위하여 일본 대사관 부지 일부를 필요로 하여 이를 수용하기로 하였다. 그러나 일본 대사관측은 수용을 거부하였다. 페루 외무부에 근무하는 귀하에게 이에 관한 법률의견서를 작성하라는 지시가 내려졌다. 이를 작성하시오.

2005년

1학기 박사과정

다음은 헌법재판소 1997년 1월 16일 89헌마240 결정의 일부이다. 결정문에 나타난 (1) 국가승인과 (2) 남북 기본합의서의 법적 성격에 관한 헌법재판소의 설시를 논평하시오.

"1991.9. 남 · 북한이 유엔(U.N)에 동시가입하였다. 그러나 이는 '유엔헌장이라는 다변조약(다변조약)에의 가입을 의미하는 것으로서 유엔헌장 제4조 제1항의 해석상 신규가맹국이 유엔(U.N)'이라는 국제기구에 의하여 국가로 승인받는 효과가 발생하는 것은 별론으로 하고, 그것만으로 곧 다른 가맹국과의 관계에 있어서도 당연히 상호간에 국가승인이 있었다고는 볼 수 없다는 것이 현실 국제정치상의 관례이고 국제법상의 통설적인 입장이다.

또 1991.12.13. 남 · 북한의 정부당국자가 소위 남북합의서('남북사이의 화해와 불가침 및 교류 · 협력에 관한 합의서')에 서명하였고, 1992.2.19. 이 합의서가 발효되었다. 그러나 이 합의서는 남북관계를 "나라와 나라사이의 관계가 아닌 통일을 지향하는 과정에서 잠정적으로 형성되는 특수관계"(전문 참조)임을 전제로 하여 이루어진 합의문서인바, 이는 한민족공동체 내부의 특수관계를 바탕으로 한 당국 간의 합의로서 남북당국의 성의 있는 이행을 상호 약속하는 일종의 공동성명 또는 신사협정에 준하는 성격을 가짐에 불과하다. 따라서 남북합의서의 채택 · 발효 후에도 북한이 여전히 적화통일의 목표를 버리지 않고 각종 도발을 자행하고 있으며 남 · 북한의 정치 · 군사적 대결이나 긴장관계가 조금도 해소되지 않고 있음이 엄연한 현실인 이상, 북한의 반국가단체성이나 국가보안법의 필요성에 관하여는 아무런 상황변화가 있었다고 할 수 없다."

2005년

2학기 박사과정

문제: 20세기 후반부터의 국제인권법의 발전이 국제법 전반에 미친 영향을 분석하고, 특히 국제인권조약은 일반 국제조약과 비교하여 어떠한 특징을 지니고 있는지를 아울러 설명하시오.

2006년

1학기 박사과정

한국은 시민적 및 정치적 권리에 관한 국제규약(이하 국제인권규약) 및 동 선택의정서에 당사국으로 가입하기로 결정하고, 1990년 4월 10일 유엔 사무총장에게 가입서를 기탁하였다. 가입 당시 한국은 일정한 유보를 첨부하였고, 현재도 다음의 유보를 유지하고 있다.

"The Government of the Republic of Korea [declares] that the provisions of paragraph 5 [...] of article 14, article 22 [...] of the Covenant shall be so applied as to be in conformity with the provisions of the local laws including the Constitution of the Republic of Korea."

한국이 유보를 첨부한 규약 제22조는 다음과 같다.

1. Everyone shall have the right to freedom of association with others, including the right to form and join trade unions for the

protection of his interests.

2. No restrictions may be placed on the exercise of this right other than those which are prescribed by law and which are necessary in a democratic society in the interests of national security or public safety, public order(ordre public), the protection of public health or morals or the protection of the rights and freedoms of others. This article shall not prevent the imposition of lawful restrictions on members of the armed forces and of the police in their exercise of this right.

한국인 이○정은 소속대학 학생회 간부가 되어 자동적으로 한총련 간부가 되었다. 그는 이적단체에 소속되었다는 이유로 국가보안법 위반으로 기소되어 유죄판결을 받아 확정되었다. 이○정은 2002년 이 사건을 Human Rights Committee에 제출하였는데, 그 사유 중의 하나가 자신에 대한 유죄판결이 결사의 자유를 보장한 인권규약 제22조 1항 위반이라는 주장이었다. 심리과정에서 한국정부는 국가안보를 위하여 국민의 권리의 일부를 제한할 수 있으며, 국가보안법에 근거한 위 유죄판결은 한국 헌법과 인권규약에 합치된다고 주장하였다.

Human Rights Committee는 규약 제22조와 관련된 심리적격에 대한 판단을 다음과 같이 하였다.

"As regards the alleged violation of article 22 of the Covenant, the Committee notes that the State party has referred to the fact that relevant provisions of the National Security Law are in confirmity with its Constitution. However, it has not invoked its reservation ratione materiae to Article 22 that this guarantee only applies subject "to the provisions of the local laws including the Constitution of the Republic of Korea." Thus, the Committee does not need to examine the compatibility of this reservation with the object and purpose of the Covenant and can consider whether or not article 22 has been violated in this case."(Communication No. 1119/2002, para.6.4)

이어 제22조에 대한 한국의 유보와 관계없이 제22조 위반 문제에 관한 이○정의 통보에 대하여 심리가 허용된다고 선언하였다(para.6.5).

문제 1. 한국이 규약 가입시 제22조를 유보하였음에도 불구하고, Human Rights Committee가 이 사건에서 한국의 제22조 위반 여부를 다룰 수 있다는 위 결정을 법적으로 어떻게 평가하는가? 이 결정에 대하여 한국정부가 제기할 수 있는 반론이 있는가?

문제 2. 조약의 대상과 목적에 위배되는 유보는 어떠한 법적 효과를 갖는가?

2008년

2학기 석사과정

2005년 유엔 안전보장이사회는 국제형사재판소가 수단의 다르푸르 사태를 조사하도록 요청하는 결의를 채택하였다. 수단은 국제형사재판소 규정의 당사국이 아니다. 이후 2008년 7월 국제형사재판소 소추관은 수단의 다르푸르에서 벌어진 제노사이드, 인도에 반하는 죄, 전쟁범죄 등에 대한 책임을 물어 수단 현직 대통령 알 바쉬르에 대한 체포영장을 신청하였다. 이에 대하여 아래 질문에 모두 답하시오. 단 답안을 작성할 때 다르푸르에서 벌어진 제노사이드, 인도에 반하는 죄, 전쟁범죄 등의 성립 여부 자체에 대하여는 다투지 않는다고 가정하시오.

1－가. 수단 대통령 알 바쉬르를 위한 법률고문의 입장이라면 체포영장 청구에 대하여 어떠한 반론을 제기할 수 있겠는가?

1－나. 반면 국제형사재판소 소추관의 입장에서는 체포영장의 정당성을 어떻게 주장할 수 있겠는가?

1－다. 국제형사재판소 판사의 입장이라면 이에 대하여 어떻게 판단하겠는가?

2. 수년 후 알 바쉬르가 반대파의 쿠테타로 실각하여 그의 신병이 국제형사재판소로 넘겨져 재판을 받게 되었다고 가정하자. 그렇다면 위 1－가, 나, 다 질문에 대한 답이 달라지는 항목이 있는가? 그 점에 대하여 설명하시오.

참고: 국제형사재판소 규정 제27조(공적 지위의 무관련성)

1. 이 규정은 공적 지위에 근거한 어떠한 차별없이 모든 자에게 평등하게 적용되어야 한다. 특히 국가 원수 또는 정부 수반, 정부 또는 의회의 구성원, 선출된 대표자 또는 정부 공무원으로서의 공적 지위는 어떠한 경우에도 그 개인을 이 규정에 따른 형사책임으로부터 면제시켜 주지 아니하며, 또한 그 자체로서 자동적인 감형사유를 구성하지 아니한다.
2. 국내법 또는 국제법상으로 개인의 공적 지위에 따르는 면제나 특별한 절차규칙은 그 자에 대한 재판소의 관할권 행사를 방해하지 아니한다.

2009년

2학기 박사과정

국제법 질서에서는 강제적 법집행기관이 미비하다. 그럼에도 불구하고 현실의 국제사회에서 국제법이 준수되는 이유는 무엇인가?

2010년

1학기 박사과정

다음의 제시문을 읽고 질문에 모두 답하시오

"23. There are several different aspects to this principle, in its well-known application in Spanish America. The first aspect, emphasized by the Latin genitive *juris*, is found in the pre-eminence accorded to legal title over effective possession as a basis of sovereignty. Its purpose, at the time of the achievement of independence by the former Spanish colonies of America, was to scotch any designs which non-American colonizing powers might have on regions which had been assigned by the former metropolitan State to one division or another, but which were still uninhabited or unexplored. However, there is more to the principle of *uti possidetis* than this particular aspect. The essence of the principle lies in its primary aim of securing respect for the territorial boundaries at the moment when independence is achieved. Such territorial boundaries might be no more than delimitations between different administrative divisions or colonies all subject to the same sovereign. In that case, the application of the principle of *uti possidetis* resulted in administrative boundaries being transformed into international frontiers in the full sense of the term. This is true both of the States which took shape in the regions of South America which were dependent on the Spanish Crown, and of the States Parties to the present case, which took shape within the vast territories of French West Africa. *Uti possidetis*, as a principle which upgraded former administrative delimitations, established during the colonial period, to international frontiers, is therefore a principle of a general kind which is logically connected with this form of decolonization wherever it occurs." (Case concerning the Frontier Dispute. Burkina Faso/ Mali, ICJ, 1986)

(1) 판결문에서 말하는 *uti possidetis* 원칙을 설명하시오.

(2) *uti possidetis* 원칙은 특수한 상황이나 지역에 한하여 적용되는 원칙이라고 할 수 있는가? 아니면 국제법상의 일반 원칙이라고 할 수 있는가? 이 점에 관한 귀하의 견해를 피력하시오.

2011년

1학기 박사과정

다음의 제시문을 활용하며, 국제재판에 있어서 국내법의 지위를 설명하시오.

(1) "From the standpoint of International Law and of the Court which is its organ, municipal laws are merely facts which express the will and constitute the activities of States, in the same manner as do legal decisions or administrative measures." (PCIJ, *Certain German Interests in Polish Upper Silesia case*)

(2) "It would be sufficient to recall the fundamental principle of international law that international law prevails over domestic law. This principle was endorsed by judicial decision as long ago as the arbitral award of 14 September 1872 in the Alabama case between Great Britain and the United States, and has frequently been recalled since, for example in the case concerning *the Greco-Bulgarian "Communities"* in which the Permanent Court of International Justice laid it down that "it is a generally accepted principle of international law that in the relations between Powers who are contracting Parties to a treaty, the provisions of municipal law cannot prevail over those of the treaty." (ICJ, *Application of the Obligation to arbitrate under Section 21 of the United Nations Headquarters Agreement of 26 June 1947*)

(3) "38. In this field international law is called upon to recognize institutions of municipal law that have an important and extensive role in the international field. This does not necessarily imply drawing any analogy between its own institutions and those of municipal law, nor does it amount to making rules of international law dependent upon categories of municipal law. All it means is that international law has had to recognize the corporate entity as an institution created by States in a domain essentially within their domestic jurisdiction. [⋯]

50. In turning now to the international legal aspects of the case, the Court must, as already indicated, start from the fact that the present case essentially involves factors derived from municipal law — the distinction and the community between the company and the shareholder — which the Parties, however widely their interpretations may differ, each take as the point of departure of their reasoning. If the Court were to decide the case in disregard of the relevant institutions of municipal law it would, without justification, invite serious legal difficulties. It would lose touch with reality, for there are no corresponding institutions of international law to which the Court could resort. Thus the Court has, as indicated, not only to take cognizance of municipal law but also to refer to it. It is to rules generally accepted by municipal legal systems which recognize the limited company whose capital is represented by shares, and not to the municipal law of a particular State, that international law refers. In referring to such rules, the Court cannot modify, still less deform them." (ICJ, *Barcelona Traction, Light and Power Company Limited Case*(*2nd Phase*))

2012년

1학기 박사과정

2010년 3월 26일 밤 서해에서 한국 해군 제2함대 소속의 초계함인 1200

톤급 PCC−772 천안함이 백령도 인근에서 침몰하여 모두 46명의 해군이 사망하였다. 침몰의 원인이 현장에서 바로 밝혀지지는 않았다. 한국 정부는 미국, 영국, 호주, 스웨덴 등 5개국 전문가로 국제합동 조사단을 구성하여 사고원인을 조사하였다. 약 2개월의 조사 끝에 국제합동조사단은 천안함의 침몰원인이 북한측의 어뢰공격이었다고 발표하였다.

당시 국내 언론과 학계에서는 이 사건이 북한의 소행으로 밝혀졌다면 한국이 북한을 상대로 자위권을 행사할 수 있느냐가 논의되었다. 북한의 공격은 이미 2개월 전 1회적으로 종료되었고, 당장은 공격이 계속되고 있지 않은데 한국이 자위권을 행사할 수 있느냐에 대하여는 대체로 다음과 같은 2가지 논점이 주장되었다.

첫째, 천안함 사건처럼 원인을 바로 알 수 없었던 경우에는 공격 주체를 확인하기 위하여 필요한 시간을 "정당화 될 수 있는 지연"으로 보아야 하며, 피격의 원인이 밝혀진 시점에서 자위권 행사가 가능하다.

둘째, 과거 북한은 한국을 상대로 무수하게 위법한 무력행사(무장공비 파견, KAL기 폭파, 아웅산 사건 등)를 하였었고, 이 같이 바로 책임자를 규명하기 어려운 단발성 공격이 여러 차례 반복하여도 피해국의 즉각적인 자위권의 발동이 용이하지 않다는 점을 감안하면, 이를 "누적적"으로 감안할 때 한국은 자위권을 행사할 수 있다.

위 두 가지 주장을 국제법적으로 분석하고 자신의 견해를 밝혀라, 그리고 한국이 자위권을 행사할 수 있는 또 다른 국제법적 근거를 제시할 수 있으면 제시하라.

2012년

2학기 박사과정

갑국(甲國)과 을국(乙國) 사이에는 범죄인인도 조약이 발효 중이다. 이에 따르면 법정형 2년 이상의 징역형에 해당하는 범죄를 범한 자를 상호 인도하기로 되어 있다. 한편 갑국(甲國)과 을국(乙國)은 "시민적 및 정치적 권리에 관한 국제규약"의 당사국이다. 사형폐지국인 갑국(甲國)은 "사형폐지에 관한 선택의정서"에도 가입하고 있으나, 사형제도를 유지하고 있는 을국(乙國)은 이 의정서를 비준하지 않았다.

을국(乙國)인 K는 자국에서 강도살인을 하고 갑국(甲國)으로 도주하였다. 강도살인은 을국(乙國)에서 법정형이 사형, 무기 또는 7년 이상의 징역형에 해당하는데, 사형폐지국인 갑국(甲國)에서의 법정형은 5년 이상의 징역형에만 해당하였다. 을국(乙國)은 자국민 K가 갑국(甲國)으로 도주한 사실을 알고 범죄인인도를 요청하였다. 갑국(甲國) 관헌은 즉시 K를 체포하고 그의 신병을 을국(乙國)으로 바로 인도하려고 하였다. 그러자 K는 자신이 을국(乙國)으로 인도되면 사형을 당할 가능성이 높은데, 사형 폐지국인 갑국(甲國)이 사형 불집행의 보장도 요구하지 않고 자신을 바로 을국(乙國)으로 인도하는 것은 "시민적 및 정치적 권리에 관한 국제규약" 제6조 생명권 보호를 위반하는 것이라고 주장하였다. K는 갑국(甲國) 법원에 인도중지를 요구하는 소를 제기하였다. 갑국(甲國) 법원의 담당판사는 국제법 전문가인 귀하에게 이 문제에 대한 전문가 의견서를 요청하였다. 이 질의에 대하여 귀하는 무엇이라고 답신할 것인가? 그 답변서를 작성하시오.

"시민적 및 정치적 권리에 관한 국제규약 제6조

1. 모든 인간은 고유한 생명권을 가진다. 이 권리는 법에 의하여 보호된

다. 어느 누구도 자의적으로 자신의 생명을 박탈당하지 아니한다.
2. 사형을 폐지하지 아니하고 있는 국가에 있어서 사형은 범죄 당시의 현행법에 따라서 또한 이 규약의 규정과 집단살해죄의 방지 및 처벌에 관한 협약에 저촉되지 아니하는 법률에 의하여 가장 중한 범죄에 대해서만 선고될 수 있다. 이 형벌은 권한 있는 법원이 내린 최종판결에 의하여서만 집행될 수 있다. [...]
6. 이 규약의 어떠한 규정도 이 규약의 당사국에 의하여 사형의 폐지를 지연시키거나 또는 방해하기 위하여 원용되어서는 아니된다."

2013년

2학기 박사과정

甲國의 어선 K호는 인접 乙國의 EEZ에 종종 침입하여 몰래 어로작업을 하고, 때때로 자국에서 구입한 값싼 선박용 기름을 을국 선박에 이윤을 붙여 판매하기도 하였다. 세율의 차이로 선박용 기름가격이 을국보다 갑국에서 더 저렴했기 때문이었다.

이 사실을 알게 된 을국 관헌은 K호가 자국 EEZ를 침입하는가 주의를 하고 있었다. 마침 K호가 을국 EEZ로 들어와 허가없이 어로 작업도 하고, 기름도 판매하던 현장이 연안경비정에 발각되었다. 경비정의 정선명령에도 불구하고 K호는 급히 도주하다가 과실로 을국 EEZ 내에서 소형 낚시배를 들이받아 침몰시켰다. 그 결과 낚시꾼 1명이 익사하였다. K호는 이 사고 사실도 모르고 자국 방향으로 도주하였는데, 결국은 갑국 EEZ 내에서 을국 경비정에 잡혀 을국 항구로 나포되었다. 을국 관헌은 K호 선장을 불법어로와 관세법 위반, 과실치사의 죄목으로 을국 법원의 재판에 회부하였다.

이 때 K호 선장은 다음과 같이 주장하였다. 1) 자신은 선박의 기국인 갑국의 EEZ 내에서 나포되었으므로 이는 국제법 위반의 불법연행이며, 을국 법원은 자신에 대해 재판관할권을 행사할 수 없다. 2) 이 사건 과실치사에 관해서도 을국 법원은 재판관할권을 행사할 수 없다. 3) 기름 매매는 합법적 거래이다. 즉 자신은 즉시 석방되어야 한다고 주장하였다.

한편 갑국도 K호가 자국 EEZ 내에서 나포되었다는 사실에 항의하며 즉시 이 선박과 선원을 자국으로 돌려보내라고 요구했다. 갑국과 을국은 모두 1982년 해양법 협약 당사국이다. 을국에서 이 협약은 국내법률과 동일한 효력을 갖고 시행되고 있었다.

을국 법원의 판사인 귀하는 1982년 해양법 협약에만 비추어 볼 때 K호 선장에 관한 기소사실에 대하여 어떻게 판단할 것인가? 위 3개의 질문을 각각 별개의 문제로 생각하고 답하시오. 예를 들어 설사 1번 질문에 대해 재판관할권이 없다는 결론이 나와도, 이를 전제로 하지 말고 2번과 3번 질문을 모두 독립적으로 논하시오.

2014년

1학기 박사과정

갑국은 F국의 오랜 식민지배를 받다가 2001년 독립했다. 그런데 그 이전인 1996년 F국은 이웃의 을국과 우호통상조약을 체결, 발효시켰다. 내용에는 양국 간 경제교류 활성화를 위해 국경관세를 대폭 인하하고, 과거부터 분쟁 중이던 추추지역을 을국의 영토로 인정하는 조항이 포함되었다. 이 조약은 일단 10년 간 유효하고, 이후 양국이 합의하면 5년 단위로 연장할 수 있다는 조항을 담고 있었다.

갑국의 독립 직후 갑을 양국 모두 특별히 이 조약의 효력에 대해 언급한 바 없다. 2007년부터 갑국은 을국에 대해 추추지역이 역사적으로 자국령이라며 반환을 요구했다. 자신은 1996년 F국－을국 간 조약의 당사국이 아니므로 이에 구속되지 않으며, 설사 그렇지 않더라도 이 조약은 2006년 이후에는 실효되었다고 주장하였다. 또한 F국이 관세 인하라는 경제적 이익을 위해 추추지역을 을국에 양보한 것인데, 1996년 조약의 실효로 더 이상의 경제적 이익이 발생할 수 없으므로, 그 대가로 인정한 추추지역의 영유권도 반환하라고 요구했다.

군사 강국인 갑국은 2012년 대규모 병력 동원령을 내리고 추추지역을 반환하지 않으면 무력으로 회복하겠다고 통고했다. 을국의 최대 항구 주변에 기뢰를 설치하여 바다를 통한 무역거래를 사실상 봉쇄했다. 이 같은 군사적 위협에 굴복하여 을국은 갑국이 요구하는대로 추추지역의 영토권을 포기하는 조항(제9조)을 포함한 새로운 갑－을 우호조약(2013)을 합의하고, 발효시켰다. 문제에 등장하는 국가들은 모두 조약법에 관한 비엔나 협약(1969) 당사국이다.

문제 1: 자신은 1996년 우호조약의 당사국이 아니며, 이 조약은 2006년 실효되었으므로 추추지역에 대한 을국의 영유권을 더 이상 인정할 수 없다는 갑국의 주장을 국제법적으로 평가하시오.

문제 2: 을국은 새로운 갑－을 우호조약(2013) 중 추추지역 영유권 포기를 규정한 제9조 외에 다른 내용에 대해서는 사실 별다른 불만이 없었고, 그대로 유지하는 것이 편리한 점도 많다고 판단했다. 이에 사태가 진정된 2014년 을국은 2013년 우호조약의 제9조만은 무력위협을 통한 강박조항이라 무효라고 선언했으나, 나머지 조항은 계속 유지하겠으니 갑국도 이를 준수하라고 요구했다. 이 같은 을국의 주장을 국제법적으로 평가하시오.

문제 3: 한편 을국은 갑국의 군사적 시위에 놀라 2013년 우호조약에 대한 불만을 표시하지 못하고 있었다고 가정한다. 나름 과거의 연고가 있던 F국이 2013년 조약은 무효라고 주장하자, 갑국은 정작 당사국인 을국도 불만을 표시하지 않는데 제3국이 왜 참견이냐고 반박했다. 이 같은 갑국의 주장을 국제법적으로 평가하시오.

2014년

2학기 박사과정

조약에 관한 국가승계 협약(1978) 제12조는 국경조약이나 조약에 의해 수립된 국경제도와 관련된 권리의무에 대하여는 국가승계가 영향을 미치지 못한다고 규정하고 있음은 잘 알려져 있다. 일종의 조약의 자동승계가 인정되고 있다.

구유고 국제형사재판소 상소부는 다음 판결문에서 다음과 같이 주요한 인권조약의 경우도 국가승계 발생시 자동승계(automatic succession)가 이루어진다고 설시하였다. 인권조약의 자동승계에 관한 귀하의 견해를 설명하시오.

"The Appeals Chamber is of the view that irrespective of any findings as to formal succession, Bosnia and Herzegovina would in any event have succeeded to the Geneva Conventions under customary law, as this type of convention entails automatic succession, *i.e.*, without the need for any formal confirmation of adherence by the successor State. It may be now considered in international law that there is automatic State succession to multilateral humanitarian treaties in the broad sense, *i.e.*, treaties of universal character which express fundamental human rights." (Prosecutor v. Delacic et al. [2001] ICTY Case No IT−96−21−A, para.111)

2015년

1학기 박사과정

조약은 종종 복수의 언어를 정본으로 하여 체결된다. 그러나 조약문의 번역이 항상 쉬운 일은 아니므로, 양 정본상의 의미가 불일치하지 않느냐는 의문이 제기될 수 있다. 다음 3개의 ICJ 판결문을 참고하며, 이런 경우 조약을 어떻게 해석하여야 하는가에 대해 설명하시오.

[제시 1] "25. The Court further notes that at the time of the conclusion of the 1890 Treaty, it may be that the terms "centre of the [main] channel" and "Thalweg" des Hauptlaufes were used interchangeably. In this respect, it is of interest to note that, some three years before the conclusion of the 1890 Treaty, the Institut de droit international stated the following in Article 3, paragraph 2, of the "Draft concerning the international regulation of fluvial navigation", adopted at Heidelberg on 9 September 1887: "The boundary of States separated by a river is indicated by the thalweg, that is to Say, the median line of the channel" (Annuaire de l'Institut de droit international, 1887–1888, p.182), the term "channel" being understood to refer to the passage open to navigation in the bed of the river, as is clear from the title of the draft. Indeed, the parties to the 1890 Treaty themselves used the terms "centre of the channel" and "thalweg" as synonyms, one being understood as the translation of the other([…]).

The Court observes, moreover, that in the course of the proceedings, Botswana and Namibia did not themselves express any real difference of opinion on this subject. The Court will accordingly treat the words "centre of the main channel" in Article III, paragraph 2, of the 1890 Treaty as having the same meaning as the words "Thalweg des Hauptlaufes" (cf. 1969 Vienna Convention on the Law of Treaties, Article 33, paragraph 3, under which "the terms of the treaty are presumed to have the same meaning in each authentic text")." (ICJ, Kasikili/ Sedudu Island)

[제시 2] "99. […] The Court will therefore now proceed to the interpretation of Article 41 of the Statute. […]

100. The French text of Article 41 reads as follows:

"1. La Cour a le pouvoir *d'indiquer*, si elle estime que les circonstances l'exigent, quelles mesures conservatoires du droit de chacun *doivent* être prises à titre provisoire.

2. En attendant l'arrêt définitif, *l'indication* de ces mesures est immédiatement notifiée aux parties et au Conseil de sécurité." (Emphasis added.)

In this text, the terms "indiquer" and "l'indication" may be deemed to be neutral as to the mandatory character of the measure concerned; by contrast the words "doivent être prises" have an imperative character.

For its part, the English version of Article 41 reads as follows:

"1. The Court shall have the power to *indicate*, if it considers that circumstances so require, any provisional measures which *ought* to be taken to preserve the respective rights of either party.

2. Pending the final decision, notice of the measures *suggested* shall forthwith be given to the parties and to the Security Council." =" (Emphasis added.)

According to the United States, the use in the English version of "indicate" instead of "order", of "ought" instead of "must" or "shall", and of "suggested" instead of "ordered", is to be understood as implying that decisions under Article 41 lack mandatory effect. It might however be argued, having regard to the fact that in 1920 the French text was the original version, that such terms as "indicate" and "ought" have a meaning equivalent to "order" and "must" or "shall".

101. [···] In cases of divergence between the equally authentic versions of the Statute, neither it nor the Charter indicates how to proceed. In the absence of agreement between the parties in this respect, it is appropriate to refer to paragraph 4 of Article 33 of the Vienna Convention on the Law of Treaties, which in the view of the Court again reflects customary international law. This provision reads "when a comparison of the authentic texts discloses a difference of meaning which the application of Articles 31 and 32 does not remove the meaning which best reconciles the texts, having regard to the object and purpose of the treaty, shall be adopted".

The Court will therefore now consider the object and purpose of the Statute together with the context of Article 41.

102. The object and purpose of the Statute is to enable the Court to fulfil the functions provided for therein, and, in particular, the basic

function of judicial settlement of international disputes by binding decisions in accordance with Article 59 of the Statute. The context in which Article 41 has to be seen within the Statute is to prevent the Court from being hampered in the exercise of its functions because the respective rights of the parties to a dispute before the Court are not preserved. It follows from the object and purpose of the Statute, as well as from the terms of Article 41 when read in their context, that the power to indicate provisional measures entails that such measures should be binding, inasmuch as the power in question is based on the necessity, when the circumstances call for it, to safeguard, and to avoid prejudice to, the rights of the parties as determined by the final judgment of the Court. The contention that provisional measures indicated under Article 41 might not be binding would be contrary to the object and purpose of that Article. [⋯]

104. Given the conclusions reached by the Court above in interpreting the text of Article 41 of the Statute in the light of its object and purpose, it does not consider it necessary to resort to the preparatory work in order to determine the meaning of that Article. The Court would nevertheless point out that the preparatory work of the Statute does not preclude the conclusion that orders under Article 41 have binding force." (ICJ, LaGrand Case)

[제시 3] "47. The Court must first consider whether the terms of Article 62 of the Statute preclude, in any event, an "interest of a legal nature" of the State seeking to intervene in anything other than the operative decision of the Court in the existing case in which the intervention is sought. The English text of Article 62 refers in paragraph

1 to “an interest of a legal nature which may be affected by the decision in the case”. The French text for its part refers to “un intérêt d'ordre juridique ... en cause” for the State seeking to intervene. The word “decision” in the English version of this provision could be read in a narrower or a broader sense. However, the French version clearly has a broader meaning. Given that a broader reading is the one which would be consistent with both language versions and bearing in mind that this Article of the Statute of the Court was originally drafted in French, the Court concludes that this is the interpretation to be given to this provision. Accordingly, the interest of a legal nature to be shown by a State seeking to intervene under Article 62 is not limited to the *dispositif* alone of a judgment. It may also relate to the reasons which constitute the necessary steps to the *dispositif.*” (ICJ, Sovereignty over Pulau Ligitan and Pulau Sipadan)

2015년

2학기 박사과정

다음 제시된 판결문을 참고하여, 국제법정에서 국내법의 역할을 설명하시오.

(1) “From the standpoint of International Law and of the Court which is its organ, municipal laws are merely facts which express the will and constitute the activities of States, in the same manner as do legal

decisions or administrative measures." (PCIJ, *Certain German Interests in Polish Upper Silesia case*)

(2) "it is a generally accepted principle of international law that in the relations between Powers who are contracting Parties to a treaty, the provisions of municipal law cannot prevail over those of the treaty" (PCIJ, *Greco–Bulgarian "Communities" case*)

(3) "50. In turning now to the international legal aspects of the case, the Court must, as already indicated, start from the fact that the present case essentially involves factors derived from municipal law – the distinction and the community between the company and the shareholder – which the Parties, however widely their interpretations may differ, each take as the point of departure of their reasoning. If the Court were to decide the case in disregard of the relevant institutions of municipal law it would, without justification, invite serious legal difficulties. It would lose touch with reality, for there are no corresponding institutions of international law to which the Court could resort. Thus the Court has, as indicated, not only to take cognizance of municipal law but also to refer to it. It is to rules generally accepted by municipal legal systems which recognize the limited company whose capital is represented by shares, and not to the municipal law of a particular State, that international law refers. In referring to such rules, the Court cannot modify, still less deform them." (ICJ, *Barcelona Traction, Light and Power Company Limited Case*(*2nd Phase*))

(4) "Compliance with municipal law and compliance with the provisions of a treaty are different questions. What is a breach of treaty may be lawful in the municipal law and what is unlawful in the municipal law may be wholly innocent of violation of a treaty provision." (ICJ, *ELSI case*)

2018년

1학기 박사과정

아래는 현행 헌법 중 국제법 관련 주요 조항들이다. 현재 국내에서는 개헌에 관한 논의가 진행 중이다. 아래 조항 중 개정이 필요한 부분이 있다면 그 점을 지적하고 이유를 설명하라. 또한 아래 예시된 조항 외에 평소 헌법 개정이 필요하다고 생각한 국제법 관련 내용이 있다면 그 점도 설명하라.

아래:

제3조 대한민국의 영토는 한반도와 그 부속도서로 한다.

제5조 ① 대한민국은 국제평화의 유지에 노력하고 침략적 전쟁을 부인한다.

제6조 ① 헌법에 의하여 체결 · 공포된 조약과 일반적으로 승인된 국제법규는 국내법과 같은 효력을 가진다.

② 외국인은 국제법과 조약이 정하는 바에 의하여 그 지위가 보장된다.

제60조 ① 국회는 상호원조 또는 안전보장에 관한 조약, 중요한 국제조직에 관한 조약, 우호통상항해조약, 주권의 제약에 관한 조약, 강화조약, 국가나 국민에게 중대한 재정적 부담을 지우는 조약 또는 입법사항에 관한 조약의 체결 · 비준에 대한 동의권을 가진다.

② 국회는 선전포고, 국군의 외국에의 파견 또는 외국군대의 대한민국 영역안에서의 주류에 대한 동의권을 가진다.

제73조 대통령은 조약을 체결 · 비준하고, 외교사절을 신임 · 접수 또는 파견하며, 선전포고와 강화를 한다.

제76조 ② 대통령은 국가의 안위에 관계되는 중대한 교전상태에 있어서 국가를 보위하기 위하여 긴급한 조치가 필요하고 국회의 집회가 불

가능한 때에 한하여 법률의 효력을 가지는 명령을 발할 수 있다.
제84조 대통령은 내란 또는 외환의 죄를 범한 경우를 제외하고는 재직 중 형사상의 소추를 받지 아니한다.
제89조 다음 사항은 국무회의의 심의를 거쳐야 한다.
2. 선전 · 강화 기타 중요한 대외정책
3. 헌법개정안 · 국민투표안 · 조약안 · 법률안 및 대통령령안

2018년

2학기 박사과정

국제사법재판소(ICJ)의 재판관할권을 수락하는 방법 중의 하나는 ICJ 규정 제36조 2항에 규정된 이른바 선택조항의 수락이다. 다음은 1946년 미국이 이 조항에 대한 수락선언을 하면서 붙인 조건 중의 하나로 통상 이를 자동적 유보라고 부른다(현재 미국은 선택조항 수락을 철회). 적지 않은 국가가 이 같은 예를 따른 바 있다.

"*Provided*, that this declaration shall not apply to [···]

b. Disputes with regard to matters which are essentially within the domestic jurisdiction of the United States of America as determined by the he United States of America;"

가. 이 같은 내용의 유보가 ICJ 규정 위반이라는 주장도 만만치 않다. 한국 외교부에 근무하는 귀하에게 선택조항에 대한 자동유보의 적법성 여부와 그 효력에 관한 보고서를 작성하라는 지시가 내려왔다. 이를 작성하시오.

나. 현재 한국은 선택조항을 수락하고 있지 않다. 만약 한국이 이 조항을 수락할 방침이면 수락서 기탁 전에 이에 대한 국회 동의를 받아야만 하는가? 한국 외교부에 근무하는 귀하는 이 문제에 대해서도 보고서를 작성하시오.

참고 조문: ICJ Statute

Article 36 ② The states parties to the present Statute may at any time declare that they recognize as compulsory ipso facto and without special agreement, in relation to any other state accepting the same obligation, the jurisdiction of the Court in all legal disputes concerning:

a. the interpretation of a treaty;

b. any question of international law;

c. the existence of any fact which, if established, would constitute a breach of an international obligation;

d. the nature or extent of the reparation to be made for the breach of an international obligation.

③ The declarations referred to above may be made uncondi tionally or on condition of reciprocity on the part of several or certain states, or for a certain time. [···]

⑥ In the event of a dispute as to whether the Court has jurisdiction, the matter shall be settled by the decision of the Court.

2019년

1학기 박사과정

대한민국 외교부 대변인은 2019년 2월 25일 다음과 같은 성명을 발표했다.

"정부는 지난 해 5월 실시된 베네수엘라 대선이 정당성과 투명성을 결여하여 현재의 혼란이 발생한 것에 대해 다시 한번 우려를 표명하며, 1월 23일 임시대통령으로 취임 선서한 과이도 국회의장을 베네수엘라의 임시대통령으로 인정한다. (The government of the Republic of Korea [⋯] recognizes President of the Venezuelan National Assembly, Juan Guaidó, who was sworn in as interim President on January 23, as such.)

정부는 과이도 임시대통령 주도로 조속한 시일 내 민주적이며 투명하고 신뢰할 수 있는 대통령 선거를 실시할 것을 촉구한다."

베네수엘라 헌법 제233조에는 선출된 대통령이 취임하기도 전에 직무를 수행할 수 없는 상황이 발생하면 30일 내 재선거를 실시하며, 그 기간 중에는 국회의장이 대통령직을 대행한다는 조항이 있다. 과이도의 임시대통령 취임은 이에 따랐다는 주장이다. 이 같은 베네수엘라의 국내법적 상황은 문제삼거나 검토하지 말고, 오직 위 대한민국 정부 발표문에만 근거하여 다음 질문에 모두 답하시오, 다음 질문에는 사실과 다른 가정적인 내용이 포함되어 있다.

1. 대한민국이 과이도를 임시대통령으로 인정(recognize)한 행위의 국제법적 효과는 무엇인가?
2. 현재 국내에는 마두로 정부가 임명한 베네수엘라 외교관이 근무하고 있다. 과이도 임시대통령이 대한민국 정부에 전문을 보내 기존 베네

수엘라 외교관은 이미 해임되었으며, 새로 주 서울공관에 근무할 외교관을 파견한다고 통고해 왔다. 현재와 같은 베네수엘라 국내 정치적 대립상황이 계속되고, 기존 베네수엘라 외교관이 업무 인수인계와 귀국을 거부하면 한국은 그에 대한 외교관의 특권과 면제를 더 이상 인정할 국제법적 의무가 없게 되는가?

3. 베네수엘라 국유 재산이 국내 금융기관에 예치되어 있다고 가정하자. 과이도 임시대통령이 자금 마련을 위해 이의 인출과 자신으로의 송금을 원한다면 한국 정부는 이 같은 거래를 인정해야 할 국제법상 의무가 있는가?
4. 마두로 정부의 외교장관은 한국 정부의 과이도 임시대통령 인정에 항의하며 한국과의 외교관계 단절을 통고하고 현지 한국 외교관의 48시간 내 출국을 명했다. 한국은 이 같은 요구에 응할 의무가 있는가?

2019년

2학기 석사과정

다음 제시된 판결문과 ICJ 규정을 참조하며 ICJ 소송절차상 "소송참가"를 설명하시오.

"27. The Court observes that neither Article 62 of the Statute nor Article 81 of the Rules of Court specifies the capacity in which a State may seek to intervene. However, in its Judgment of 13 September 1990 on Nicaragua's Application for permission to intervene in the case concerning Land, Island and Maritime Frontier Dispute(El Salvador/Honduras), the Chamber of the Court considered the status of a State seeking to intervene and accepted that a State may be permitted to intervene under Article 62 of the Statute either as a non-party or as a party: […] 28. In the opinion of the Court, the status of intervener as a party requires, in any event, the existence of a basis of jurisdiction as between the States concerned, the validity of which is established by the Court at the time when it permits intervention. However, even though Article 81 of the Rules of Court provides that the application must specify any basis of jurisdiction claimed to exist as between the State seeking to intervene and the parties to the main case, such a basis of jurisdiction is not a condition for intervention as a non-party.

29. If it is permitted by the Court to become a party to the proceedings, the intervening State may ask for rights of its own to be recognized by the Court in its future decision, which would be binding for that State in respect of those aspects for which intervention was granted, pursuant to Article 59 of the Statute. *A contrario*, as the Chamber of the Court formed to deal with the case concerning the Land, Island and Maritime Frontier Dispute(El Salvador/Honduras) has pointed out, a State permitted to intervene in the proceedings as a non-party "does not acquire the rights, or become subject to the obligations, which attach to the status of a party, under the Statute and Rules of Court, or the general principles of procedural law"(*Application to Intervene, Judgment, I.C.J. Reports 1990, p.136, para.102*)."

(Nicaragua v. Colombia(Application to Intervene by Honduras), 2011 ICJ Reports 420)

ICJ Statute

Article 62: (1) Should a state consider that it has an interest of a legal nature which may be affected by the decision in the case, it may submit a request to the Court to be permitted to intervene.

(2) It shall be for the Court to decide upon this request.

Article 63: (1) Whenever the construction of a convention to which states other than those concerned in the case are parties is in question, the Registrar shall notify all such states forthwith.

(2) Every state so notified has the right to intervene in the proceedings; but if it uses this right, the construction given by the judgment will be equally binding upon it.

저자약력

정인섭

서울대학교 법과대학 및 동 대학원 졸업(법학박사)
국가인권위원회 인권위원(2004－2007)
대한국제법학회 회장(2009)
인권법학회 회장(2015. 3－2017. 3)
현: 서울대학교 법학전문대학원 명예

[저서 및 편서]

재일교포의 법적지위(서울대학교출판부, 1996)
국제법의 이해(홍문사, 1996)
한국판례국제법(홍문사, 1998 및 2005 개정판)
국제인권규약과 개인통보제도(사람생각, 2000)
재외동포법(사람생각, 2002)
고교평준화(사람생각, 2002)(공편저)
집회 및 시위의 자유(사람생각, 2003)(공편저)
이중국적(사람생각, 2004)
사회적 차별과 법의 지배(박영사, 2004)
국가인권위원회법 해설집(국가인권위원회, 2005)(공저)
재일변호사 김경득 추모집 — 작은 거인에 대한 추억(경인문화사, 2007)
국제법 판례 100선(박영사, 2008 및 2016 제 4 판)(공저)
증보 국제인권조약집(경인문화사, 2008)
신국제법강의(박영사, 2010 및 2022 제12판)
에센스 국제조약집(박영사, 2010 및 2021 개정 4 판 보정판)
난민의 개념과 인정절차(경인문화사, 2011)(공편)
생활 속의 국제법 읽기(일조각, 2012)
김복진: 기억의 복각(경인문화사, 2014, 2020 증보판)
신국제법입문(박영사, 2014 및 2022 제 4 판)
조약법강의(박영사, 2016)
한국법원에서의 국제법판례(박영사, 2018)
국제법 학업 이력서(박영사, 2020)
신국제법판례 120선(박영사, 2020)(공저)

Korean Questions in the United Nations(Seoul National University Press, 2002) 외

[역서]

이승만의 전시중립론 — 미국의 영향을 받은 중립(나남, 2000)

증보판
국제법 시험 25년

초판발행 2020년 2월 20일
증보판발행 2022년 8월 30일

지은이 정인섭
펴낸이 안종만·안상준

편 집 김선민
기획/마케팅 조성호
표지디자인 이수빈
제 작 우인도·고철민

펴낸곳 (주) 박영사
서울특별시 금천구 가산디지털2로 53, 210호(가산동, 한라시그마밸리)
등록 1959. 3. 11. 제300-1959-1호(倫)
전 화 02)733-6771
f a x 02)736-4818
e-mail pys@pybook.co.kr
homepage www.pybook.co.kr
ISBN 979-11-303-4297-9 93360

정 가 20,000원